RASMUS HOUGAARD &
JACQUELINE CARTER

A MENTE DO LÍDER EXTRAORDINÁRIO

Como liderar a si mesmo, sua equipe e sua empresa
para obter resultados excepcionais

São Paulo
2021

The mind of the leader: how to lead yourself, your people and your organization for extraordinary results
© 2018 by Rasmus Hougaard and Jacqueline Carter
All rights reserved
© 2020 by Universo dos Livros

Todos os direitos reservados e protegidos pela Lei 9.610 de 19/02/1998.
Nenhuma parte deste livro, sem autorização prévia por escrito da editora, poderá ser reproduzida ou transmitida sejam quais forem os meios empregados: eletrônicos, mecânicos, fotográficos, gravação ou quaisquer outros.

Diretor editorial: **Luis Matos**
Gerente editorial: **Marcia Batista**
Assistentes editoriais: **Letícia Nakamura e Raquel F. Abranches**
Tradução: **Cássio Yamamura**
Preparação: **Jéssica Dametta**
Revisão: **Ricardo Franzin**
Arte e capa: **Dino Gomes**

Dados Internacionais de Catalogação na Publicação (CIP)
Angélica Ilacqua CRB-8/7057

H833m
   Hougaard, Rasmus
   A mente do líder extraordinário / Rasmus Hougaard e Jacqueline Carter ; tradução de Cássio Yamamura. — São Paulo : Universo dos Livros, 2020.
   368 p.

   Bibliografia
   ISBN 978-65-5609-054-2
   Título original: *The mind of the leader*

   1. Liderança - Aspectos psicológicos 2. Atenção plena (Psicologia) 3. Altruísmo I. Título II. Carter, Jaqueline III. Yamamura, Cássio

20-3672   CDD 658.4092

Universo dos Livros Editora Ltda.
Avenida Ordem e Progresso, 157 – 8º andar – Conj. 803
CEP 01141-030 – Barra Funda – São Paulo/SP
Telefone/Fax: (11) 3392-3336
www.universodoslivros.com.br
e-mail: editor@universodoslivros.com.br
Siga-nos no Twitter: @univdoslivros

Sumário

Prefácio 5
Introdução 9
1. O líder MSC 16

PARTE UM
Entenda e lidere a si mesmo

2. Entenda a si mesmo 42
3. Lidere a si mesmo com atenção plena 74
4. Lidere a si mesmo com altruísmo 104
5. Lidere a si mesmo com compaixão 129

PARTE DOIS
Entenda e lidere seus funcionários

6. Entenda seus funcionários 163
7. Liderança com atenção plena 187
8. Liderança altruísta 207
9. Liderança compassiva 233

PARTE TRÊS
Entenda e lidere sua organização

10. Entenda sua organização 260
11. Lidere rumo a uma organização com atenção plena 278
12. Lidere rumo a uma organização altruísta 303
13. Lidere rumo a uma organização compassiva 321

Epílogo – Liderança para um futuro difícil 339
Notas 351
Agradecimentos 365

Prefácio

O Marriott foi fundado em 1927, em Washington, DC, como um quiosque de cerveja com nove assentos que adicionou comidas quentes ao cardápio quando o inverno chegou. Em seguida, o negócio se expandiu para um único hotel e depois para a maior rede hoteleira do mundo. Alguns anos após J. W. e Alice Mariott fundarem seu empreendimento, ocorreu a Grande Depressão, colocando todos os negócios e trabalhadores americanos sob pressão. Como J. W. e Alice reagiram? Eles incluíram um médico no quadro de funcionários para garantir que seus empregados tivessem acompanhamento de saúde. Por quê? Bem, eles se importavam com seus funcionários, claro. Mas eles também queriam uma força de trabalho confiável, saudável e bem-cuidada. Eles acreditavam que, se seus funcionários tivessem acesso a um bom tratamento médico, teriam mais condições de fornecer o nível de serviço desejado aos clientes.

Colocar as pessoas em primeiro lugar sempre foi a pedra fundamental do nosso sucesso. Acreditamos que, se tomarmos conta de nosso pessoal, nosso pessoal tomará conta de nossos clientes, e o negócio tomará conta de si mesmo. Mesmo depois dos ataques terroristas de 11 de setembro em Nova York, cidade na qual houve uma queda na taxa de ocupação de 75% para 5% da noite para o dia, o que deixou os hotéis vazios de clientes e cheios de funcionários, colocar as pessoas em primeiro lugar foi nossa prioridade. Em vez de realizar demissões em massa, colocamos em ação programas educacionais, mantivemos os benefícios de saúde e fizemos tudo o que pudemos para atravessar a crise com o mínimo de impacto negativo sobre nosso pessoal.

Em um negócio como o nosso – e em qualquer outro negócio, creio eu –, é simplesmente impossível ter sucesso se as pessoas não estiverem verdadeiramente envolvidas e felizes com seus trabalhos. É nosso compromisso criar um ambiente no qual as contribuições únicas de nossos funcionários sejam valorizadas. O fato de Marriott ser consistentemente considerado um dos empregadores preferidos é, acredito, resultado desses esforços.

Cultivar a ideia de "pessoas em primeiro lugar" começa com a liderança. Líderes devem modelar o caminho. Eles devem agir, interagir e lidar com as pessoas que lideram de uma maneira que as faça sentir-se vistas, ouvidas e valorizadas.

Em *A mente do líder extraordinário*, Rasmus Hougaard e Jacqueline Carter fornecem um caminho claro para criar organizações que coloquem as pessoas em primeiro lugar. É um chamado para que líderes sejam antes de tudo humanos; para que sejam atenciosos, altruístas e compassivos e, dessa forma, desenvolvam as qualidades que permitem o envolvimento, a realização pessoal e um senso de significado, que, por sua vez, levem a mais sucesso nos negócios.

Se nós, como líderes, formos atenciosos, saberemos o que de fato importa para nossos funcionários. Seremos mais presentes, atentos e curiosos. Nem sempre é fácil, mas eu sei a diferença entre quando estou presente com minha equipe e quando não estou. Só exerço impacto quando estou com eles.

Se nós, como líderes, formos altruístas, levando em conta o contexto maior em vez de considerar apenas nossas necessidades egoístas, modelaremos culturas de crescimento e aprendizado. Bill Marriott, nosso diretor executivo, mesmo na casa dos 80 anos atualmente, sempre está disposto a ouvir. Ele sempre busca a perspectiva de outros em vez de seguir suas próprias crenças e ideias sem questioná-las.

Se nós, como líderes, formos compassivos, nossos funcionários saberão que podem contar conosco. Como este livro deixa claro, a compaixão não é etérea nem sentimental. Ela é concreta e pragmática. Trata-se de fazer a coisa certa, como colocar um médico na equipe durante a Grande Depressão. Novamente, se nós nos importamos de verdade com nosso pessoal, nosso pessoal se importará de verdade com nossos clientes, e os negócios tomarão conta de si mesmos.

De muitas maneiras, os princípios deste livro contradizem o modo como muitos negócios são conduzidos. Ele me inspira e me dá *insights* para desenvolver nossa cultura e colocar as pessoas em primeiro lugar. Acredito que todos os líderes e demais organizações se beneficiarão fortemente das mensagens aqui contidas.

– **Arne Sorenson**, *Presidente e* CEO, *Marriott International*

Introdução

Durante o verão de 2015, Pierre Nanterme, CEO da Accenture, anunciou que a companhia global de serviços profissionais iria substituir seu sistema de gestão de desempenho. A companhia concluiu que, após décadas servindo a seu propósito, o sistema vigente havia se tornado altamente desmotivador. A força de trabalho global da Accenture havia mudado. As pessoas da empresa – assim como na sua empresa – não se motivam mais por ser um número numa tabela de avaliação. Em vez disso, a força de trabalho de hoje busca cada vez mais por significado, interação humana, felicidade verdadeira e um desejo de contribuir positivamente para o mundo. Nanterme e sua equipe de liderança se deram conta de que a Accenture precisava de uma forma melhor de liderar em prol desses desejos humanos fundamentais e assim cativar seus mais de 425 mil funcionários; necessitava, portanto, de uma forma de abordar suas motivações intrínsecas.

O caso da Accenture não é excepcional. Atualmente, ocorre um movimento global nas diretorias de milhares de organizações progressistas, como Marriott, Starbucks e LinkedIn.

A mente do líder extraordinário

A pergunta que os líderes dessas organizações se fazem é: "Como podemos criar mais liderança humana e culturas voltadas às pessoas, por meio das quais os funcionários e líderes tenham mais senso de realização e sejam mais plenamente envolvidos?".

Como seres humanos, somos todos conduzidos por necessidades básicas de significado, felicidade, interação humana e um desejo de contribuir positivamente para a sociedade. Isso é verdade esteja você em sua casa, em um lugar qualquer do mundo ou no trabalho. Mas uma coisa é se dar conta disso, outra é agir com base nisso. Abordar a motivação intrínseca dos membros de nossas equipes exige liderança e organizações que atendam esses desejos. Organizações e líderes progressistas estão cada vez mais percebendo e tratando dessa questão. Como Javier Pladevall, CEO da Audi Volkswagen na Espanha, refletiu em nossa conversa com ele: "Liderança hoje se trata de desaprender gerenciamento e reaprender a ser humano."[1]

A mente do líder extraordinário fornece uma maneira de fazer isso. Essa obra delineia como líderes podem conduzir a si mesmos, suas equipes e suas organizações a despertar uma motivação intrínseca, criar culturas verdadeiramente voltadas às pessoas e, por fim, obter resultados excepcionais.

Quão importante é a mensagem deste livro? Considere o seguinte: em um estudo de 2016 da McKinsey & Company com mais de 52 mil gestores, 86% deles se classificaram como inspiradores e bons exemplos.[2] Mas esse dado representava um forte

Introdução

contraste com o modo como os funcionários percebiam seus líderes. Uma pesquisa de opinião sobre envolvimento, realizada pela Gallup em 2016, revelou que 82% dos funcionários viam seus líderes como fundamentalmente desestimulantes. Além disso, a mesma pesquisa de opinião descobriu que apenas 13% da força de trabalho global está envolvida, ao passo que 24% está ativamente desmobilizada.[3]

A aparente falta de boa liderança não se dá por falta de esforço. De acordo com um relatório recente, organizações ao redor do mundo investem anualmente cerca de 46 bilhões de dólares em programas de desenvolvimento de liderança.[4] Isso é bastante dinheiro para um retorno aparentemente baixo. O que há de errado?

Em parte, o sistema está defeituoso. De acordo com uma pesquisa de Dacher Keltner, professor de Psicologia na Universidade da Califórnia, em Berkeley, quando muitos líderes começam a se sentir poderosos, suas qualidades mais benevolentes começam a decair. Líderes são três vezes mais propensos do que funcionários de baixo escalão a interromper colegas, realizar outras tarefas durante uma reunião, levantar a voz e dizer coisas ofensivas. Ele também descobriu que líderes são mais propensos que outras pessoas a manifestarem comportamento rude, egoísta e antiético.[5] Nada disso alimenta a motivação intrínseca que todos compartilhamos.

Embora os 46 bilhões de dólares gastos em treinamentos de liderança possam melhorar a eficácia de líderes – pelo menos no sentido estritamente administrativo de se concentrar no saldo final –, algo mais é necessário: uma liderança que de fato envolva os funcionários, seja verdadeiramente humana e cuide das necessidades básicas que um funcionário tem.

E isso começa na mente do líder.

O pioneiro de liderança Peter Drucker uma vez disse: "Você não pode gerenciar outras pessoas a não ser que você se gerencie antes."[6] Se isso é verdade, a maioria dos programas de educação e treinamento de liderança está com os valores invertidos. A educação de liderança, na maioria dos casos, começa com habilidades como estratégia, gestão de pessoas e finanças. Mas, do ponto de vista de Drucker, essa abordagem começa pelo fim e perde o início. É como construir uma casa começando pelo telhado.

Como Drucker, defendemos que sua liderança começa com você mesmo. Para sermos mais específicos, ela começa na sua mente. Ao entender como sua mente opera, você pode se autoliderar com eficácia. Ao se compreender e se autoliderar de forma eficaz, você pode compreender os outros e liderá-los com mais eficácia. E, ao compreender e liderar os outros de forma eficaz, você pode compreender sua organização e liderá-la com mais eficácia. Por "mais eficaz" queremos dizer de uma forma que atenda às motivações intrínsecas e ao senso de propósito que você mesmo e sua equipe têm. Se for capaz de fazer isso – e nós observamos que com prática e persistência qualquer um é capaz –, você terá uma força de trabalho mais envolvida e produtiva. E talvez o mais importante é que você

Introdução

ajudará a criar mais felicidade, conexões humanas mais fortes e melhor coesão social dentro e fora de sua organização.

Por mais de uma década, nós e nossos colegas da Potential Project treinamos dezenas de milhares de líderes em centenas de companhias, como Microsoft, LEGO Group, Danone e Accenture, utilizando a prática da atenção plena. As consequências têm sido extensivamente estudadas e comprovadamente apresentam resultados dignos de nota. Mas, com o movimento emergente de funcionários buscando mais significado, felicidade e interconectividade, nos perguntamos do que os líderes ainda precisam para conduzir a si mesmos, suas equipes e suas organizações a resultados excepcionais.

A partir dessa pesquisa, nós e nossa equipe entrevistamos e avaliamos mais de 30 mil líderes de milhares de companhias em mais de 100 países. Conduzimos entrevistas extensas com centenas de executivos em cargos de diretoria e conferimos milhares de estudos sobre liderança nos campos da Neurociência, Liderança, Desenvolvimento Organizacional e Psicologia.

Com base nessa pesquisa, descobrimos de forma conclusiva que três qualidades mentais se destacam como alicerces para líderes hoje: atenção plena (ou *"mindfulness"*, "M"), altruísmo (*"selflessness"*, "S") e compaixão (*"compassion"*, "C"). Juntas, chamamos essas habilidades fundamentais de liderança MSC.

Então, de que maneira você, como líder, obtém a liderança MSC para envolver melhor seus funcionários em seus níveis intrínsecos e despertar um melhor desempenho? Aplicando a

A mente do líder extraordinário

atenção plena, o altruísmo e a compaixão primeiramente em si mesmo, depois em sua equipe e, por fim, em sua organização. *A mente do líder extraordinário* o conduzirá passo a passo por esse processo.

Como a liderança MSC começa por dentro, na sua mente, e depois projeta-se para fora, para seus funcionários e sua organização, o livro é estruturado para conduzi-lo a essa jornada. Ao compreender a si mesmo e à sua própria mente, você pode se autoliderar com eficácia. Ao assumir a liderança da sua própria vida, você conseguirá liderar os outros com eficácia. E ao liderar os outros, você poderá liderar com mais eficiência sua organização. Essa é a estrutura do livro, como apresentado na Figura I-1. A parte 1 consiste em entender e liderar a si mesmo. A parte 2 consiste em entender e liderar seus funcionários. A parte 3 consiste em entender e liderar sua organização.

Figura I-1: Os três níveis de liderança

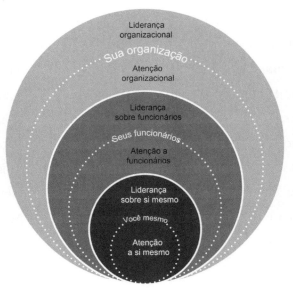

Introdução

Cada parte começa com um capítulo sobre compreensão, que o ajudará a entender a própria mente, a mente de sua equipe e a "mente da cultura organizacional" coletiva. Depois disso, cada parte passa para capítulos mais práticos sobre como desenvolver e aplicar cada um dos três componentes da liderança MSC (atenção plena, altruísmo e compaixão) à sua liderança.

Trazemos este livro a você confiantes. Durante seu desenvolvimento, apoiamo-nos sobre os ombros de gigantes: os mestres de treinamento mental que nos inspiraram por décadas, os executivos que ofereceram sua sabedoria e os pesquisadores que compartilharam suas descobertas. Você agora inicia essa jornada, mas não está sozinho. Milhares de pessoas passaram por essas práticas antes de você, transformando a si mesmas e o modo como lideram. Você está prestes a entrar em um movimento, e estamos aqui para apoiá-lo ao longo do caminho.

1

O líder MSC

Tradicionalmente, iniciativas no ambiente de trabalho criadas para aumentar o envolvimento e a produtividade concentram-se em satisfações externas, como bônus, aumentos de salário, ambientes de trabalho descolados, comida grátis, flexibilidade de horário e afins. Todos esses incentivos podem ser ótimos, mas são soluções de curto prazo. Funcionam por um breve tempo, mas os efeitos se dissipam conforme as pessoas, o dinheiro extra, os títulos, as mesas de pebolim e as barrinhas energéticas grátis se tornam uma banalidade. Iniciativas e recompensas externas nunca motivam de verdade as pessoas por muito tempo. Em vez disso, apenas motivadores internos – como envolvimento significativo, interconectividade e valorização pessoal – podem criar envolvimento dos trabalhadores no nível mais profundo necessário para o comprometimento e a produtividade em longo prazo.

Quando falamos com Steven Worrall, diretor-geral da Microsoft Austrália, ele colocou da seguinte forma: "Nos anos 1990, nós falávamos de equilíbrio entre vida pessoal e profissional. Mas com a realidade profissional 24/7 de hoje, nós passamos desse ponto. Hoje, falamos de envolvimento e satisfação. Mas, no futuro próximo, se tratará de criar um senso de propósito e significado real. Líderes de sucesso no futuro serão aqueles que conseguem facilitar *felicidade plena* para seu pessoal."

Se nós, como líderes, desejamos cultivar organizações verdadeiramente prósperas, precisamos entender o que realmente importa para os seres humanos. Todos nós queremos ser felizes. Todos nós queremos que nossas vidas tenham significado e contribuam para o bem-estar dos outros. Essa verdade também se aplica ao trabalho. Pessoas que deixam o escritório diariamente com um senso de realização pessoal vão querer voltar, se concentrar em projetos difíceis e trabalhar duro. Por causa da motivação intrínseca e carregada de significado, elas irão querer dar o seu melhor dia após dia, ano após ano.

Então, como você facilita a formação de significado, interconectividade e felicidade plena para as pessoas que lidera? Ou, mais especificamente, quais qualidades mentais um líder precisa desenvolver para melhorar sua liderança sobre essa nova força de trabalho? Com base em uma pesquisa extensa (que incluiu entrevistas e avaliações de dezenas de milhares de líderes), concluímos que três qualidades mentais são cruciais para aumentar o envolvimento, a felicidade e a produtividade: atenção plena (ou *"mindfulness"*, "M"), altruísmo (*"selflessness"*, "S") e compaixão (*"compassion"*, "C"). Essas qualidades são o alicerce da grande liderança, e nos referimos à sua combinação como liderança MSC. A Figura 1-1 faz um resumo visual dessas qualidades.

Figura 1-1: Liderança MSC

Essas três características estão profundamente conectadas. Inclusive, cada uma delas melhora as outras. A atenção plena nos torna mais altruístas, e o altruísmo nos torna mais compassivos. Mais compaixão, por sua vez, nos torna mais atenciosos e altruístas. Embora seja verdade que alguns líderes desenvolvam essas características naturalmente, nossa experiência mostra que as três podem ser aprendidas, praticadas e aprimoradas.

Nas seções a seguir, examinaremos cada característica detalhadamente.

A ANATOMIA DA ATENÇÃO PLENA (M)

A atenção plena refere-se igualmente a uma prática e a um estado mental. Quanto mais você a pratica, mais ela se torna seu estado mental. Ela consiste em gerar uma maior eficácia mental, de modo que você possa descobrir mais do seu potencial tanto no nível profissional quanto no pessoal. A eficácia, nesse contexto, é a habilidade de atingir suas metas, objetivos e desejos na vida.

Técnicas e ferramentas de treinamento de atenção plena existem há milhares de anos. Em nosso trabalho com organizações ao redor do mundo, mantemos a prática e a definição de atenção plena simples e próximas às suas raízes antigas: prestar atenção ao momento presente, com uma mente calma, concentrada e desobstruída.

O centro da prática da atenção plena é aprender a administrar a atenção. Ao aprender a administrar sua atenção, você aprende a administrar seus pensamentos, você aprende a se concentrar no que escolher, seja a página deste livro, um e-mail, uma reunião ou as pessoas com quem você está. Em outras palavras: você se treina para ser mais presente no aqui e agora.

Recentemente, pesquisas sustentaram o que praticantes de atenção plena têm defendido há anos. A atenção plena tem um impacto positivo na nossa fisiologia, psicologia e desempenho de trabalho.[7] No nível fisiológico, pesquisadores demonstraram que o treinamento de atenção plena resulta em um sistema imunológico mais forte e pressão e frequência cardíaca mais baixas.[8] Além disso, pessoas que adotam práticas de atenção plena dormem melhor e sofrem menos estresse.[9]

O treinamento de atenção plena aumenta a densidade de células cinzentas em nosso córtex cerebral, a parte do cérebro que pensa racionalmente e soluciona problemas.[10] Por causa desse aumento, a função cognitiva melhora, resultando em uma memória melhor, mais concentração, rigidez cognitiva reduzida e tempos de reação mais rápidos.[11] Com todos esses benefícios, pesquisas mostram que pessoas que praticam técnicas de atenção plena relatam uma melhora geral na qualidade de vida.[12]

Os benefícios da atenção plena também foram apresentados em um contexto organizacional. Por exemplo, Jochen Reb, um pesquisador da Singapore Management University, avaliou a eficácia de alguns de nossos programas de liderança atenciosa no Carlsberg Group e na If Insurance, uma grande companhia de seguros escandinava. Ele encontrou melhoras significativas em concentração, perceptividade, memória, desempenho profissional e satisfação geral com o trabalho após apenas nove semanas com treinamento de 10 minutos por dia. Os participantes também relataram queda no estresse e percepções melhoradas de equilíbrio entre vida pessoal e profissional.[13] Outros pesquisadores descobriram benefícios similares do treinamento de atenção plena em contextos corporativos, incluindo mais criatividade e inovação, melhora na relação patrão-empregado, redução de faltas ao trabalho e um aprimoramento no processo de decisões éticas.[14]

No entanto, a atenção plena faz algo ainda mais poderoso do que tudo que citamos: ela altera construtivamente nossa percepção da realidade. Por meio da prática repetida, a atenção plena ativa uma mudança no controle cognitivo para regiões frontais do cérebro (Figura 1-2). Isso permite que percebamos nosso mundo, nossas emoções e outras pessoas sem reações impulsivas de luta e fuga e tenhamos uma melhor resiliência emocional.[15]

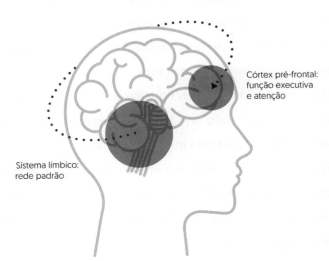

Figura 1-2: Tomada de controle pré-frontal

Essa mudança na configuração neurológica nos ajuda a perceber situações e a tomar decisões mais conscientemente, evitando algumas das armadilhas de nossos vieses inconscientes. Operar a partir de nosso córtex pré-frontal também melhora nossa função executiva, o centro de controle para nossos pensamentos, palavras e ações.[16] Uma função executiva bem desenvolvida permite-nos conduzir a nós mesmos e aos outros a objetivos compartilhados. Com uma atividade pré-frontal mais forte, desativamos a nossa tendência de nos distrairmos e nos tornamos mais presentes, concentrados e atentos. Não é coincidência que a atenção plena também nos deixa mais felizes. Quanto mais presentes e atentos ficamos, independentemente do que façamos, mais felizes nos tornamos.[17]

A atenção plena envolve duas qualidades-chave: *concentração* e *perceptividade*. Concentração é a habilidade de se ater facilmente a uma determinada tarefa por certo período de tempo. Perceptividade é a habilidade de fazer escolhas sábias sobre aquilo a que você concentrará sua atenção. A maior eficácia é atingida quando você está simultaneamente concentrado e perceptivo.

A concentração e a perceptividade são complementares. A concentração permite que haja uma perceptividade mais estável, e a perceptividade permite que a concentração retorne ao que estamos fazendo. Elas atuam em conjunto. Quanto mais concentrados, mais perceptivos ficamos, e vice-versa. Na prática da atenção plena, você melhora a concentração e a perceptividade conjuntamente.

A atenção plena pode ser apresentada em uma matriz 2×2, como mostra a Figura 1-3

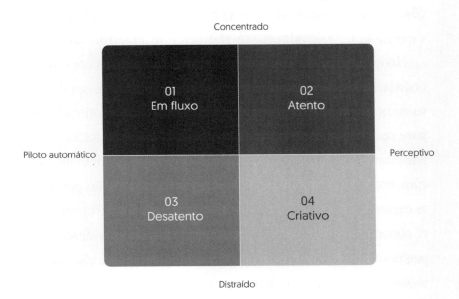

Figura 1-3: A matriz da atenção plena

No quadrante inferior esquerdo, você não está nem concentrado nem perceptivo. Não há muitas coisas boas a se dizer sobre esse estado mental. A maioria dos equívocos que cometemos surge nesse estado. No campo da liderança, como em qualquer outro, isso pode ser danoso. Se estivermos distraídos e no piloto automático, não estaremos presentes com nosso pessoal. Não podemos esperar que os membros da equipe se sintam envolvidos e apoiados se nós mesmos não estamos plenamente presentes.

No quadrante inferior direito, você está perceptivo, mas distraído. Ótimas ideias podem surgir desse estado, mas se sua mente estiver distraída demais, você terá dificuldade em retê-las e transformá-las em ações. Boas ideias só se tornam soluções inovadoras quando você tem a concentração para retê-las e executá-las, trazendo-as para o quadrante superior direito.

No quadrante superior esquerdo, quando você está concentrado, mas no piloto automático, seu estado mental pode ser descrito como "em fluxo". Isso pode ser útil para tarefas rotineiras ou para realizar exercícios. Mas o problema com esse estado é que não estamos muito perceptivos e nos arriscamos a perder informações importantes. Sem a perceptividade, podemos não perceber as expressões das pessoas com as quais estamos nos encontrando e, consequentemente, realizar más avaliações. Além disso, sem perceptividade, não somos capazes de ver ou compreender nossos vieses inconscientes e podemos tomar decisões ruins.

No quadrante superior direito, estamos concentrados e perceptivos, ou seja, atentos. Nós nos concentramos nas pessoas com quem estamos e nas tarefas que realizamos. E, ao mesmo tempo, temos a perceptividade e a habilidade de ver nosso viés inconsciente e de ajustá-lo de acordo com isso. Nos ambientes de trabalho atuais, cheios de distração e com uma cultura de se estar sempre antenado, essas duas qualidades-chave nos ajudam a ser mentalmente ágeis e eficazes.

Ao praticar a atenção plena, treinamos tanto a nossa concentração quanto a nossa perceptividade. Quando estamos atentos, somos capazes de superar a tendência natural das nossas mentes de divagar. Conseguimos manter a concentração em um objeto de nossa escolha, perceber quando nos distraímos e, em seguida, tomar decisões sobre para onde direcionar nossa atenção. Quando estamos atentos, também temos uma maior perceptividade sobre aquilo que estamos vivenciando interna e externamente. Podemos observar nossos pensamentos conforme eles emergem e ter um juízo melhor sobre aquilo em que devemos nos concentrar ou sobre o que devemos deixar de lado.

Ao longo dos anos, nós, junto aos nossos colegas, ensinamos a atenção plena a líderes e funcionários em centenas de organizações ao redor do mundo. Nossa abordagem foi desenvolvida e refinada em colaboração com pesquisadores, especialistas em atenção plena e líderes de negócios. Essa prática é fundamental para seu sucesso em dominar a prática da liderança atenciosa. No capítulo 3, você terá instruções claras para iniciar uma prática diária de atenção plena. No apêndice A, você encontrará informações sobre como acessar um aplicativo (em inglês) que o conduzirá a um programa abrangente e personalizado individualmente.

Depois que começar a aplicar a atenção plena à sua liderança, você verá que, conforme sua atenção plena aumenta, sua percepção sobre si mesmo começa a mudar. Mais especificamente, um senso de confiança altruísta mais forte emerge, ajudando-o a desenvolver a segunda qualidade da liderança MSC.

A ANATOMIA DO ALTRUÍSMO (S)

O altruísmo é a sabedoria que o leva a sair do próprio caminho, do caminho de seu pessoal e do caminho de sua organização, de modo a liberar o fluxo natural de energia que as pessoas trazem ao trabalho. Ele combina uma autoconfiança forte com uma intenção humilde de estar a serviço dos outros. Com o altruísmo, a confiança aumenta, pois não temos planos secretos, e o envolvimento dos funcionários se fortalece, pois nosso altruísmo permite que eles sejam a melhor versão de si mesmos. O altruísmo na liderança se manifesta como humildade e vontade de servir.

No livro *Empresas feitas para vencer*, Jim Collins mostrou que a humildade combinada com força de vontade é uma qualidade-chave de líderes de sucesso. A humildade, segundo sua pesquisa, está relacionada à capacidade de os líderes manterem seus egos sob vigilância e sempre colocarem os objetivos da organização acima dos próprios.[18] Ela é uma característica do altruísmo que se manifesta ao não nos apegarmos a um juízo inflado sobre nós mesmos e nossa importância: nós temos uma visão bastante realista do quão pouco realmente importamos. No nível mais macrocósmico das coisas, mesmo o melhor CEO é apenas um das centenas ou milhares de indivíduos que contribuem para o sucesso de uma companhia. Além disso, o sucesso da companhia é altamente determinado por tendências de mercado e forças globais de alta escala. Qualquer companhia é meramente o resultado de um campo global e interconectado de eventos, ações e intenções. Não há alguém que possa criar isso sozinho, nem mesmo o maior dos líderes. Entender essa realidade desperta um senso de humildade saudável.

A humildade permite que os líderes entendam o valor de prestar um serviço – fornecer um legado, por assim dizer – à organização. É isso que cria uma cultura saudável e uma organização que consegue perdurar de geração em geração. Arne Sorenson, CEO da rede de hotéis Marriott, descreveu seu cargo como uma função de serviço para os 400 mil funcionários da companhia. A filosofia de negócios que conduz a Marriott é a de tomar conta de seus funcionários para que eles tomem conta dos seus clientes. Dessa forma, o negócio toma conta de si mesmo. A posição de Arne não é de poder, mas sim de serviço.

Mas e quanto ao ego? Qual o papel do ego na liderança altruísta? Pequeno. Todos nós temos um ego que deseja atenção e reconhecimento. Mas grandes líderes são aqueles que domaram seu ego para que ele não prejudique os interesses maiores da equipe e da companhia que lideram.

E, de fato, a história corporativa é cheia de grandes exemplos do perigo do egocentrismo. Considere a queda da Nokia no setor de telefones celulares. A Nokia era a líder global no mercado de celulares quando a Apple introduziu o iPhone, um produto muito mais sofisticado e ainda assim simples e atraente. Porém, o CEO da Nokia na época anunciou a toda sua organização que o iPhone nunca seria mais do que um produto de nicho e que a Nokia continuaria a produzir os telefones que lhe haviam levado ao sucesso. Alguns anos depois, a Nokia havia caído no abismo da insignificância no mercado e a Apple se tornara a líder.

Isso não ocorreu porque os engenheiros e desenvolvedores da Nokia não tinham boas ideias ou porque não detectaram as mudanças nas preferências dos consumidores. O problema veio da liderança e, especificamente, do apego emocional e egocêntrico do então CEO àquilo que o havia tornado (assim como à sua companhia) bem-sucedido. Ele e sua equipe de liderança haviam se apaixonado pelo sucesso da Nokia no passado e criaram uma autoimagem de sucesso com base nisso. Como não foram capazes de abandonar essa imagem, eles perderam uma enorme fatia de mercado quase da noite para o dia.

A maioria dos líderes com os quais falamos teme que o altruísmo os torne frouxos. Mas não é tão simples assim. Se você tem altruísmo sem autoconfiança, de fato será frouxo. Portanto, o altruísmo não pode se sustentar sozinho, ele deve ser combinado à autoconfiança. A Figura 1-4 ilustra essa relação.

Figura 1-4: A matriz do altruísmo

No quadrante inferior esquerdo, você carece de autoconfiança, mas, apesar disso, preocupa-se bastante com os próprios interesses. Há grandes traços de um *narcisista* nesse quadrante. Tudo é sobre você. Poucas pessoas nesse espaço se tornam líderes de qualquer coisa além dos próprios desejos. Há exceções, mas esses indivíduos tendem a gerar resultados ruins e, consequentemente, não duram muito nas suas posições de liderança.

No quadrante inferior direito, você tem um senso de autoconfiança forte, mas se deixa conduzir por objetivos e desejos egoístas. A força de sua autoconfiança é usada em favor de ganhos pessoais. Líderes nesse quadrante seriam considerados *egocêntricos*, raramente percebendo ou reconhecendo as necessidades dos outros. Pense em um líder de vendas determinado e enérgico, que força as pessoas a venderem mais e mais para passar uma imagem boa. Essa abordagem pode ter alguns benefícios: uma autoconfiança forte combinada com egoísmo pode criar uma força motriz potente voltada à obtenção de grandes resultados. Mas esse tipo de abordagem geralmente funciona apenas no curto prazo.

Essa característica pode ser bastante destrutiva, tanto pessoalmente quanto para as organizações que esses líderes conduzem. Conforme as pessoas se tornam líderes, há o risco de sua ética degenerar devido à influência do poder, o qual pode corromper e nos tornar mais egoístas.[19] Além disso, o desejo por contracheques mais recheados e bônus mais substanciosos pode ser como beber água salgada: só aumenta a sede. Como diversas reportagens confirmam, muitas vezes líderes no mais alto patamar deixam a ganância sobrepujar seu juízo ético, e passam a servir seus próprios interesses em detrimento dos demais.

No quadrante superior esquerdo, você é *frouxo*. Você não está atento ao seu bem-estar e a seus interesses. Há um alto risco de você se esgotar ou de que tirem proveito de você. Não é uma posição ideal para estar.

No quadro superior direito, você tem a combinação poderosa de altruísmo e autoconfiança. Esse é o ponto ideal. Você não está preocupado em ser passado para trás, pois tem a confiança para se defender, caso necessário. Ao mesmo tempo, você não é motivado por seus próprios interesses. Tem um enfoque firme no bem-estar de seu pessoal e de sua organização. Nesse quadrante, você é um *possibilitador*. Você se concentra em permitir que os outros executem e brilhem. Lidera para o longo prazo. Não se preocupa em receber elogios (pois tem autoconfiança), então admite repassar o crédito de conquistas aos outros. Não se trata de você. Portanto, você fornece inspiração e cultiva um senso de inclusão. Nesse quadrante, você presta serviço em vez de esperar que os outros estejam a seu serviço. Sua missão é contribuir para o bem maior.

Conforme abandonamos o juízo sobre nossa importância pessoal, naturalmente começamos a dar mais atenção a outras pessoas: mostramos mais interesse por elas e lhes oferecemos mais cuidados. Dessa forma, a compaixão surge como uma consequência natural do altruísmo.

A ANATOMIA DA COMPAIXÃO (C)

A compaixão é a qualidade de ter intenções positivas direcionadas aos outros. É a intenção de estar a serviço da felicidade de outras pessoas e o desejo de ajudar a amenizar seus problemas. É a habilidade de compreender as perspectivas dos outros e usar isso como um catalisador para ações de apoio.[20]

Compaixão é diferente de empatia. Jeff Weiner, CEO do LinkedIn, diz que a empatia ocorre quando você toma para si o sofrimento dos outros e ambos saem perdendo. Com compaixão, você ganha forças para agir com maestria.[21] A diferença entre compaixão e empatia fica clara no seguinte exemplo: imagine que você encontra um dos seus colegas no escritório. Ele parece estressado e sob enorme pressão, à beira do pânico. Se você reagir com empatia, irá sentir-se triste por causa dele, sentará ao seu lado e sentirá o estresse e a pressão junto com ele. Em contraste, a resposta compassiva seria colocar-se no lugar dele por um momento, perceber a dor pela qual ele passa e então ver se pode ajudá-lo a lidar com os desafios que ele está enfrentando.

Empatia e compaixão também são diferentes sob uma perspectiva neurológica.[22] A compaixão nos permite ser racionais, enxergar o contexto completo e tomar decisões melhores para as outras pessoas, tudo pelo bem maior, ao contrário da empatia, que estreita nosso campo de visão para uma única causa ou indivíduo.

A mente do líder extraordinário

A compaixão muitas vezes é confundida com complacência, mas a verdade é que ambas não poderiam ser mais diferentes. Compaixão não se trata de ceder a outras pessoas. Ela exige coragem e força para que possamos, se for o caso, lidar com conversas ou decisões difíceis. Vamos esclarecer alguns conceitos equivocados sobre a compaixão.

Primeiro: a compaixão não é branda, delicada ou sutil. É dura. Significa dar um retorno rígido, mas apropriado, ao funcionário. Compaixão significa tomar decisões difíceis pelo bem da organização, mesmo quando ela afeta indivíduos negativamente.

Segundo: a compaixão é uma intenção que não necessariamente muda suas ações, mas muda a forma como você as conduz. Por exemplo, há uma grande diferença entre dar um retorno sobre o trabalho de um funcionário com base na compaixão e fazê-lo com base em frustrações.

Chris Schmidt, CEO da firma de contabilidade Moss Adams, acredita que a compaixão é a qualidade mais poderosa para se ter no momento de realizar demissões. "Acho que ser compassivo é parte de amadurecer como líder", Chris explica. "Sempre busco ver o que as pessoas têm de melhor. Mas quando preciso demitir alguém, é sempre difícil. Dou aos funcionários muitas, muitas oportunidades para que mostrem seu valor. E então, se e quando o momento chega, meço e comparo o lado humano com o lado fatual e relativo aos negócios. Deixo claro que sinto muito pelo indivíduo, mas mantenho-o dentro do contexto da decisão relativa aos negócios." A abordagem equilibrada ajuda Chris e a pessoa demitida a manterem respeito mútuo e seguir adiante da melhor maneira possível.

A compaixão, segundo os paradigmas de negócio mais tradicionais, o faria parecer fraco e emotivo. Mas os tempos estão mudando. Entre os mais de mil líderes que entrevistamos, 92% afirmaram que compaixão é "importante" ou "extremamente importante" para uma liderança eficaz. De modo similar, 80% dos líderes entrevistados afirmaram que seria "valioso" ou "extremamente valioso" aprimorar a própria compaixão, mas não sabiam como.

Shimul Melwani, um professor de comportamento organizacional e pesquisador de ponta na Escola de Negócios da Universidade da Carolina do Norte, descobriu que líderes compassivos são vistos como líderes melhores e mais fortes.[23] Ademais, compaixão cultiva lealdade, confiança e envolvimento real. Quando você tem compaixão, as pessoas que lidera confiarão nas suas ações e juízos, pois sabem que você é bem-intencionado.

Em organizações com culturas e líderes compassivos, há conexões mais fortes entre pessoas, um ambiente mais colaborativo, mais confiança, comprometimento melhorado e menor rotatividade.[24] Além disso, a compaixão nas organizações faz as pessoas se sentirem mais valorizadas e nutrirem um senso de dignidade mais elevado, além de mais orgulho da cultura coletiva. Tudo isso leva a emoções mais positivas, menos ansiedade e até recuperação mais rápida de enfermidades.

Finalmente, culturas corporativas compassivas fazem as pessoas agirem mais pelo bem comum dentro da organização – e também externamente às paredes corporativas.[25]

O truque envolve, claro, determinar como utilizar a compaixão de uma forma mais útil para você, seu pessoal e sua organização. Jeff Weiner, que tornou a compaixão seu princípio de liderança nuclear, parafraseia Fred Kofman, autor de *Conscious Business*,[26] quando diz: "Sabedoria sem compaixão é inclemência, compaixão sem sabedoria é tolice."[27] Combinar compaixão com sabedoria ajuda a criar um esquema que aborda de maneira eficaz decisões difíceis e nos ajuda a manter uma perspectiva mais ampla. A Figura 1-5 representa esse esquema.

Figura 1-5: A matriz da compaixão

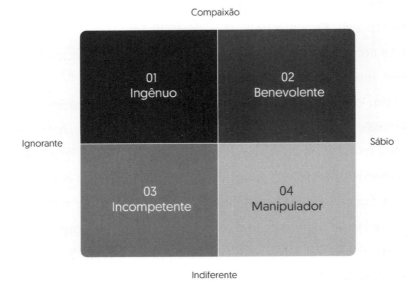

O quadrante inferior esquerdo representa uma falta tanto de compaixão quanto de sabedoria. Sem compaixão, somos indiferentes; sem sabedoria, somos ignorantes. Nada bom vem desse espaço, e um líder operando nesse estado mental é completamente incompetente.

No quadrante superior esquerdo, temos compaixão, mas não discernimento para avaliar o impacto de nossas ações. O resultado é que arriscamos prejudicar a causa que pretendíamos apoiar. Pessoas e organizações exclusivamente concentradas em compaixão arriscam criar uma atmosfera de ingenuidade e equívocos bem-intencionados. Se nossa organização está prestes a abrir falência e nós temos compaixão, mas não sabedoria, podemos acabar não fazendo as poucas demissões que poderiam salvar o emprego da maioria.

O quadrante inferior direito caracteriza uma mente que tem habilidade e *expertise*, mas carece de uma intenção de bem-estar. Essa é uma posição poderosa. A crise financeira de 2008 surgiu como resultado de um excesso de líderes e companhias operando nesse quadrante. Líderes manipuladores operando nesse espaço muitas vezes conseguem apresentar resultados eficazes em curto prazo. No longo prazo, porém, as pessoas não seguirão a liderança deles.

O quadrante superior direito indica a combinação bem-sucedida de compaixão e sabedoria, criando uma liderança benevolente. Nós agimos com compaixão enquanto observamos de perto o impacto de nossas ações. A sabedoria é o juízo refletido, medido e crítico que nos permite manter medidas profissionais e objetivos estratégicos em mente enquanto agimos de modo a trazer o máximo de benefícios e de felicidade às pessoas envolvidas. Organizações como Patagonia, Whole Foods, LinkedIn e Eileen Fisher operam nesse espaço, equilibrando compaixão com uma sábia atenção ao saldo financeiro e aos objetivos estratégicos.

Pare por um momento e considere em que lugar da matriz você se colocaria. Também considere em que lugar colocaria os líderes da sua organização que são mais próximos a você.

LIDERANÇA MSC – COMECE POR SI MESMO

Liderar com atenção plena, altruísmo e compaixão o torna mais humano e menos líder. Torna-o mais você mesmo e menos seu título. Remove as camadas de status que o separam das pessoas que lidera. A atenção plena, o altruísmo e a compaixão o tornam verdadeiramente humano e permitem que você crie uma cultura mais voltada às pessoas, na qual seus funcionários vejam a si próprios e seus colegas como humanos em vez de números.

Michael Rennie, líder global de prática de organização para a McKinsey & Company, depois de passar 40 anos tornando organizações e líderes mais eficazes, concluiu: "Um bom líder precisa entender o que compõe uma boa vida e ajudar as pessoas a encontrar esses componentes. O trabalho de um líder não é fornecer um contracheque e benefícios: trata-se de ajudar pessoas a serem verdadeiramente felizes e a encontrarem significado em seus trabalhos e em suas vidas. Quando um líder obtém sucesso nisso, obtém também um destravamento de desempenho na organização."

A liderança MSC permite isso. A atenção plena permite que você esteja presente e atento ao que de fato motiva as pessoas que lidera. O altruísmo o ajuda a sair do caminho e a oferecer o espaço e o apoio de que elas precisam para prosperar. A compaixão leva-o a conectar-se aos outros em um nível verdadeiramente humano e permite que sua equipe confie que você tem em mente o que é mais importante para ela. Quando líderes têm atenção plena, altruísmo e compaixão, eles tocam as motivações intrínsecas dos funcionários e dão vazão a um senso mais forte de significado, de felicidade plena, de interconectividade e de contribuição.

A liderança MSC é simples em teoria, mas exige coragem e trabalho duro para ser desenvolvida. Ela requer que olhemos de forma resoluta para nós mesmos, para como interagimos com nossos funcionários e para como nossas organizações operam. Ela transformará radicalmente seu desempenho, o desempenho dos seus funcionários e o da sua organização. Durante o processo, todos se beneficiarão, conforme vivenciam conexões humanas mais sólidas, com um senso mais forte de significado e de propósito compartilhado.

E tudo isso começa com você.

PARTE UM

Entenda e lidere a si mesmo

———

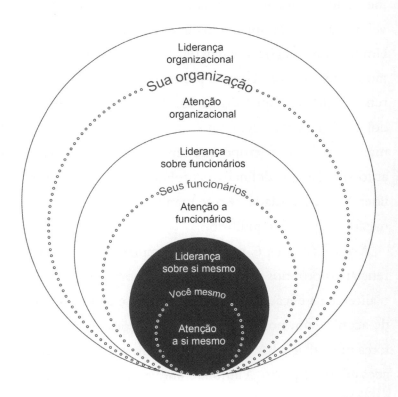

A mente do líder extraordinário

Imagine a seguinte situação: uma pesquisadora o conduz a uma sala em que há uma cadeira. Não há janelas, quadros ou TV. Só você e a cadeira. Ela pede que você se sente e pense. Por um tempo, de seis a quinze minutos, você será sua única companhia. Você conseguiria sentar-se e ficar sozinho ou talvez preferisse levar choques elétricos doloridos para distrair-se?

Espantosamente, esse experimento, publicado na revista científica *Science*, relatou que 67% dos homens e 25% das mulheres acharam a experiência de ficar sozinho tão desagradável que acabaram aplicando choques elétricos a si mesmos.[28] Um homem chegou a se dar 190 choques. Essas pessoas ficam tão desconfortáveis com os próprios pensamentos que preferem apelar a qualquer distração, até mesmo uma fisicamente dolorosa, a passar alguns minutos por conta própria. As demais estão entre o grupo que tem concentração, disciplina e autocontrole que definem a autoliderança. Quando nos autolideramos de verdade, isso se manifesta como força, determinação, controle e equilíbrio.

A autoliderança é, em termos simples, a habilidade de gerenciar os próprios pensamentos, comportamentos e ações. É o alicerce da eficácia e da produtividade, e de uma vida levada de acordo com nossos valores e aspirações. Trata-se de ter a força mental de adiar gratificações e, em vez disso, buscar soluções no longo prazo. A autoliderança envolve gerenciarmo-nos a nós mesmos, para que então possamos liderar nosso pessoal, criando mais significado, interconectividade e uma cultura mais centrada nas pessoas.

A autoliderança começa na mente. Como diz um provérbio chinês: "Observe seus pensamentos conforme eles se tornam ações. Observe suas ações conforme elas se tornam hábitos. E observe seus hábitos conforme eles moldam sua vida." Nossas mentes moldam nossos pensamentos, e nossos pensamentos moldam nossas vidas e as vidas daqueles que lideramos. Se somos incapazes de liderar nossas mentes, seremos incapazes de liderar nossas vidas... e ainda mais incapazes de liderar outros.

Para criar a fundação necessária para a autoliderança, a Parte 1 começa com um capítulo sobre autoconsciência, que é a habilidade de monitorar a mente de modo que possamos liderá-la melhor. A autoconsciência é o alicerce da autoliderança. Para liderar a nossa mente, é preciso entendê-la antes. Isso inclui compreender como ela funciona, a importância de termos valores e o que de fato nos faz felizes.

Em seguida, os capítulos 3, 4 e 5 dedicam-se aos três elementos centrais da autoliderança: atenção plena, altruísmo e compaixão. A autoliderança exige concentração (atenção plena), humildade (altruísmo) e a disciplina para cuidar de si mesmo (compaixão). Essas três qualidades – ou seja, a liderança MSC – combinam-se para criar uma base, de modo que você conduza a si mesmo com eficácia – e, consequentemente, seus funcionários – a uma interconectividade mais forte, a um aumento da felicidade e, por fim, a uma maior produtividade.

2

Entenda a si mesmo

―――

Vincent Siciliano, CEO do New Resource Bank, localizado na Califórnia, compartilhou conosco a história de sua trajetória no banco. Ele foi trazido para reformular a instituição e restaurá-la à sua missão inicial. Quando ele chegou, os demais membros da equipe executiva haviam se desligado, dando-lhe a oportunidade de realizar a reconstrução com pessoas de sua escolha. Dentro de poucos anos, sob a liderança de Vincent, o banco estava de volta aos trilhos em termos de lucratividade e alinhamento à missão.

A equipe de liderança decidiu avaliar o estado da organização e realizou a primeira pesquisa com os funcionários. Os resultados revelaram baixos níveis de envolvimento e críticas aos líderes seniores. Vince considerou que isso fosse um resquício das várias mudanças pelas quais a organização passara e optou por não fazer nada a respeito.

Entenda a si mesmo

Um ano depois, o banco fez uma nova pesquisa com os funcionários. Dessa vez, os resultados foram mais específicos: a questão moral era um problema significativo e a maioria das pessoas, incluindo membros da equipe de líderes seniores, identificava Vincent como a raiz dos problemas.

Vincent ficou abaladíssimo. Sua mente oscilou entre raiva, indignação, comportamento defensivo e busca por outros culpados. Ele se perguntou: "Como eles podem dizer essas coisas sobre mim? Não entendem o quanto avançamos sob minha liderança?". Ele poderia ter sucumbido a essa mentalidade negativa, revirando-se em autopiedade e procurando desculpas. Em vez disso, decidiu que era hora de olhar rigorosamente para si mesmo. Apesar de ter uma carreira marcada por ambição e sucesso, Vincent teve de encarar uma verdade desconfortante: ele não era o excelente líder que achava ser. Estava seguindo as regras à risca e atropelando as preocupações daqueles que não estavam prontos para avançar tão rápido ou não compreendiam a razão das mudanças.

Em nossa conversa com Vincent, ele disse: "Havia uma incongruência entre minha realidade interna e meu comportamento externo. Meu ego havia saído de controle. Estava liderando com a cabeça e não com o coração." Ele se deu conta de que, apesar de todas as habilidades que desenvolvera ao longo dos seus anos de educação gerencial e desenvolvimento profissional, nunca havia sido orientado a se olhar no espelho por um bom tempo e se perguntar quem era, o que valorizava e o que significava de fato ser um líder.

A mente do líder extraordinário

Bill George, um professor de liderança de Harvard, ex-CEO da Medtronic e autor de *Discover your true north* (Descubra seu norte verdadeiro), diz que a autoconsciência é o ponto de partida para a liderança.[29] Ela diz respeito à capacidade de estarmos conscientes de nossos pensamentos, emoções e valores, a todo momento. Por meio da autoconsciência, podemos nos autoliderar com autenticidade e integridade.

A experiência de Vincent não é única. A autoconsciência não faz parte do currículo da maioria dos programas de educação de gestores. A maioria dos MBAs concentra-se em estratégia e lucratividade – coisas nas quais Vincent se destacava. Mas esse enfoque ofuscou sua visão para o que estava acontecendo de fato em sua organização.

Aproximadamente 40% dos CEOs têm MBAs.[30] Muitos estudos descobriram que lideranças baseadas exclusivamente em lógicas treinadas por MBAs não são suficientes para gerar resultados financeiros e culturais sustentáveis em longo prazo, e que isso é muitas vezes prejudicial à produtividade de uma organização. Em um estudo, pesquisadores compararam o desempenho organizacional de 440 CEOs que haviam sido celebrados em capas de revistas como *BusinessWeek*, *Fortune* e *Forbes*. Os pesquisadores dividiram os CEOs em dois grupos: aqueles com um MBA e aqueles sem um MBA. Em seguida, monitoraram seu desempenho por sete anos. Surpreendentemente, o desempenho daqueles com um MBA era consideravelmente pior.[31] Outro estudo publicado na *Journal of Business*

Entenda a si mesmo

Ethics analisou os resultados de mais de cinco mil CEOs e chegou a uma conclusão similar.[32]

Que fique claro: não estamos dizendo que MBAs não são úteis na tarefa de se liderar uma organização. Mas se a lógica linear que eles ensinam se torna o único ponto de vista – em detrimento de outras habilidades, como autoconsciência –, a abordagem de liderança fica desequilibrada.

Esse foi o caso de Vincent. Ele fazia tudo certo no papel. Sua estratégia era clara, mas as pessoas não gostavam de trabalhar com ele e estavam cada vez mais infelizes. Ele estava gerenciando com base em teorias prevalentes de negócios, mas não conhecia ou compreendia a si mesmo. Como ele carecia de autoconsciência, as pessoas achavam que ele não era autêntico. Consequentemente, não estavam impelidas a segui-lo ou a apoiar sua liderança. Afortunadamente para ele, Vincent estava aberto a mudanças e, por meio de uma jornada de atenção plena e *coaching* para desenvolver a autoconsciência, ele conseguiu transformar-se no líder que gostaria de ser.

A autoconsciência é onde a liderança começa. Precisamos ter consciência de nós mesmos para nos liderarmos. Neste capítulo, começamos explorando a autoconsciência, examinando como nossa mente funciona e introduzindo modos de se obter mais autoconsciência por meio da atenção plena. Em seguida, exploramos a importância de termos valores e examinamos o que significa, de fato, ser feliz. Finalmente, o capítulo encerra com dicas práticas para aumentar sua autoconsciência.

AUTOAVALIAÇÃO VERSUS AUTOCONSCIÊNCIA

Muitos programas de desenvolvimento de liderança começam com alguma forma de autoavaliação. Mas o que nós aprendemos de fato com essas avaliações? Na verdade, muitas avaliações só arranham a superfície de quem você é. Claro, elas podem lhe fornecer informações sobre características e comportamentos dominantes. Mas isso informa quem você é de verdade?

Pare por um momento e considere a última avaliação que realizou de si mesmo. O que você aprendeu? Talvez tenha descoberto que é um pensador visionário e que é difícil para outros acompanhar o ritmo das suas estratégias inovadoras. Talvez você tenha aprendido que outras pessoas o consideram difícil de conviver, por isso, deve melhorar o modo como interage com as pessoas.

Informações desse tipo podem ser valiosas; elas podem ajudá-lo a entender a si mesmo e como você trabalha com outras pessoas. Mas elas não lhe dão necessariamente as ferramentas necessárias para resolver desafios de liderança difíceis ou complexos. Para fazer isso, você precisa de autoconsciência real.

Consideremos o caso de Maura McCaffrey, CEO da Health New England, uma seguradora de saúde americana. Como muitos CEOs, ela tem paixão pelo trabalho e é determinada quando se trata de obter resultados. Nos seus primeiros anos como líder, essa paixão podia às vezes criar desafios. Como ela

Entenda a si mesmo

descreveu: "Eu entrava na reunião com um plano estratégico claro e, sem dar o tempo necessário para que os outros participantes se engajassem, seguia adiante. Eu levava esses planos tão a sério que ninguém podia me parar." Chamemos isso de viés de paixão. Sua determinação por resultados a levava a forçar o grupo a seguir o plano dela, independentemente de objeções ou sugestões.

Uma avaliação em 360° iluminou esse problema. A avaliação era clara, mas o que fazer a partir disso, não. A avaliação em si não fornecia as ferramentas para consertar o problema. O que fez isso foi a autoconsciência. Com a ajuda da atenção plena, Maura ganhou um novo nível de autoconsciência e começou a entender as desvantagens de seu viés de paixão. Ela passou a compreender como essa determinação nem sempre era benéfica às suas relações, ao envolvimento da equipe ou aos seus objetivos organizacionais ou valores.

A autoconsciência é o que lhe permite traduzir as informações de uma avaliação em andamento. É saber mais sobre você, momento a momento. É saber o que você está pensando enquanto tem o pensamento e saber o que está sentindo ao ser acometido do sentimento. É a habilidade de manter seus valores em mente o tempo inteiro. A autoconsciência é a habilidade de monitorar a si mesmo para que você possa se administrar de acordo.

No caso de Maura, a autoconsciência fez com que ela pudesse monitorar seu comportamento e mudá-lo no mesmo instante. A autoconsciência permitiu que ela percebesse quando seu viés de paixão estava prestes a se manifestar e fizesse uma pausa. Ela aprendeu a ser mais inclusiva e a envolver os outros no ritmo deles. Sim, isso às vezes podia fazer com que estratégias levassem mais tempo para entrar em ação. Mas, no fim, essas estratégias apresentaram resultados muito melhores, porque as pessoas em sua equipe estavam mais envolvidas e mais aptas a seguir a visão que ajudaram a criar.

Uma falta de autoconsciência geral, como a que Vincent e Maura tiveram nos seus anos iniciais como líderes, é um dos elementos-chave em muitos dos problemas e fracassos de liderança de hoje em dia. Mas para termos uma autoconsciência melhor, precisamos primeiro entender como nossa mente funciona.

BEM-VINDO À SUA MENTE

Quem administra sua mente? A resposta pode não ser a que você imagina (ou espera). Eis aqui alguns fatos que todos os líderes deveriam conhecer sobre suas mentes:

- você não controla sua mente;
- você não é racional;
- sua mente cria sua realidade;
- você não é seus pensamentos.

O primeiro item: *você provavelmente controla menos a sua mente do que imagina*. Para testar se isso é verdade, concentre-se em qualquer palavra deste parágrafo por um minuto completo.

Não pense em mais nada. Não se distraia. Só se concentre em uma única palavra por 60 segundos ininterruptos. Sem trapacear. Ok, vá em frente.

Como se saiu? Você conseguiu manter uma concentração completa por um minuto? Ou questionou o motivo do exercício? Você discutiu consigo mesmo em que palavra se concentrar? A palavra desencadeou novos pensamentos, levando-o a pensar em outras coisas? A questão é: se você se desviou da concentração completa naquela única palavra, você fracassou em liderar a própria mente até durante um mísero minuto.

Se você falhou, não se preocupe. É normal. A maioria das pessoas falha nesse teste. Por quê? Pesquisadores descobriram que, em média, nossa mente divaga involuntariamente por quase metade do nosso tempo acordado.[33] Você pode achar que está gerenciando sua mente, mas não está. Pense por um momento nas implicações de sua mente distrair-se do que você está fazendo metade do tempo. Como isso pode afetar nossa eficácia? Como pode afetar sua habilidade de estar presente para os outros? Como pode afetar seu bem-estar?

O segundo item: *você não é racional*. Claro, gostamos de pensar que somos seres racionais. Mas, na verdade, fazemos escolhas baseadas em emoções e criamos justificativas racionais depois. Por exemplo: vários estudos confirmam que nossas decisões são influenciadas pelo enfoque que é dado a nossas opções. Em um estudo, diante de uma decisão médica, pessoas escolheram a opção sem riscos quando os resultados eram retratados de forma positiva em relação aos ganhos e a opção arriscada quando os resultados eram fraseados de forma negativa em relação às perdas.[34]

O terceiro item: *sua mente cria sua realidade*. Considere a última vez que você acreditou que havia conduzido uma reunião em que todos estavam na mesma sintonia, apenas para descobrir depois que alguns participantes a enxergaram de maneira diferente. Esse tipo de situação ocorre o tempo todo. Todos nós temos vieses inconscientes que influenciam e filtram tudo que vivenciamos. Resumindo: não enxergamos as coisas como elas são, mas como nós somos. Nossa mente literalmente cria a nossa realidade.[35]

O quarto e último item: *você não é seus pensamentos*. Na maioria dos casos, pensamentos emergem aleatoriamente na mente.[36] Mas eles não são você. Em vez disso, são apenas eventos ocorrendo na sua mente, como se ela zapeasse arbitrariamente por canais de TV. Muitas vezes nos identificamos com nossos pensamentos, acreditando que eles são verdadeiros e que definem quem nós somos. E esse é o problema, uma vez que temos milhares de pensamentos aleatórios, repetitivos e compulsivos a todo momento. Eles são aleatórios porque frequentemente vêm do nada e ocorrem por nenhuma razão, como quando você pensa em uma reunião da qual participou naquele mesmo dia enquanto tenta se fazer presente junto à sua família. São repetitivos porque muitas vezes repetimos os mesmos pensamentos diversas vezes, como uma memória de infância que vem à mente milhares de vezes ao longo da vida. E são compulsivos porque não param de vir, fluindo como uma cachoeira, mesmo que tentemos impedi-los.

Pense da seguinte maneira: você já teve um pensamento ruim? Isso faz de você uma pessoa ruim? Claro que não. Mas quando se identifica com seus pensamentos, você se torna vítima deles. Isso é especialmente verdade se você tende a ser crítico consigo mesmo. Desse modo, todo equívoco significa que você é "imbecil", "preguiçoso", "incompetente" ou "um fracasso". Para evitar tornar-se uma vítima, não acredite em todos os seus pensamentos.

Esses fatos sobre a mente deveriam ser motivo de preocupação, especialmente para líderes. Se nós, como líderes, não nos gerenciarmos, como poderemos liderar outras pessoas com eficácia e, por fim, liderar nossas organizações? A melhor forma de encarar esse desafio é, antes de mais nada, entender nossa mente, como ela funciona e como pode ser treinada.

A mente e o cérebro não são a mesma coisa. Seu cérebro são os 85 bilhões de neurônios entre suas orelhas, além dos 40 milhões de neurônios ao redor do seu coração e os 100 milhões nas suas entranhas.[37] Em contraste, sua mente é a totalidade da experiência de ser você – cognitiva, emocional, física e espiritualmente. Quando falamos do cérebro, nos referimos ao agrupamento físico de neurônios em nossa cabeça e nosso corpo. Quando falamos sobre a mente, nos referimos à perspectiva mais ampla de sermos quem somos.

Neurocientistas descobriram que, ao treinar nossa mente, podemos mudar nosso cérebro.[38] Fisiologicamente, podemos mudar a estrutura de nosso cérebro treinando nossa mente. Quando isso ocorre, melhoramos nossa concentração, ternura, paciência ou qualquer outra qualidade que treinarmos. Em termos simples, o que fazemos é o que nosso cérebro se torna. Caso você se concentre por dez minutos diariamente, durante duas semanas, seu córtex pré-frontal – uma parte do cérebro que contribui para a atenção concentrada – se tornará mais forte.[39] O cérebro toma forma de acordo com o modo como o usamos. Cientistas e pesquisadores chamam isso de *neuroplasticidade*.[40]

A neuroplasticidade é uma ótima notícia para todos nós. Significa que não somos limitados às faculdades e aptidões que já desenvolvemos. Pelo contrário: podemos continuar aprendendo e crescendo, podemos efetivamente reconfigurar nosso cérebro ao longo de toda a nossa vida. E, como líderes, podemos aprender a gerenciar melhor nossa mente.

Mas há uma coisa importante a se esclarecer sobre a neuroplasticidade. O fato de o nosso cérebro estar em constante mudança não significa que ele esteja automaticamente mudando de forma útil para nós. Na verdade, em decorrência de nossos ambientes de trabalho cheios de distrações, tendemos a reconfigurar nosso cérebro para que ele fique mais distraído. Se a frase anterior o fez pensar em seu *smartphone* ou no calendário de reuniões, você entendeu o que queremos dizer. Se estamos

Entenda a si mesmo

constantemente pedindo a nossos cérebros que passem de uma tarefa a outra, sua habilidade de se concentrar em uma única tarefa diminuirá. E se nos permitirmos ser impacientes e não muito gentis com os outros, essas duas características podem se tornar operações-padrão para nossos cérebros. Nesse sentido, temos o cérebro que temos com base no modo como o usamos. Isso significa que todos nós deveríamos valorizar a criação e o gerenciamento de nossas mentes de formas que sejam benéficas para nós como líderes e para as pessoas que lideramos.

Mas não se engane: esse processo não é fácil. Ele exige treinamento. Exige esforço. Exige, também, uma compreensão profunda sobre si mesmo, seus valores e seus comportamentos. Mas como você começa a se conhecer mais profundamente e a ganhar esse tipo de autoconsciência?

O CAMINHO ATENTO PARA A AUTOCONSCIÊNCIA

O ponto de partida para a autoconsciência é a atenção plena. Em uma vida profissional ocupada e distraída, concentração e perceptividade – as duas características centrais da atenção plena – são elementos-chave para um desempenho mental e um autogerenciamento mais eficazes. Conforme nos tornamos mais conscientes de nossos pensamentos e sentimentos, podemos nos gerenciar melhor e agir de formas mais alinhadas aos nossos valores e objetivos.

A concentração é a habilidade de se estar focado exclusivamente naquilo que se faz. A concentração é o que nos permite

53

concluir um projeto, alcançar nossos objetivos e manter uma estratégia. Quando você está envolvido em uma conversa importante, a concentração é o que lhe permite estar presente na conversa e não divagar mentalmente.

A perceptividade é a habilidade de se notar o que está acontecendo ao redor assim como o que ocorre na própria mente. Quando você participa de uma conversa, a perceptividade permite que você saiba o que está pensando, reconheça como está se sentindo e compreenda as dinâmicas da conversa. A perceptividade também é a qualidade que lhe informa quando sua concentração desvia do rumo e o ajuda a colocá-la nos trilhos novamente.

Nosso livro anterior, *One Second Ahead* (Um segundo à frente), é um manual extenso sobre como desenvolver a atenção plena no trabalho e permanecer no quadrante superior direito da matriz de atenção plena apresentada no capítulo 1.[41] O livro oferece dicas práticas de como melhorar a eficácia e o bem-estar no dia a dia profissional ao se trazer a atenção plena para tarefas como e-mails, reuniões, priorização e estabelecimento de metas. Não repetiremos aqui todas as orientações para desenvolver e manter uma prática atenciosa; em vez disso, neste capítulo, veremos as características da perceptividade relativas à atenção plena e como você pode cultivar a autoconsciência como parte de sua prática de liderança. O capítulo 3 observará como a concentração atenciosa desperta habilidades de autoliderança mais eficazes.

DESLIGUE O PILOTO AUTOMÁTICO

Todos nós temos a ilusão poderosa de que estamos conscientemente no comando de nossas ações e comportamentos o tempo inteiro. Mas, na verdade, cientistas estimam que 45% de nossos comportamentos cotidianos são induzidos por reações abaixo da superfície de nossa consciência e perceptividade.[42] Isso pode parecer uma má notícia, mas é algo necessário e extremamente valioso. Imagine tentar dirigir um carro se você precisa conscientemente se lembrar de pisar no pedal para acelerar ou comandar suas mãos para que se movam quando precisar girar o volante. Você ficaria sobrecarregado de informações e provavelmente não iria muito longe. Em certas circunstâncias, essas ações, reações e comportamentos em piloto automático são vitais. Esses processos inconscientes permitem que você realize tarefas sem ter que pensar nelas. Mas nem todos os comportamentos e ações no piloto automático são úteis para que você lidere a si mesmo ou aos outros.

Como líderes, exercemos impacto sobre as pessoas que lideramos. Elas notam qualquer sinal sútil nosso, não importando se o realizamos consciente ou inconscientemente. E muitos dos sinais que enviamos podem ser desencorajadores, alienantes ou confusos. Isso não ocorre necessariamente por má intenção, mas mais provavelmente porque esses comportamentos, ações ou reações ocorrem enquanto operamos no piloto automático. Portanto, ter mais perceptividade e consciência de nossas ações e comportamentos sutis e eliminar comportamentos em piloto automático que são prejudiciais pode ser altamente vantajoso.

O treinamento de atenção plena permite que incrementemos nossa perceptividade sobre o que está ocorrendo na nossa mente a cada momento. Ele também nos ajuda a pausar no presente para que possamos fazer escolhas mais conscientes e seguir cursos de ação mais prudentes. Essas são habilidades poderosas para se ter como líder.

Felizmente, a perceptividade pode ser aprimorada, nós podemos mudar a proporção entre nossos comportamentos conscientes e inconscientes, o que pode ser a diferença entre tomar boas ou más decisões. Mas o que é de fato essa perceptividade? Você sabe qual é a sensação de ter a perceptividade aguçada? Dedique alguns momentos para senti-la:

1. Deixe este livro de lado. Por um minuto, sente-se com as costas retas e o corpo firme.
2. Esteja ciente do que vier à sua mente, independentemente do que seja. Simplesmente perceba esse pensamento.
3. Abandone qualquer consideração interior sobre por que você está fazendo esse exercício.
4. Nada de analisar, nada de julgar, nada de pensar.
5. Apenas fique consciente.
6. Apenas seja.

Isso é a perceptividade. Uma experiência direta do que está acontecendo com você nesse exato momento. Prestar atenção a ela nos ajuda a nos entendermos melhor. Você tornou-se consciente de

Entenda a si mesmo

qualquer coisa sobre si da qual não tinha consciência antes do exercício? Você se deu conta de que talvez esteja cansado? Que você talvez sinta tensão ou desgaste em alguma parte do corpo? Ou que sua mente esteja muito atribulada? O que você descobriu?

Caso você não tenha feito de fato o exercício de um minuto, retorne às instruções e tente fazê-lo, de verdade.

Se você achou o exercício difícil, não está sozinho. Em nossas vidas ocupadas, cheias de distrações constantes, nossa mente muitas vezes está a mil. A enxurrada de atividades pode parecer uma cachoeira nos encharcando com milhões de gotículas de informação. Como resultado, somos menos perceptivos e conscientes do que deveríamos ser, pelo simples fato de que nossa mente está cheia demais para manter essas qualidades. A atenção plena pode ajudá-lo com isso. No final deste capítulo, você encontrará dicas e reflexões simples para o treino de perceptividade com atenção plena. Esse treinamento o habilitará a ter mais perceptividade ao longo do dia. Como? Ajudando-o a ficar um segundo à frente de suas reações e seus comportamentos no piloto automático.

Jacob Larsen, vice-presidente do Finance Group, explicou claramente a importância de ficar um segundo à frente. Após completar uma das dez sessões de nosso programa de atenção plena, perguntamos a ele o que havia ganhado. Sua resposta: "Um segundo." Ele explicou que a atenção plena lhe dera uma janela de um segundo entre seus pensamentos e suas ações, entre seus impulsos e suas reações, e isso lhe

A mente do líder extraordinário

proporcionou mais controle sobre suas decisões e respostas. Ele afirmou que, diante de qualquer situação, seria capaz de se controlar melhor; tudo por causa de um único segundo. Nesse sentido, a atenção plena pode fornecer a perceptividade necessária a cada momento para que tomemos melhores decisões e ajamos de forma mais produtiva, como ilustra a Figura 2-1.

Figura 2-1: A janela de um segundo

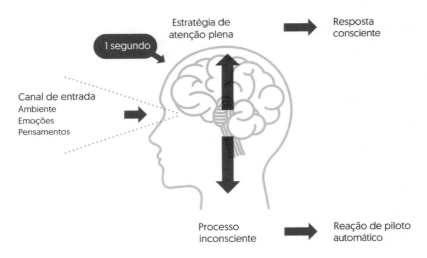

Um segundo pode ser a diferença entre uma decisão boa e uma ruim. É a diferença entre dizer palavras que motivam uma funcionária e dizer palavras que a afastam. Um segundo é a diferença entre dar uma patada em alguém que cometeu um erro e tornar um equívoco acidental em um momento de aprendizado. Um segundo importa. Especialmente para você como líder.

Entenda a si mesmo

O treinamento da atenção plena – e a utilização dessa pausa mental de um segundo – ajudou Maura McCaffrey, da qual falamos anteriormente neste capítulo, a controlar seu viés de paixão. Devido ao treinamento, ela foi capaz de se tornar ciente dos sinais iniciais de seu viés de paixão e interrompê-los antes de reagir. Deste modo, Maura passou a substituir seu viés de paixão por inclusividade. Com um pouco de prática, tornou-se natural para ela conquistar o interesse do grupo em vez de forçar suas próprias vontades.

Nossa pesquisa mostrou que líderes em escalões mais altos tendem a ter mais autoconsciência que líderes em hierarquias mais baixas. Isso pode ocorrer porque uma autoconsciência mais aguçada acelera o processo de promoção ou porque, como no caso de Maura, somos induzidos a melhorar nossa autoconsciência conforme nossas responsabilidades de liderança aumentam.

Pare por um momento para considerar os comportamentos automáticos que você tem que às vezes prejudicam sua liderança. O que interfere nos sentimentos de envolvimento dos membros da sua equipe? O que diminui a disposição desses membros de seguir sua liderança? O que faz as pessoas se sentirem inseguras ou rejeitadas? Faça essas perguntas a si mesmo periodicamente para gradualmente aumentar sua autoconsciência e realizar mudanças em suas reações e respostas automáticas. Isso não só o tornará um líder mais eficaz como também o ajudará a compreender melhor seus valores pessoais, aprimorando também a forma como você se alinha a eles e age com base neles.

CALIBRE SUA BÚSSOLA DE VALORES

Em ambientes de negócios competitivos, pode ser tentador relativizar nossos valores principais. A história do mundo dos negócios está repleta de líderes que causaram escândalos, destruíram companhias, dilapidaram economias ou arruinaram a vida de milhares de pessoas porque se desviaram de uma base moral sólida. Pense em companhias como Enron, WorldCom ou Tyco. Ou pense na crise financeira de 2008, no vazamento de petróleo da BP na plataforma Deepwater Horizon ou nas fraudes em resultados de testes de emissão de gases da Volkswagen. Esses são apenas alguns exemplos mais recentes de uma tendência mais ampla. Uma pesquisa de opinião sobre ética nos negócios, realizada nos Estados Unidos pela Ethics Resource Center, descobriu que, dentro da força de trabalho americana, 41% dos trabalhadores testemunharam um comportamento de liderança antiético nos últimos 12 meses e 10% sentiam pressão da organização para comprometer seus padrões éticos.[43]

É fácil olhar para esses casos, sentir indignação e rotular os líderes responsáveis como malignos. Mas não é tão simples assim. Poucas pessoas querem de fato machucar outras. De acordo com pesquisas extensas nos campos da neurociência e das ciências sociais, somos seres genuinamente bons, com intenções positivas. Todos nós queremos contribuir para o bem-estar dos outros.[44] Alguns estudos chegaram à conclusão de que um dos únicos traços neurológicos consistentes entre culturas e etnias é sua predisposição à gentileza e ao altruísmo.[45] Outros estudos indicam que o impulso humano geral é ajudar e apoiar pessoas que precisam.[46] Nós somos seres bons de verdade.

Porém, se somos criaturas genuinamente boas com boas intenções, por que presenciamos escândalos corporativos um após o outro? Porque a intensa pressão para aumentar os lucros ou cumprir a meta do trimestre pode erodir nosso senso de autoconsciência, e com isso nossos valores ficam em segundo plano.

A ascensão da tecnologia também contribuiu para enfraquecer nossa bússola de valores. Com o aumento das distrações, é cada vez mais difícil manter nossos valores em mente pelo simples fato de que nossa mente está muito ocupada com o fluxo continuamente crescente de informações. Porém, com um nível de autoconsciência elevado, nos tornamos mais aptos a identificar, reconhecer e comunicar nossos valores, os quais podem nos ajudar a nos autoconduzir e a liderar nossos funcionários e nossas organizações de uma maneira mais ética, alinhando nossas ações ao que queremos oferecer ao mundo. Desse modo, ter ciência de nossos valores torna-se uma bússola, que indica situações em que nossas escolhas não se alinham a nossos padrões éticos e morais. Isso, por sua vez, permite que evitemos atalhos questionáveis e nos ajuda a dormir melhor à noite.

Thomas, um diretor de TI com o qual trabalhamos em uma multinacional farmacêutica, compartilhou conosco uma história sobre um dilema ético que havia enfrentado. Duas empresas disputavam um contrato importante que ele estava supervisionando. Uma oferta era ligeiramente melhor do que a outra, mas a empresa que fizera a proposta menos vantajosa havia sutilmente oferecido uma quantia por fora para fechar o acordo. Sob a pressão de um cronograma apertado, Thomas ficou em um dilema sobre essa decisão por quase um dia inteiro, constantemente mudando de ideia.

Para desanuviar sua mente, ele decidiu realizar práticas de atenção plena por alguns minutos, na esperança de conseguir clareza. Quando sua mente se acalmou e ele ganhou um nível de consciência elevado, sua bússola de valores entrou em ação, apontando a direção certa. Embora o dinheiro por fora fosse atraente, ele sabia que seria errado aceitá-lo. Em vez disso, escolheu a outra oferta.

Refletindo sobre o dilema, Thomas reconheceu que, se a situação tivesse sido apresentada em uma simulação de ética em uma sala de aula, ele jamais teria considerado a oferta com o dinheiro por fora. Contudo, como ele explicou: "Com a complexidade do acordo e a pressão intensa para tomar uma decisão, era difícil se concentrar na ideia de certo e errado. Algumas vezes, nos negócios, com toda a pressão, as decisões não parecem ser tão preto no branco."

A experiência de Thomas não é atípica. Pesquisas mostram que práticas de atenção plena melhoram nosso processo de decisão ética.[47] Mas se não temos a autoconsciência necessária para ter uma bússola moral, a chance de tomar a decisão errada ou seguir o curso de ação equivocado é muito maior. Isso é especialmente verdadeiro em circunstâncias moralmente ambíguas ou de alto risco. E, no final, independentemente de dinheiro, sucesso, status ou fama, tomar decisões injustas ou realizar ações antiéticas terá um impacto negativo no nosso senso de identidade e, inevitavelmente, em nossa felicidade.

FELICIDADE PLENA: NÃO É O QUE VOCÊ PENSA <SUB 1

A autoconsciência nos ajuda a responder a uma das grandes perguntas sobre a vida, uma pergunta fundamental para liderar nossos funcionários: o que nos faz felizes de verdade? Essa questão deveria estar no centro de tudo para qualquer líder. Ter ciência do que constitui felicidade plena nos ajuda a liderar outras pessoas e a entrar em contato com o que as motiva de fato. A felicidade plena alimenta sentimentos de realização pessoal, envolvimento e comprometimento. Por causa disso, está na hora de a prática e a ciência de felicidade plena fazerem parte do conhecimento básico de liderança.

Dedique um momento para considerar a seguinte questão: com que frequência você acorda de manhã *desejando* ter um dia estressante?

Agora, faça outra pergunta a si mesmo: com que frequência você tem um dia estressante?

A questão é que nós, humanos, somos muito bons em bagunçar nossa própria situação. Nós temos a esperança de levar vidas excelentes. Nós desejamos vidas com poucas preocupações, relacionamentos harmoniosos, equilíbrio e alegria. Vidas com diversão e significado. Em regiões mais desenvolvidas, podemos ter os recursos para fazer isso acontecer. Podemos ter sistemas de educação avançados, sistemas de saúde de ponta, possibilidades financeiras, comida de sobra, ambientes seguros e outros recursos e amenidades que nossos ancestrais só poderiam ter em sonhos. E, mesmo assim, é provável que não consigamos levar vidas carregadas de significado, satisfação e alergia.

O que há de errado conosco?

Chegaremos à resposta em breve. Mas, primeiro, em uma escala de um a dez, quão importante é para você se sentir feliz, realizado e satisfeito com sua vida? Feche os olhos e considere essa questão por um momento. Não sinta a necessidade de dar uma resposta. Não se trata disso. Em vez disso, essa é uma pergunta sobre a qual você deveria refletir ocasionalmente ao longo de sua vida. Agora, considere o seguinte: sua felicidade é mais importante que suas conquistas profissionais? É mais importante que seus bens materiais? Novamente, não é necessário apresentar uma resposta pensada às pressas. Essas são perguntas para uma reflexão profunda.

Vamos direto ao ponto: nós, como humanos, só temos uma chance de viver e é uma chance curta. Nossa infância muitas vezes parece ter ocorrido ontem. Em 30 ou 50 anos, talvez olhemos para os dias de hoje como se fossem ontem, e nossas vidas estarão quase no fim. A vida passa rápido. Pense em todas as pessoas ao redor do mundo que deitaram na cama ontem, assim como você, esperando acordar na manhã de hoje para mais um dia de suas vidas, para mais uma tentativa de alcançar a felicidade, mas, em vez disso, não acordaram. Elas faleceram enquanto dormiam. Sua chance de um dia de felicidade foi para sempre perdida. Deixamos de viver em um piscar de olhos, um momento de transição curtíssimo, e não temos como saber quando esse momento chegará.

Ter uma vida feliz deveria ser importante. Se partimos da vida sem sentir o gosto da felicidade plena, sem vivenciar um momento de significância e realização pessoal, então o que fizemos? Perdemos a única chance que tivemos.

Nós não sabemos ser felizes

Agora, a resposta à pergunta feita anteriormente: o que há de errado conosco? Por que não conseguimos alcançar a felicidade mesmo tendo tanto? A razão é simples: porque não sabemos como ser felizes.

Na perspectiva de um líder, compreender a felicidade e suas raízes permite que criemos mais significado, senso de propósito e realização pessoal para nossa equipe. Isso, por sua vez, pode despertar mais produtividade. Mas, como líderes – e como humanos –, nós geralmente estamos equivocados sobre a felicidade. É como se a perseguíssemos com os olhos vendados. As coisas que geralmente buscamos como meio para a felicidade não a fornecem de fato. Pesquisas realizadas em instituições como a London School of Economics and Political Science, a Escola de Negócios de Harvard e centros de pesquisas de ponta no campo da neurociência ao redor do mundo – subsequentemente coletadas pela Organização das Nações Unidas (ONU) em seu Relatório Mundial da Felicidade –, mostram nossos vieses em relação à felicidade. Geralmente estamos errados sobre a felicidade de duas formas: 1. acreditamos que a felicidade vem de fora; e 2. confundimos felicidade com prazer.[48]

Felicidade não se compra

Muitos estudos mostram de forma conclusiva que a felicidade plena não vem de fontes exteriores. Isso é particularmente verdade no caso de fatores externos, como o dinheiro (ver Figura 2-2). Por mais de 50 anos, pesquisadores observaram a correlação entre felicidade e riqueza nos Estados Unidos e em outros países. O nível de riqueza quase dobrou, mas o nível de felicidade diminuiu.

Figura 2-2: Renda e felicidade

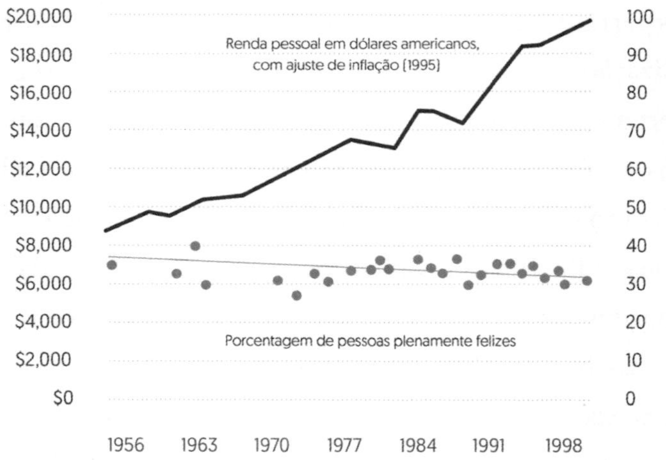

Um estudo descobriu que ganhar na loteria melhorava o humor dos participantes significativamente, mas, depois de um tempo, eles voltavam à sua linha padrão de felicidade. Outro estudo mostrou que, durante experiências difíceis, como a perda do emprego ou uma doença grave, a felicidade dos participantes caía significativamente. Mas, cedo ou tarde, eles também retornavam à sua linha padrão original.[49] Em cada um desses casos, eventos exteriores – acumular riquezas, ganhar na loteria ou perder o emprego – tiveram um efeito sobre a felicidade no curto prazo, mas não influenciaram o senso de felicidade no longo prazo (ver Figura 2-3).

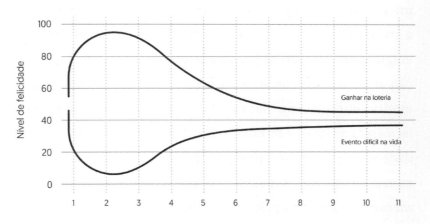

Figura 2-3: Felicidade e eventos na vida

A lição? Eventos e experiências exteriores não criam felicidade plena. Do mesmo modo, eventos e experiências difíceis não criam infelicidade duradoura. Isso deveria ser considerado uma ótima notícia. Significa que nós, como indivíduos, podemos controlar a nossa própria felicidade. Podemos não conseguir a promoção desejada, o carro possante ou a casa magnífica, mas nossa felicidade não depende desse tipo de coisa. Não depende de nosso status ou de nossas riquezas.

Mas nossa felicidade depende da riqueza de nossos vizinhos. Considere as duas situações a seguir:

- Você ganha R$ 50.000,00 por ano e outras pessoas ganham R$ 25.000,00 por ano.
- Você ganha R$ 100.000,00 por ano e outras pessoas ganham R$ 250.000,00 por ano.

Qual dessas duas situações você preferiria?

Um estudo conjunto realizado pela Universidade de Miami e pela Harvard School of Public Health descobriu que a maioria preferia a primeira opção.[50] Isso ilustra um fato enigmático: quando as pessoas se tornam ricas em comparação às outras, elas ficam mais felizes, mas quando sociedades inteiras enriquecem, elas não ficam. Nossa felicidade está relacionada à riqueza de nossos vizinhos. Mais uma vez, a felicidade não vem de fora, mas da forma como nos relacionamos com o que temos. A felicidade é um estado interno profundamente influenciado pelo modo como nos relacionamos com o que os outros têm.

Prazer não é felicidade

Geralmente tratamos prazer como felicidade. Pensamos que, se conseguirmos prazer em profusão, seremos felizes. Mas estamos errados. As duas experiências são completamente diferentes entre si.

De certa forma, o prazer é química pura. Quando obtemos ou fazemos algo de que gostamos – uma promoção no trabalho, uma festa, um carro novo etc. –, há liberação de dopamina no nosso cérebro, e isso nos dá uma sensação de prazer. A dopamina é um neurotransmissor que ajuda a controlar os centros cerebrais de recompensa e prazer. Ela permite que não apenas visualizemos as recompensas como também tomemos cursos de ação rumo a elas. Porém, a dopamina pode levar ao vício.[51] Quanto mais prazer nos permitimos experimentar, maior o risco de ficarmos viciados nesse prazer. O resultado é uma corrida frenética, na qual estamos continuamente buscando nossa próxima dose de dopamina. O prazer é uma experiência momentânea que rapidamente se esvai conforme a química do nosso cérebro volta à normalidade.

Felicidade plena é...

Em contraste, a felicidade plena não pode ser tão facilmente localizada ou apontada no cérebro. Não há uma região específica para ela, e tampouco pode ser encontrada em um único hormônio, neurotransmissor ou molécula. A felicidade plena é uma experiência de realização pessoal e de bem-estar duradouro. É vivenciar no longo prazo uma vida positiva e carregada de significado e propósito. É uma experiência existencial sentida em um nível muito profundo e capaz de ser mantida independentemente dos altos e baixos da vida; não é uma sensação de gratificação passageira, como o prazer.

Buscamos o prazer em novos sucessos profissionais, mais elogios e salários mais altos, na esperança de que isso nos torne felizes. Mas não torna. Tudo o que faz é nos colocar na esteira ergométrica de querer mais e mais. Isso não quer dizer que o prazer seja errado. Ele é ótimo. Ele dá sabor à vida. Mas o prazer é como comer mel na lâmina de uma faca. É delicioso, mas, se não tomarmos cuidado, acabamos nos machucando por desejar mais.

E nunca confunda prazer com felicidade.

Agora, pare por um momento para considerar como esses fatos sobre felicidade plena podem ajudá-lo na sua liderança. Há coisas que você poderia fazer de maneira diferente para ajudar seus funcionários a serem mais felizes e se sentirem mais envolvidos? Pense nisso por alguns momentos. Mergulharemos nessas questões mais detalhadamente ao longo do livro.

TREINAMENTO DA PERCEPTIVIDADE

O treinamento de atenção plena o ajuda a aumentar sua autoconsciência e, assim, a ficar mais atento ao que o faz feliz de verdade. Ele o ajudará a refrear suas reações compulsivas e substituí-las por comportamentos mais úteis, e também a se manter fiel a seus valores. Essas habilidades são fundamentais para uma liderança eficaz, para manter a autenticidade e para aumentar o envolvimento de sua equipe.

Entenda a si mesmo

O treinamento da perceptividade, porém, vai além disso. Quanto mais tempo você passa treinando sua perceptividade, mais consegue sentir que você não é seus pensamentos e que seus pensamentos não são você. O treinamento o ajuda a criar uma distância saudável e realista de suas atividades mentais. Você começa a enxergar seus pensamentos como eventos passageiros que não têm substância ou importância reais. São como nuvens no céu: vêm e vão. E só podem ter um impacto sobre você se você permitir que isso ocorra. Então, muitos dos seus pensamentos e sentimentos desencadeiam emoções ou ações. Mas, na realidade, diversos deles são aleatórios e insípidos. Não precisamos reagir a eles, podemos simplesmente deixar que ocorram.

Traga esse conhecimento ao modo como você enxerga a si mesmo, então, ficará mais confortável. Traga esse conhecimento a como você enxerga os outros e verá que se tornará mais fácil liderá-los. Traga esse conhecimento a como você lidera sua organização e se verá precisando exercer muito menos esforço e controle. Por mais que gostemos de pensar que somos importantes porque somos líderes, uma olhada realista e autoconsciente revelará que somos menos importantes do que pensamos, e a resposta mais adequada a isso é desenvolver uma visão realista e altruísta de nós mesmos, conforme exploraremos no capítulo 4.

Não há hipérbole que faça justiça à força e à liberdade mental que você desenvolve por meio do treinamento da perceptividade. Você passa a conhecer a si mesmo no presente, passa a saber o que pensa, o que sente e o que é importante para você (veja "Treinando a perceptividade com atenção plena").

Treinando a perceptividade com atenção plena

1. Inicie uma contagem regressiva de 10 minutos em um *timer*.

2. Sente-se confortavelmente em uma cadeira, com as costas retas e o pescoço, ombros e braços relaxados. Feche os olhos e respire pelo nariz.

3. Por um minuto, direcione sua atenção completamente para sua respiração. Apenas sinta sua respiração de forma neutra. Não tente controlá-la. Permita que sua mente estabilize.

4. Agora, tire sua atenção da respiração e abra sua consciência para o que quer que venha. Independentemente do que emergir – seja um som, um pensamento, uma sensação física ou qualquer outra coisa –, apenas permaneça consciente sobre a coisa em questão.

5. Observe-a de forma neutra. Não pense sobre ela. Não interaja com ela. Não tente fazê-la ficar ou partir. Apenas observe-a.

6. Novas experiências emergirão, mudarão ou se esvairão. Apenas mantenha-se consciente do que ocorre em sua consciência, seja o que for.

7. Se você achar difícil observar as experiências sem interagir com elas, apenas dê a cada experiência um rótulo – por exemplo: "pensamento", "e-mail", "tarefa" – e deixe-a partir.

8. Se você se pegar pensando e analisando suas experiências, volte a se concentrar na sua respiração. Em seguida, abra sua consciência novamente.

9. Quando o cronômetro tocar, encerre o treino.

Entenda a si mesmo

Essa e as demais práticas neste livro estão gravadas em um aplicativo de treinamento guiado desenvolvido especialmente para esta obra (em inglês). Veja o apêndice A para mais informações.

DICAS E REFLEXÕES BREVES

- Comprometa-se a praticar dez minutos de treinamento da perceptividade com atenção plena de forma regular.
- Identifique um comportamento de piloto automático que você gostaria de mudar; deixe registrada sua intenção de notar o surgimento desse velho comportamento, pausar e escolher uma nova resposta.
- Redija os valores que são mais importantes para você em sua vida profissional e como líder; leve em consideração quando eles podem ser desafiados e como você responderá.
- Considere o que significa para você a diferença entre "prazer" e "felicidade" e que conhecimento isso traz para o modo como se lidera.
- Comprometa-se a abandonar, começar ou continuar uma atividade em prol de sua felicidade genuína.

3

Lidere a si mesmo com atenção plena

Para os líderes de hoje, a atenção plena – assim como o treinamento para se tornar mais concentrado e perceptivo – está se tornando uma habilidade necessária de sobrevivência e uma pedra fundamental da autoliderança. A pressão sobre líderes está aumentando, assim como o ritmo das mudanças, o volume da informação disponível e a escala de complexidade. O diretor-geral de uma firma de consultoria multinacional nos disse que havia exaurido todos os recursos disponíveis no mercado que prometiam ajudá-lo a ser mais eficaz. Havia aplicado todas as técnicas mais populares de gerenciamento de tempo. Havia experimentado todos os novos softwares de produtividade. Havia incorporado as plataformas colaborativas mais recentes. E, ainda assim, ele continuava trabalhando tantas horas diárias quanto conseguia. Não havia mais nenhum outro aplicativo para ajudar, nenhuma outra técnica para aplicar e nenhum segundo a mais para espremer dentro de seu tempo de trabalho. Ele estava esgotado de soluções possíveis.

Seu último recurso: *treinar sua mente*.

Com essa epifania, ele se tornou parte de um movimento global de líderes que praticam a atenção plena para aumentar a perceptividade e melhorar a concentração.

Como discutimos no capítulo 2, a perceptividade com atenção plena nos ajuda a desligar o piloto automático e assumir a direção de nossa mente. A concentração com atenção plena, que exploraremos neste capítulo, nos ajuda a ser mais eficazes e melhorar nosso bem-estar. Nas primeiras seções deste capítulo, examinaremos os aspectos da concentração e forneceremos estratégias para um desempenho mais focado. Em seguida, encerraremos o capítulo com instruções para melhorar a concentração por meio de uma prática de atenção plena guiada.

SOBREVIVÊNCIA DOS MAIS CONCENTRADOS

Líderes – e pessoas no ambiente de trabalho em geral – têm um problema. Nossa habilidade de concentração e de controle das nossas mentes está se deteriorando. Pesquisas mostram que nos distraímos do que estamos fazendo 47% das vezes.[52] Essa é uma porcentagem alarmante. Ao longo

A mente do líder extraordinário

de qualquer dia, estamos constantemente pensando em coisas que aconteceram no passado e em coisas que precisamos fazer no futuro. Enquanto isso, perdemos a concentração no que acontece no presente. Embora essa pesquisa seja um tanto deprimente, ela também apresenta um grande potencial para a melhora de desempenho.

Com base nos resultados de nossas entrevistas, descobrimos que 73% dos líderes se sentem distraídos da tarefa que realizam naquele momento ou "algumas vezes" ou "na maioria das vezes". Também descobrimos que 67% dos líderes enxergam as próprias mentes como bagunçadas, com muitos pensamentos e uma falta de prioridades claras. Como resultado disso, 65% dos entrevistados não conseguem completar as tarefas mais importantes. Quando questionados sobre quais eram os desafios primários de se manter a concentração, os líderes responderam que as maiores fontes de distração eram as demandas de outras pessoas (26%), as prioridades competindo entre si (25%), as distrações gerais (13%) e as cargas de trabalho grandes demais (12%). Não é de se surpreender que 96% dos líderes entrevistados tenham dito que uma melhora na concentração seria valiosa ou extremamente valiosa.[53]

Por causa do número excessivo de distrações que temos, o déficit de atenção virou regra no mundo dos negócios.[54] Thomas Davenport, autor de *A economia da atenção*, escreveu: "Entender e gerenciar a atenção é, hoje, o fator determinante mais importante para o sucesso nos negócios."[55]

Lidere a si mesmo com atenção plena

A "economia da atenção" é uma expressão adequada para nossos ambientes organizacionais atuais. No mundo dos negócios de hoje – com distrações aparentemente sem fim –, a habilidade de concentração é tão importante quanto outras competências, como análise financeira e gerenciamento de tempo. Se há um segredo para a eficácia, segundo o pioneiro de liderança Peter Ducker, é a concentração.[56] Na era de sobrecarga de informações em que vivemos, isso se torna mais verdade do que nunca.

Imagine um dia de trabalho padrão de 10 a 12 horas, com reunião atrás de reunião, um fluxo ininterrupto de e-mails e a necessidade de tomar decisões acertadas em meio a contextos complexos e em constante mudança. A habilidade de aplicar calma e concentração bem definidas às tarefas certas, no momento certo e da maneira certa, é o que torna um líder excepcional. Mesmo um único segundo de concentração fora do lugar é suficiente para que se perca uma deixa importante de um cliente durante uma negociação difícil.

Por muito tempo, a produtividade foi tradicionalmente medida em termos de tempo e competência: quanto tempo temos para uma tarefa e nossa capacidade de resolvê-la de forma eficiente. Mas, em uma economia da atenção, a concentração é agora um recurso de liderança escasso que deixa o tempo e a competência sob sua sombra. Imagine que você dedica 30 minutos a uma tarefa, ocasionalmente conferindo seu e-mail e lidando com outras distrações. A tarefa em si deveria ter levado apenas 10 minutos, mas você não foi capaz de manter uma concentração bem definida. Isso causa uma perda de produtividade significativa. Mas o problema não foi o gerenciamento do tempo, mas sim o gerenciamento da concentração.

Sob esse prisma, uma simples equação para a produtividade na economia da atenção é *Concentração × Tempo × Competência = Produtividade*. Sem concentração, você gastará mais tempo em uma tarefa e sua produtividade será afetada negativamente.

Também parece haver uma correlação direta entre o nível de concentração das pessoas e os avanços que elas obtêm em suas empresas. Entre os milhares de líderes com os quais trabalhamos ao longo dos anos, a vasta maioria tinha uma capacidade de se concentrar acima da média. Isso não quer dizer que uma concentração excepcional é garantia de ascensão profissional. Mas certamente, sem concentração, o sucesso na carreira será muito mais difícil de se conseguir. Para aspirantes a líder, a concentração deveria ser um mantra diário.

Por meio de nossa pesquisa e trabalho de campo, chegamos a uma conclusão clara: a concentração deve estar em posição primária de todo e qualquer treinamento de liderança. Todos os líderes que entrevistamos para este livro enfatizaram a necessidade de cultivar e proteger sua concentração em meio ao fluxo inexorável de detalhes e distrações que avançam sobre nossas mentes.

E, ainda assim, do nosso ponto de vista, o mundo dos negócios não se concentra o suficiente na concentração.

Lidere a si mesmo com atenção plena

Considere as seguintes questões: qual foi a última vez que você foi exposto a um treinamento de concentração durante um programa de desenvolvimento de liderança? Qual foi a última vez que você considerou uma concentração calma e bem definida parte de uma forma eficaz de utilizar seu tempo? Só na última semana, com que frequência você presenciou pessoas desconcentradas ou distraídas durante reuniões?

A concentração raramente é parte de um programa de treinamento ou considerada crucial para um gerenciamento de tempo eficaz. Muitas pessoas ficam distraídas durante reuniões, mas raramente são chamadas à atenção. Isso nos leva a um fato evolucionário um tanto contraintuitivo: durante a maior parte da história humana, estar aberto a distrações garantia a sobrevivência. Nosso estado de alerta para sons, odores e movimentos que pudessem indicar uma ameaça era vital para a continuidade de nossa existência.

Mas, nos dias de hoje, o paradigma de sobrevivência inverteu-se. No ambiente dos escritórios cheios de distrações, só os concentrados sobrevivem. E certamente apenas os concentrados obtêm excelência. Todos os executivos em cargos de diretoria que entrevistamos compartilharam histórias sobre a importância da concentração para sobreviver e, mais importante, para prosperar. Ela foi uma das qualidades que eles consideraram um elemento-chave para o sucesso e que valorizavam em suas equipes e organizações.

A mente do líder extraordinário

Mas não é fácil manter a concentração. Sob uma perspectiva neurológica, estamos configurados para nos distrairmos. Parte de nosso cérebro é dedicada a realizar constantemente uma varredura de nossos arredores e relatar qualquer informação nova que possa ser importante ou exigir nossa atenção.[57] A tendência a se distrair está profundamente arraigada em partes mais antigas do cérebro, como o córtex temporal e o córtex cingulado posterior. Teste você mesmo. Pare de ler e preste atenção aos arredores. Sua atenção se direciona para movimentos e sons?

A distração é a configuração padrão do cérebro humano. A concentração ocorre principalmente no córtex pré-frontal, a parte mais nova do cérebro, conforme ilustrado na Figura 3-1.

Figura 3-1: Onde se encontram a distração e a concentração no cérebro

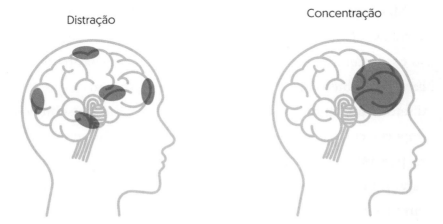

O córtex pré-frontal é a parte do cérebro na qual reside a função executiva, que é nossa capacidade de deliberadamente escolhermos nossas ações e nossos comportamentos.[58] Quando conseguimos operar a partir dessa parte do nosso cérebro, nos tornamos mais aptos a minimizar o ruído de nossa mente divagadora e de nos concentrar na tarefa em questão, podendo também tomar cursos de ação mais deliberados ao interagir de modo significativo com nossos funcionários.

OS ASPECTOS DA CONCENTRAÇÃO

Todos nós somos geneticamente predispostos a um certo nível básico de concentração, mas podemos melhorar esse nível. Para cada momento no qual nos concentramos propositalmente, nossa concentração melhora. Entender a "anatomia" da concentração pode nos ajudar a desenvolvê-la. A concentração tem seis aspectos distintos: controle, capacidade, velocidade, agilidade, clareza e durabilidade. Quanto mais forte um desses aspectos for, mais eficaz sua concentração será. Situações distintas exigem aspectos diferentes (veja a Figura 3-2). Por meio de um treinamento de atenção plena bem guiado, você pode melhorar todos eles.

Analisemos de perto cada aspecto.

A mente do líder extraordinário

Figura 3-2: Os seis aspectos da concentração

	Os aspectos são importantes para:
Controle	Priorização momento a momento; contato com as pessoas; processamento de tarefas.
Capacidade	Leitura e aprendizado; lidar com questões complexas.
Velocidade	Processamento de informações; tomada de decisões; interações de alto risco.
Agilidade	Processo criativo; resolução de problemas; brainstorming.
Clareza	Lidar com questões complexas; trabalho de alto risco.
Durabilidade	Reuniões; encarar desafios; dias longos; negociações.

Controle

Uma concentração controlada permite que você priorize sua atenção e suas ações a cada momento. É o oposto da distração. É a qualidade de deliberadamente ficar atento a um objeto ou tarefa. É o núcleo da atenção. Conforme lê este livro, você está completamente concentrado na leitura? Ou outros pensamentos não relacionados se esgueiram para dentro de sua mente?

Em um estudo que investigava a neurobiologia do que ocorre quando ficamos distraídos, pesquisadores descobriram que, durante a concentração controlada, o córtex pré-frontal fica ativo para manter a atenção.[59] Essa sincronização neural é crucial para que as coisas sejam feitas. Sem a concentração controlada, é virtualmente impossível ser eficaz. Sem concentração controlada quando estamos com os outros, é difícil estabelecer a interconexão necessária para realizar uma comunicação que tenha significância. Mas com uma concentração controlada, com a precisão de um laser, feitos incríveis são possíveis.

Para os líderes de hoje, há mais problemas a serem encarados do que tempo para fazê-lo. Tentar se concentrar em muitos problemas importantes ao mesmo tempo é uma receita para o desastre. Os líderes precisam constantemente se concentrar e realocar sua concentração, dando atenção exclusiva às questões mais importantes momento a momento.

Capacidade

A capacidade de concentração permite que você absorva e processe volumes grandes de informação e percorra questões complexas com facilidade. A capacidade de concentração é a quantidade de dados dos quais você consegue ficar consciente a cada momento. É como a largura de banda da sua conexão de internet, que determina o volume de dados que você consegue baixar por segundo.

Você pode ter uma noção de sua capacidade neste exato momento: pare de ler, feche os olhos por um momento, depois abra-os e olhe para a frente por um segundo; em seguida, feche-os novamente. De quantos detalhes do que viu naquele um segundo você consegue lembrar?

Pesquisadores vêm tentando medir a capacidade de concentração há anos, com resultados diversos. Uma mente comum pode compreender, em média, entre 4 e 40 bits de informação consciente por segundo.[60] Nossa pesquisa mostra que esse nível está bastante *abaixo* do ideal necessário para a maioria dos líderes, visto que a sobrecarga de informação é considerada um dos cinco maiores desafios para a eficácia de suas lideranças.

Loren Shuster, diretor executivo de pessoal no LEGO Group, nos contou como a prática da atenção plena o ajuda a absorver e reter muitas centenas de páginas de *briefings* antes de reuniões da diretoria: "Realizar alguns momentos de atenção plena antes de ler um *briefing* ou um relatório acalma e desanuvia minha mente. Cria a largura de banda necessária para absorver os detalhes que sei que estou prestes a ler e que sei que preciso reter". Loren acrescenta que, ao permitir a si mesmo alguns momentos a mais de prática de atenção plena após a leitura, consegue sintetizar e armazenar melhor as informações. "Foi uma revelação para mim", ele contou. "Consigo me lembrar dos fatos e números necessários no momento em que mais preciso deles: quando estou sob pressão."

Velocidade

A sua velocidade de concentração é a frequência com que você processa o fluxo de suas experiências. A velocidade de concentração permite que pensemos de forma imediata e tomemos decisões rápidas. Lembre-se da última vez que se envolveu em algum tipo de acidente: o tempo não passou mais devagar, permitindo que você registrasse vividamente cada fração de segundo? É claro que o tempo não desacelerou de verdade. O que ocorreu foi que sua concentração acelerou-se, fornecendo-lhe uma experiência detalhada e em câmera lenta do evento. É como se um processador de dados mais rápido entrasse em ação.

Note sua velocidade de concentração neste exato momento, durante a leitura. Quão rápido você consegue chegar ao fim deste parágrafo sem deixar de compreender as palavras presentes nele?

Nossa velocidade de concentração varia de acordo com o nosso nível de envolvimento e motivação, a complexidade da situação e outros fatores ambientais. Durante acidentes, a velocidade de concentração pode ser bastante alta. Mas, quando ingerimos álcool, ficamos cansados ou operamos no piloto automático, portanto, a nossa velocidade de concentração se torna limitada. Pilotos de caça são notórios por sua velocidade de concentração acima da média. Imagine voar a mais de mil quilômetros por hora e ao mesmo tempo controlar a navegação, monitorar seu avião e coordenar um trajeto de voo preciso. Isso é uma tarefa diária para um piloto de caça e exige uma alta velocidade de concentração.

Sue Gilchrist, sócia de gerenciamento regional para Ásia e Austrália da empresa multinacional de advocacia Herbert Smith Freehills, compartilhou conosco sua forma de interpretar as dinâmicas discretas que ocorrem em reuniões com clientes. Ela nos contou que, com a atenção plena, sua velocidade de concentração aumentou e, por consequência, a velocidade da conversa aparentemente diminuiu. "Isso permite que eu capte mais sinais e mensagens implícitas", ela afirmou. "E a habilidade de ver mais do que está acontecendo a cada momento em ambientes altamente competitivos ou com algum outro aspecto desafiador é um recurso de valor inestimável, não importa em que indústria você esteja."

Agilidade

A agilidade de concentração permite que você troque mentalmente uma tarefa por outra sem ficar pensando na atividade anterior. Isso inclui passar de uma reunião a outra ou de um envio de e-mail para a participação em uma conversa. Em um mundo hipercomplexo, a agilidade de concentração permite que você se mova de forma eficiente entre múltiplos contextos complexos. Ela permite que você mantenha perspectivas, valores e emoções variadas e conflitantes e tome decisões mais holísticas e menos enviesadas.

A agilidade de concentração, como outros aspectos, é afetada por fatores internos e externos. Cansaço, álcool, atribulação mental e trocas rápidas entre tarefas podem reduzir sua agilidade de concentração e deixá-lo mais lento.

Para testar sua agilidade de concentração, tente o seguinte: enquanto lê o resto deste parágrafo, afaste abruptamente sua concentração das palavras e volte-a para algo ao seu redor, concentrando-se nesse objeto ou imagem.

A troca ocorreu fluidamente ou houve um leve atraso mental? Com que rapidez você ficou plenamente concentrado no novo objeto? Alguma parte da sua concentração manteve-se nas palavras que tinha acabado de ler? Se você não está tão certo do resultado, tente de novo: mude sua concentração de um objeto a outro. E, então, observe a agilidade com que você transfere sua concentração.

A agilidade de concentração não deve ser confundida com comportamento multitarefas. Uma extensa quantidade de pesquisas confirma que seres humanos são incapazes de realizar múltiplas tarefas simultaneamente. Exploraremos o comportamento multitarefas mais detalhadamente. Por ora, o importante é que você entenda que a agilidade de concentração é o aspecto que lhe permite transitar entre tarefas, não a habilidade de realizar várias tarefas de uma vez.

Considere o exemplo do CEO da Heineken, Jean-François van Boxmeer. Conforme entrávamos na sede da Heineken em Amsterdã para entrevistá-lo, ele discutia os detalhes técnicos de uma aquisição complexa com sua equipe jurídica. Em menos de um segundo, porém, sua atenção voltou-se para o contexto da nossa entrevista. Ele estava completa mente presente, totalmente envolvido. Quando perguntamos como havia mudado de concentração tão rapidamente, ele explicou que seu papel na empresa não toleraria falta de concentração. "Não posso me dar ao luxo de me distrair. Preciso estar atento. Treinei minha concentração durante o trabalho por 15 anos, momento a momento. Tenho a sensação de que o cérebro é como um músculo, e eu o exercito o tempo todo. Trata-se de presença disciplinada." Sua rotina é carregada de reuniões do início da manhã até o final do dia; mesmo as refeições são, em grande parte, organizadas como reuniões de trabalho. Nesse tipo de situação extrema, há pouca oportunidade para se deixar a cabeça em atividades anteriores. Sua agilidade mental bem treinada torna essa rotina possível.

Clareza

A clareza de concentração o ajuda a registrar os detalhes de sua tarefa ou objeto de atenção atual. Isso significa que você registra seu objeto de atenção em alta definição, podendo manter uma recordação nítida do que ocorreu momentos antes.

Neste exato momento, qual o nível de clareza da sua concentração? Você está completamente atento ao que está lendo? Ou a leitura o está deixando um tanto sonolento? Dedique um momento para se avaliar. De quantos fatos descritos nas três últimas páginas você consegue se lembrar?

Nossa pesquisa mostra que 90% dos líderes acreditam que mais tempo de reflexão melhoraria a sua clareza mental. Uma forma de visualizar isso é pensar na mente como se fora um globo de neve que é chacoalhado no decorrer de um dia. Um tempo de reflexão, bem como práticas de atenção plena e outras atividades, permitem que a neve assente, deixando tudo em perspectiva e mais fácil de se ver.

James Doty, professor clínico de neurocirurgia na Universidade de Stanford, descreve como o treinamento da atenção plena melhora sua clareza de concentração durante cirurgias. Essa clareza lhe dá uma perceptividade serena durante o ato de operar, permitindo que ele observe o estado do paciente e da equipe de apoio para a operação, os detalhes granulares do cérebro que ele está operando e seu próprio estado mental e físico.

Durabilidade

A durabilidade da concentração é o tempo durante o qual você consegue manter-se em um estado de concentração contínua sobre um determinado objeto ou experiência. Uma durabilidade de concentração bem desenvolvida permite que você se mantenha concentrado por horas sem se distrair. Porém, em uma era de distrações tecnológicas significativas, nossa durabilidade de concentração está se deteriorando.

Por quanto tempo você acha que consegue manter a concentração sobre um objeto antes de se distrair? Faça um teste rápido: inicie a contagem de um cronômetro, concentre-se em um objeto e interrompa o cronômetro quando se distrair pela primeira vez. Está surpreso com o resultado? Se você não conseguiu passar de dez segundos, não se preocupe; isso é normal. Após treinarmos dezenas de milhares de pessoas em atenção plena, podemos afirmar que a maioria delas consegue menos de dez segundos em sua primeira tentativa.

Pesquisadores descobriram uma correlação direta entre o consumo intenso de múltiplas plataformas de comunicação (como conteúdo impresso, televisão, telefonemas, mensagens de texto e videogames) e a diminuição no nosso córtex pré-frontal, o lar da função executiva.[61] Em outras palavras: quanto mais tempo ficamos sob uma inundação de informações e distrações, menos capacidade mental temos de manter a concentração. Mas lembre-se: graças à neuroplasticidade, com o treinamento de atenção plena você pode melhorar sua durabilidade de concentração. Mesmo depois de apenas oito semanas de prática diária de atenção plena, seu córtex pré-frontal engrossa conforme sua habilidade de se concentrar melhora.[62]

A seção a seguir inclui algumas estratégias para ajudá-lo a fortalecer os seis aspectos da concentração. Após discorrermos sobre essas estratégias, apresentaremos uma prática de atenção plena especificamente para melhorar a concentração.

ESTRATÉGIAS PARA UM DESEMPENHO CONCENTRADO

Com base em nossas pesquisas e trabalhos de campo, quatro estratégias são particularmente eficazes para líderes quando se trata de desempenho concentrado: compreender o que afeta a concentração, evitar o comportamento multitarefas, evitar o vício em agir e criar períodos concentrados.

Compreenda o que afeta a concentração

Para manter uma concentração forte ao longo do dia, é útil saber o que a afeta e qual é seu nível de concentração em diferentes horas do dia. Sua concentração é tão forte às oito da manhã como às duas da tarde? E às dez da noite? Considere como sua concentração é afetada pela hora do dia, pela hora que você come, pelo que você come, por seu estado mental e por quantas horas você dormiu.

Por exemplo: juízes são treinados para ser neutros e objetivos. De um ponto de vista estatístico, eles deveriam realizar vereditos equilibrados e neutros ao longo do dia inteiro. Mas estudos mostram que juízes dão vereditos mais favoráveis na parte da manhã do que na parte da tarde. Isso significa que é possível que um réu seja condenado à prisão em vez de ser solto se entrar no tribunal depois do almoço.[63]

Esse padrão está diretamente relacionado à nossa pesquisa que determina quando líderes se sentem mais concentrados. Veja os padrões de concentração diário de líderes na Figura 3-3.

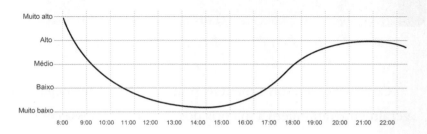

Figura 3-3: Padrão de concentração diário

A mente do líder extraordinário

Com esse padrão em mente, considere as atividades que realiza em diferentes momentos do dia. Garanta que suas atividades mais importantes sejam programadas para os momentos em que sua concentração está mais forte. Adicionalemte, planeje fazer tarefas mais práticas e ativas durante as horas em que sua concentração está mais fraca.

Nossa concentração e seus seis aspectos também são afetados por outros fatores mentais e físicos, incluindo sono, emoções e alimentação. Para ter uma visão geral, confira a Figura 3-4.

Figura 3-4: Fatores que afetam a concentração

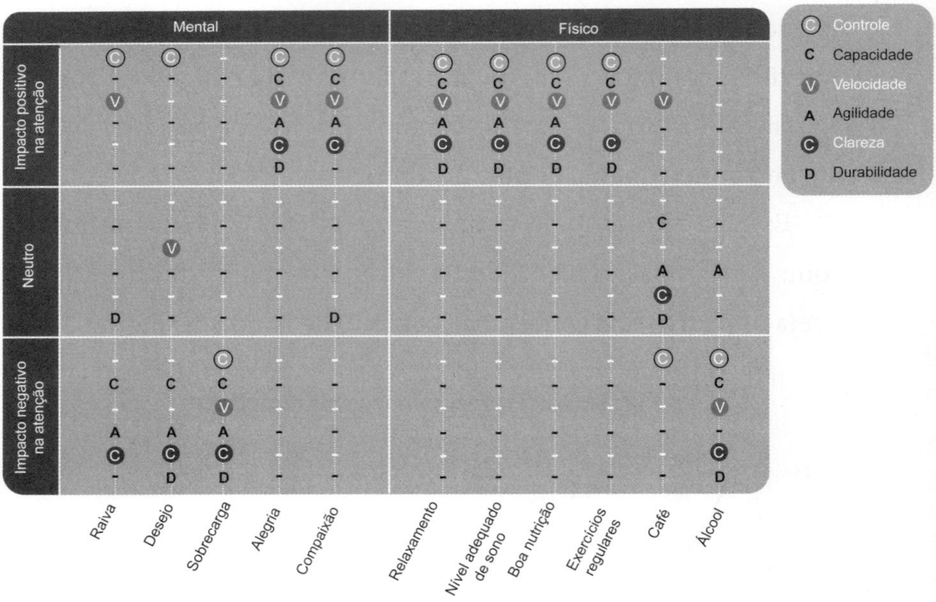

Considere os fatores mentais primeiro. Emoções negativas geralmente diminuem a maioria dos aspectos de nossa concentração. Paul Elkman, um pesquisador pioneiro em emoções da

Universidade da Califórnia, em São Francisco, descreveu como emoções difíceis criam um período refratário que volta a nossa concentração repetidamente à fonte de nossa emoção.[64] Por outro lado, emoções positivas geralmente têm o efeito oposto: elas expandem nossa concentração para que observemos o contexto mais amplo.[65]

Sob uma perspectiva física, o relaxamento é um pré-requisito para uma concentração forte. O relaxamento é a ausência de esforço desnecessário, tanto na mente quanto no corpo. Quando relaxamos nosso corpo, nossa mente relaxa junto. Quando relaxamos nossa mente, também relaxamos o corpo. Nesse sentido, corpo e mente estão conectados. Além disso, se cuidarmos de nosso corpo com um bom sono, nutrição e exercícios, nossa concentração melhora. O café, ao contrário do que muitos acreditam, não é útil para a concentração. A cafeína nos deixa mais despertos, mas também mais dispersos.[66] E, como é de se esperar, o álcool também é prejudicial para a maioria dos aspectos.

Quais outras atividades afetam sua concentração positiva ou negativamente? Você provavelmente tem que lidar com demandas conflitantes na maior parte do tempo: pessoas que precisam de sua atenção, e-mails urgentes e decisões de alto risco. A resposta automática de nosso cérebro é tentar se concentrar nelas todas de uma vez. A configuração padrão de nosso cérebro quer que entremos em modo multitarefas. Mas o comportamento multitarefas destrói sua concentração.

Pare com o comportamento multitarefas

Nossa habilidade de realizar muitas tarefas simultaneamente é um mito. A maioria de nós carrega a ilusão poderosa de que conseguimos prestar atenção a mais de uma coisa por vez. Nós achamos que conseguimos dirigir um carro enquanto falamos ao telefone, que damos conta de participar de uma reunião enquanto escrevemos uma mensagem de texto. Sejamos claros: nós somos capazes de fazer várias atividades sem prestar atenção (ou seja: sem usar o pensamento consciente). Por exemplo: podemos falar e andar ao mesmo tempo. Motoristas experientes conseguem lidar com os muitos aspectos do ato de dirigir, como mudar as marchas e esterçar o volante, usando o piloto automático de suas mentes.

No entanto, sob o ponto de vista neurológico, não somos capazes de nos concentrar atentamente em duas coisas ao mesmo tempo. O que se chama de multitarefas na verdade é uma *alternância de tarefas*: trocas de atenção rápidas entre duas ou mais coisas. Em um segundo, estamos cientes do tráfego; no instante seguinte, estamos dando atenção ao telefone. Às vezes, alternamos entre tarefas tão rapidamente que temos a ilusão de que estamos prestando atenção a ambas ao mesmo tempo, mas na realidade não estamos.

No contexto do comportamento multitarefas no trabalho, pesquisadores descobriram que, quando entramos em modo multitarefas, nos tornamos "mestres de tudo que é irrelevante; nos deixamos distrair por qualquer coisa"[67]. Talvez você tenha passado pela experiência de se perder no que estava fazendo mesmo quando se tratava de uma tarefa simples e de intenções claras. Por exemplo: imagine que você esteja buscando no LinkedIn informações sobre uma pessoa que está considerando para uma vaga de emprego. Então, você nota um link para um artigo que parece interessante. Você clica nele e começa a ler o artigo quando encontra um link para um vídeo interessante no YouTube. Uma hora depois, você ainda está assistindo a vídeos e se perdeu completamente do que havia começado a fazer. Soa familiar?

Estudos mostram que o comportamento multitarefas reduz a satisfação das pessoas com o trabalho, deteriora relações pessoais e afeta a memória e a saúde de forma negativa.[68] Muitos desses estudos demonstraram que o comportamento multitarefas reduz a eficiência porque leva as pessoas a completar tarefas em um tempo maior e a cometer mais erros. Isso ocorre porque quando mudamos nossa concentração de uma tarefa para outra, levamos algum tempo para realizar a transição. Dependendo da complexidade da nova tarefa, podemos levar de alguns poucos segundos a vários minutos. Esse fenômeno é chamado de "período de troca", que suga a nossa energia mental e toma uma parcela de nossa produtividade.

Além disso, pesquisadores da Escola de Negócios de Harvard descobriram que o comportamento multitarefas prejudica a criatividade.[69] Após avaliar nove mil empregados trabalhando em projetos que exigiam pensamento criativo, os pesquisadores encontraram uma queda expressiva na criatividade entre aqueles que adotavam um comportamento multitarefas e um aumento entre aqueles que se concentravam em uma tarefa por vez.

Quando não entramos em modo multitarefas, quando nos mantemos concentrados em uma coisa por vez, nos beneficiamos. Também nos beneficiamos quando não ficamos presos a uma atividade contínua.

Evite o vício em agir

O "vício em agir" é caracterizado por uma vontade incontrolável de se fazer alguma coisa e um desconforto quando se fica parado. Isso inclui comportamentos como constantemente conferir e-mails, enviar mensagens de texto e consultar sites de notícias ou redes sociais. O vício em agir nos mantém ocupados e pode nos ajudar a completar várias "tarefas", mas atividade não é a mesma coisa que produtividade.

Há quem argumente que, quando somos viciados em agir – quando constantemente respondemos e-mails, mandamos mensagens de texto ou atendemos a telefonemas –, conseguimos fazer muitas coisas. Infelizmente, esse não é o caso. No artigo "Beware the Busy Manager" (Cuidado com o gestor ocupado), publicado em 2002 na *Harvard Business Review*, pesquisadores compartilharam resultados sobre a habilidade de gestores de estabelecer prioridades. Após um estudo aprofundado com líderes em companhias como Sony, LG e Lufthansa, eles concluíram: "Pouquíssimos deles utilizam seu tempo com o máximo de eficácia possível. Eles acham que estão tratando de assuntos urgentes, mas na verdade estão apenas patinando mentalmente".[70] Outro estudo observou as prioridades de mais de 350 mil pessoas e descobriu que elas gastam uma média de 41% do tempo em atividades de baixa prioridade.[71] Em outras palavras: elas estão fazendo várias coisas, mas não as coisas certas.

Somos tão configurados para fazer coisas que uma pesquisa de opinião descobriu que 83% dos americanos não haviam passado nenhum tempo relaxando ou sem fazer nada nas 24 horas anteriores à entrevista.[72] Qual foi a última vez que você ficou sem fazer nada? Tente fazer isso agora. Coloque o livro de lado e não faça nada por três minutos. Note suas reações.

Como foi? Você sentiu um impulso para conferir seu e-mail ou fazer outra coisa? Se sim, você pode estar sofrendo de vício em agir.

O vício em agir é uma condição bastante real que muitos de nós temos em certo grau, e o motivo reside em nosso cérebro. Quando completamos uma tarefa, mesmo que seja pequena e insignificante como mandar um e-mail, nosso cérebro recebe dopamina. Isso torna a tarefa viciante. Mas a dopamina não diferencia atividade e produtividade. Isso significa que ganhamos uma dose de dopamina só por fazer algo, seja lá o que for. E isso nos torna eficazes em fazer um monte de coisas, mas não necessariamente as coisas que deveríamos fazer.

A consequência óbvia do vício em agir é que estamos constantemente correndo atrás de vitórias de curto prazo e perdendo de vista nossos objetivos maiores. Quando isso acontece, a nossa habilidade de estabelecer prioridades sofre e nosso desempenho diminui. Como o vício em agir é um estado mental, podemos superá-lo com a prática da atenção plena. O treinamento da atenção plena melhora a concentração e o controle sobre impulsos. Ele nos oferece a força mental para observar, refletir e fazer coisas importantes, em vez de apenas fazer um monte de coisas.[73] Além disso, nós conseguimos criar tempo para nos concentrar.

Crie períodos concentrados

Nossa propensão ao comportamento multitarefas e ao vício em agir cresce de acordo com o contínuo desenvolvimento tecnológico e nossa dependência desse desenvolvimento. Mas nós temos a escolha de como responder à tecnologia. Com uma mente bem treinada, podemos escolher no que nos concentrar e evitar o comportamento multitarefas e o vício em agir. Também temos a escolha de planejar nosso tempo e atividades de uma forma que facilite a realização de tarefas importantes.

Arne Sorenson, CEO da Marriott, planeja horas ininterruptas de reuniões concentradas com os membros de sua equipe, sem telefones, computadores ou outros aparelhos na sala. Jean-François van Boxmeer, CEO da Heineken, reserva uma porcentagem

Lidere a si mesmo com atenção plena

inegociável de seu tempo para tratar especificamente de tarefas importantes. Dominic Barton, sócio de gerenciamento global da McKinsey & Company, pratica uma corrida longa diariamente para processar, sintetizar e refletir sobre seus pensamentos. Em cada um dos casos, esses líderes excepcionalmente ocupados estão separando blocos de tempo específicos durante os quais podem aumentar sua concentração. Para eles, a concentração disciplinada é um mantra para a produtividade. Eles entendem que, se não planejarem um horário de trabalho concentrado, facilmente acabarão fazendo tudo que é urgente, mas não o que é importante.

O livro *Trabalho focado*, de Cal Newport, descreve a necessidade e as técnicas de trabalho concentrado para líderes.[74] Quando dedicamos nossa atenção a qualquer tarefa de forma completa, precisa e sem distrações, somos mais produtivos. Também sentimos um maior senso de realização pessoal, bem como uma sensação reconfortante de estar no controle. Essa experiência é levada para o resto do dia, reduzindo o estresse e elevando a concentração e a calma.

O período concentrado muitas vezes conflita com a cultura organizacional de se estar sempre antenado. O período concentrado exige alguns princípios e certo preparo e disciplina. Para garanti-lo, os seguintes passos podem ser úteis:

- Reserve o período concentrado no seu calendário. Em vez de priorizar o que está na sua agenda, agende suas prioridades.

- Reserve uma hora (ou mais) a cada dia útil da semana, do mês e do ano. Seja disciplinado com o uso dessa hora para trabalhar concentradamente. Cronogramas podem mudar, mas faça o que puder para evitar que outras pessoas reivindiquem seu período concentrado para reuniões.
- Planeje seu período durante as horas em que está mais concentrado. Deixe e-mails e outras atividades para horários em que sua concentração for mais baixa.
- Compartilhe a importância do período concentrado com seus colegas. Transforme seus companheiros mais próximos em aliados na proteção do seu período concentrado (assim como do deles).
- Ao começar seu período concentrado, defina metas claras em relação a como você o usará e se atenha a essas metas. Não abra seu e-mail (a não ser que isso seja uma meta de seu período concentrado), não responda a mensagens de texto, não participe de nenhuma outra atividade estranha à concentração.
- Elimine distrações, feche sua porta ou encontre um espaço no qual você não será interrompido. Deixe seu telefone de lado. Mantenha sua mesa limpa e livre de quaisquer distrações.
- O desafio não são apenas distrações externas; distrações internas podem ser ainda mais fortes. Outros problemas podem forçar a entrada em sua consciência.

Deixe-os de lado. No momento, você está fazendo coisas mais importantes.
- Enquanto estiver no seu período concentrado, seja disciplinado. Seja disciplinado em relação à questão de permanecer concentrado, para que extraia o máximo desse tempo. Não ceda à sede de dopamina. Por mais que sinta a necessidade de conferir seu e-mail ou suas mensagens de texto, resista.

Todas essas estratégias mostraram-se altamente eficazes para melhorar o desempenho e o bem-estar de seus praticantes. Porém, por mais simples que soem, sem uma mente bem treinada e concentrada, implementá-las é um desafio. O verdadeiro alicerce da maior concentração é uma prática diária e disciplinada da atenção plena.

TREINAMENTO DE CONCENTRAÇÃO COM ATENÇÃO PLENA

A concentração é o coração da autoliderança. Sem ela, sua mente é como um barco sem leme. Treinar sua concentração pela prática diária da atenção plena melhorará sua habilidade de ficar mais concentrado durante o trabalho cotidiano. Apresentamos a seguir instruções de como fazer isso (veja "Treinando a concentração com atenção plena"). A prática tem quatro instruções primárias: postura, respiração, contagem e distrações.

Treinando a concentração com atenção plena

1. Inicie uma contagem regressiva de 10 minutos em um *timer*.
2. **Postura:**
   - Sente-se em uma cadeira confortavelmente, com as costas retas e o pescoço, ombros e braços relaxados. Feche os olhos e respire pelo nariz.
   - Permita que todo seu corpo relaxe. Permita que sua mente relaxe.
3. **Respiração:**
   - De forma relaxada, direcione sua concentração para sua respiração e observe a experiência de inspirar e expirar.
   - Concentre-se em sua respiração de forma neutra, sem controlá-la e sem tentar modificá-la. Apenas perceba sua respiração do modo como ela ocorre.
4. **Contagem:**
   - Para ajudá-lo a se concentrar em sua respiração, conte até dez ao fim de cada expiração. Conte de um até dez lentamente, e depois conte regressivamente de dez até um.
   - Se você se perder na contagem, comece de novo a partir do "um".
5. **Distrações:**
   - Você irá se distrair. Durante essa prática, uma distração é qualquer coisa além de sua respiração ou sua contagem. Podem ser sons, sentimentos, pensamentos ou sensações corporais. Independentemente da distração com a qual você se deparar, considere-a uma amiga que o lembra de voltar à sua respiração.
   - Quando se distrair, conscientize-se disso e gentilmente retorne sua concentração para sua respiração.
6. Quando o *timer* tocar, encerre o treino.

Lidere a si mesmo com atenção plena

Em um mundo sempre antenado e cheio de distrações, nós alternamos entre tarefas constantemente. Mas para nós, líderes, a concentração é crucial para melhorar tanto a nossa eficácia quanto a nossa produtividade. Com a concentração melhorada, nossa autoliderança é fortalecida. Todas as dicas e estratégias apresentadas neste capítulo o ajudarão a fortalecer sua concentração e, consequentemente, a melhorar seus resultados. O próximo capítulo faz uso do alicerce da concentração para examinar como o altruísmo – abrir mão do ego – é essencial para que você se autolidere com eficácia.

DICAS E REFLEXÕES BREVES

- Comprometa-se a praticar o treino de concentração com atenção plena regularmente.
- Faça o teste "Mindfull Assessment" (https://hbr.org/2017/03/assessment-how-mindful-are-you*) para medir seu nível de concentração e perceptividade.
- Anote o que afeta sua concentração e como ela muda ao longo do dia; comprometa-se a alterar alguma coisa que melhore sua concentração diária.
- Comprometa-se a ser mais premeditado no modo como você usa seu tempo e, independentemente do que faça, proceda a uma concentração calma, desanuviada e relaxada.
- Reserve períodos incondicionais de concentração e determine quando e como você pode usar a atenção plena para "se desconectar" e ficar mais aberto e criativo.

---

* Disponível somente em inglês. (N. da T.)

4

Lidere a si mesmo com altruísmo

"O altruísmo é a única resposta apropriada para sabermos que nosso 'eu', nosso ego, é um mero produto da nossa imaginação", disse Steven Worrall, diretor geral da Microsoft Austrália. Ele acerta em cheio com essa frase. Não temos um "eu" físico e sólido. Esse é um fato neurológico, biológico e psicológico. Em vez disso, tudo que temos é um cérebro que constantemente se refere a nós, criando a ilusão de um "eu" fixo e sólido.

Ao longo dos últimos 30 anos, psicólogos e neurocientistas procuraram o centro de controle do cérebro, o lugar de onde vêm as ordens, o centro de nosso ego, nosso "eu" verdadeiro. Apesar de haver bilhões de neurônios no cérebro, nenhum centro de controle foi identificado como a essência de um indivíduo.[75]

Do ponto de vista científico, parecemos ser uma incrível coleção de sistemas e processos extremamente complexos. Apesar de não termos um centro de controle, estamos neurologicamente propensos à ilusão da existência de um "eu" inerente. Tendemos a sentir que somos entidades claramente definidas e fixas, com características e propriedades específicas. Mas, segundo pesquisadores de ponta, na verdade, o ego é uma criação de nossa imaginação.[76] O ego é uma voz constantemente autorreferente que cria a impressão de haver um "eu" sólido, estável e inerentemente existe nte no comando do show.

Porém, na verdade, ele é só uma autoimagem transitória que se modifica por meio de neurotransmissores, hormônios e reações sinápticas.

Para explorar essa ideia mais profundamente, reflita por um momento sobre sua experiência com o exercício de perceptividade introduzido no capítulo 2. Quando você estava observando seus pensamentos, quem fazia essa observação? Se você não é seus pensamentos, então quem exatamente é você? Reflita sobre essas questões por um tempo, considerando suas ramificações.

Que fique claro: isso não significa que você não existe. Na verdade, você não existe da maneira que imagina. Se isso soa estranho, teste por si mesmo. Quando estiver treinando a perceptividade aberta e notar uma sensação em algum lugar do corpo, veja se consegue identificar que parte manifesta a sensação. Em algum momento, você descobriu algo de que muitas pessoas se deram conta: é impossível descobrir exatamente qual parte tem a sensação. Em vez disso, você encontrará vários processos. Haverá pensamentos, sentimentos, percepções e sons, mas você não será capaz de localizar o local da sensação. A conclusão lógica é: você não é tão nitidamente definido como imaginava ser.

Isso pode parecer estranho, mas se não há local específico de experiência alguma, abrem-se portas para um mundo de possibilidades. Se nosso ego não é estanque, mas sim algo que criamos, somos capazes de mudá-lo.

Nada é fixo. Tudo é potencial.

A revelação de que tudo é potencial e de que não há um "eu" sólido e isolado traz consigo a conclusão de que podemos redefinir quem somos. Podemos nos libertar de nossas próprias definições de quem pensamos ser e, igualmente importante, de quem pensamos que os outros sejam. Novas possibilidades emergem a cada situação que encontramos. Temos a escolha de definir todas as pessoas e todas as situações com base em nossas perspectivas, sejam elas específicas ou amplas. Quando tudo é potencial, se oferece a cada um de nós uma abundância de benefícios. Sob uma perspectiva de liderança, isso quer dizer que podemos nos tornar mais parecidos com o líder que gostaríamos de ser – sem as limitações impostas por nossos medos, mecanismos de defesas e crenças. Isso inclui regular nosso senso de ego, minimizar as armadilhas criadas por ele e permanecer sóbrios diante do sucesso.

Neste capítulo, abordamos a natureza ilusória do ego, o problema que isso cria e como o altruísmo autoconfiante é uma abordagem sensata de liderança eficiente de si mesmo.

O PROBLEMA COM O "EU"

Ego é sinônimo de problemas. Essa pode ser a conclusão breve a se tirar dos vários estudos a respeito do papel do ego. Um desses estudos, da Universidade da Califórnia, descobriu que a frequência com a qual as pessoas usam os pronomes "eu", "mim", "me", "meu" e "minha" tem alta correlação com a incidência de doença arterial coronariana e com mortalidade.[77] Outro estudo descobriu que indivíduos com depressão e ansiedade têm uma taxa de uso de pronomes de primeira pessoa acima da média.[78] Um estudo relacionado analisou poetas e suicídio e encontrou um resultado espantoso: o uso acentuado de pronomes em primeira pessoa era fortemente correlacionado a suicídio posterior.[79] Por outro lado, um estudo publicado na *Psychological Science* descobriu que, quando passamos a usar mais frequentemente outros pronomes – como "nós", "ele", "ela" e "você" – e com menos frequência os pronomes autorreferentes – como "eu", "mim", "minha" – nossa saúde melhora.[80]

Vejamos isso pelas lentes da liderança. Um estudo da Universidade do Texas encontrou uma correlação clara entre posições de liderança e o uso de pronomes. Pessoas em postos de liderança mais altos usam consideravelmente mais pronomes na primeira pessoa do plural, como "nós", além de pronomes em segunda pessoa, como "vocês" e "seus".[81] Em contraste, pessoas cujo status de liderança é inferior ou inexiste tendem a usar a primeira pessoa do singular, "eu", quando falam. O estudo também descobriu que indivíduos em altos níveis de liderança demonstram maior "direcionamento aos demais" em seu modo de falar. Em outras palavras: pessoas em cargos de mais poder parecem demonstrar mais preocupação com o bem-estar do grupo em relação ao próprio bem-estar, ao passo que pessoas em cargos de menos poder mostram-se mais voltadas a si mesmas.

Outro estudo analisou o uso de pronomes em todas as 43 eleições australianas desde que o país se tornou independente do Reino Unido, em 1901. Quanto mais os candidatos usavam "nós", "vocês" e "nos", maiores eram as chances de que eles ganhassem, e com uma margem de votos maior. Os vitoriosos usaram mais pronomes coletivos que seus oponentes derrotados em 80% de todas as eleições. Considerando-se todas as eleições, os vencedores fizeram 61% mais referências a "nós" e "nos" e usaram esses termos em média uma vez a cada 79 palavras; já os derrotados os usavam em média uma vez a cada 136 palavras.[82] O estudo novamente sugere que líderes de sucesso são mais orientados aos outros e têm maior habilidade de interagir e falar com a identidade coletiva de si mesmos e das pessoas com quem falam.

Portanto, se importar com os outros não só faz parte de nossa natureza, conforme explicado no capítulo 2, como também parece favorecer que sejamos mais saudáveis e bem-sucedidos como líderes. E, apesar disso, não é uma tarefa fácil. Faça o seguinte experimento: marque dois minutos em um *timer*. Quando estiver pronto, comece um monólogo que descreva seu dia desde o momento em que acordou até agora sem usar "eu", "mim", "me", "meu" ou "minha".

Vá em frente, tente.

Se você achou difícil, tudo bem. Embora sejamos configurados para a gentileza, também somos profundamente condicionados a cuidar de nós mesmos e a ver as coisas sob a nossa própria perspectiva.

EGO E LIDERANÇA

Em nossas entrevistas com executivos seniores, perguntamos: "Possuir um grande ego traz algum benefício ao campo da liderança?". A resposta constante foi um sonoro "não". Os líderes que entrevistamos reconheceram muitas das desvantagens de se ter um ego grande: ele nos torna vulneráveis a críticas e suscetíveis a manipulações, estreita nosso campo de visão e corrompe nosso comportamento, fazendo com que tomemos atitudes contrárias a nossos valores. Exploremos essas desvantagens do ego uma por uma.

O ego nos torna vulneráveis a críticas

Nosso ego é como um conjunto de botões que carregamos conosco contendo ideias sobre quem achamos que somos e o que é importante para nosso senso de identidade pessoal. Esses botões podem se referir a coisas como "eu sou um líder envolvente" ou "eu sou um pensador estratégico" ou "eu colaboro com a equipe". Nas interações profissionais cotidianas, esses botões podem ser acionados por outras pessoas se disserem ou fizerem algo que vai contra a ideia que temos de nós mesmos. Quando isso acontece, nosso ego se ativa. Nesse sentido, nosso ego é como um alvo que carregamos conosco – e, como qualquer alvo, quanto maior ele for, mais propenso estará a ser atingido.

Por exemplo: Roy Harvey, diretor geral da EA Sports, havia acabado de supervisionar o lançamento da última versão do jogo de videogame de futebol americano *Madden* NFL, uma franquia extremamente popular. A melhora em relação à versão anterior havia exigido um investimento significativo, de muitos milhões. Como é usual com qualquer software, primeiras versões têm muitos *bugs*. Com tamanho investimento em risco, Roy treinou uma equipe inteira para detectar e corrigir mais de 22 mil *bugs* antes do lançamento. Um deles, porém, escapou, e Roy se viu em uma reunião com acionistas raivosos. Eles queriam saber como aquilo podia ter acontecido.

Roy contou para nós que, naquele momento, seu ego se sentiu sob ataque. Ele queria reagir, culpar os outros e defender-se das críticas. Seu ego queria gritar ao explicar como ele e sua equipe haviam sido cuidadosos e feito um trabalho exaustivo. Mas, em vez disso, como explicou para nós, ele disse aos acionistas: "Nós encontramos e corrigimos 22.358 *bugs* esse ano. E deixamos escapar um. Isso deveria ser uma lição para todos nós. Essa é a natureza de se trabalhar com software. E é por isso que temos atualizações corretivas e evolutivas." Ele não apontou dedos, não culpou ninguém. Em vez disso, sua declaração serena acalmou as pessoas e colocou a conversa de volta nos trilhos.

Felizmente para Roy, ele já era um praticante de atenção plena havia muitos anos. Ele foi capaz de entender as mensagens vindas de seu ego e de resistir ao impulso de perder a compostura ou agir de forma excessivamente defensiva. Ele sabia que, se respondesse com base em seu ego ferido, a história não acabaria bem. Em vez de alimentar a briga que seu ego estava armando, ele criou espaço mental entre si e a onda de pensamentos e emoções dele advindas. Ao usar a prática de atenção plena e ser um observador dos próprios pensamentos, ele foi capaz de dar um passo para trás e efetivamente desassociar-se das emoções. Isso permitiu que enxergasse a situação com mais clareza. Ele também foi capaz de assumir a responsabilidade pelo que aconteceu e começar a trabalhar em uma solução mais rapidamente.

No exemplo de Roy, seu ego poderia ter piorado uma situação que já era ruim. Poderia ter transformado a questão em algo pessoal e motivada pelo medo, o que impediria de se concentrar em soluções. Seu ego protetor poderia ter apontado a culpa para outra pessoa. O treinamento de atenção plena combinado a uma compreensão sobre o ego ajudou Roy a obter a melhor resolução a partir da situação ruim.

O ego não apenas nos deixa propensos a nos comportar mal diante de contratempos e críticas como também nos impede de aprender com nossos erros. Nosso ego tem uma tendência poderosa de nos proteger do perigo. Mas, ao fazê-lo, ele cria uma parede defensiva que torna difícil absorver as ricas lições que tiramos do fracasso. Ele também faz com que se torne mais fácil os outros tirarem vantagem de nós.

O ego nos torna suscetíveis a manipulações

Alguns anos atrás, trabalhamos de perto com uma divisão de finanças privadas de um banco multinacional para gerar mais atenção plena em sua equipe de liderança. Um dos líderes seniores tinha um ego muito grande. Quando ele entrava na sala, você podia sentir o tamanho do ego. Ele tinha uma longa lista de conquistas e méritos e bons motivos para se orgulhar. Porém, estava claro para nós, e para todos os demais, que ele tomava para si o crédito de todos os sucessos e valorizava a si mesmo acima da equipe. Também estava claro que, quando havia problemas, ele procurava alguém para culpar. Cuidar da própria imagem era sua principal preocupação, e ele não parecia se importar com quem fosse prejudicado por esse comportamento.

Era óbvio para nós que os outros funcionários da organização tinham ciência desse ego inflado. Podíamos ver a facilidade com a qual eles o manipulavam em determinadas situações. Se quisessem que um projeto seguisse uma determinada direção, explicavam-lhe como isso ia "pegar bem" para ele... e ele seguia esse curso. Se quisessem evitar algo, diziam-lhe que "pegaria mal" para ele... e ele evitava. Eles conseguiam fazer com que o líder tomasse decisões e realizasse tarefas de acordo com a influência de seus elogios ou alertas.

Como o ego deseja atenção positiva, ele pode nos deixar suscetíveis a manipulações, e quanto maior for o nosso ego, maior será o risco de ele ser manipulado. Um ego inflado nos torna previsíveis, pois nos conduz a comportamentos óbvios. Quando as pessoas sabem disso, elas podem agir de acordo e com isso manipular nossas ações. Quando somos vítimas de nossa própria necessidade de sermos vistos como grandiosos, acabamos induzidos a tomar decisões que podem ou não ser boas para nós, nossos funcionários e nossa organização.

O ego estreita nosso campo de visão

Anish Melwani, CEO da LVMH Moët Hennessy Louis Vuitton Inc. da América do Norte, compartilhou conosco como o ego pode estreitar nosso campo de visão devido ao viés de confirmação. Ele defende que, quando trazemos um ego grande para o trabalho, isso faz com que busquemos, interpretemos, favoreçamos e nos lembremos de informações de uma maneira que confirme nossas crenças e hipóteses preexistentes, ao passo que damos desproporcionalmente menos consideração a possibilidades alternativas. "O viés de confirmação é, muitas vezes, uma questão de ego", ele diz. "Todos nós detestamos estar errados e geralmente queremos que outras pessoas validem nossas ideias e posições." Como Anish descreveu, acabamos enxergando as coisas da forma que queremos enxergar, e qualquer confirmação mínima reforça nossa crença no modo como as enxergamos. Isso pode se tornar um círculo vicioso do qual é difícil sair.

O ego estreita nossa visão e faz com que tenhamos mais dificuldade de ver e aceitar novas oportunidades. Por causa dessa visão estreita, tornamo-nos vítimas das limitações de nosso próprio sucesso.

Marshall Goldsmith, coach e autor do best-seller *What Got You Here Won't Get You There* (O que o trouxe até aqui não vai levá-lo até lá), chama isso de "ilusão do sucesso".[83] Muitos líderes com os quais trabalhamos sofrem dessa ilusão. O psicólogo Burrhus Frederic Skinner, o primeiro cientista social a identificar o behaviorismo radical, notoriamente descobriu que cães, pombos e todos os outros animais, incluindo humanos, tendem a repetir comportamentos que são recompensados.[84] Ao sermos recompensados uma vez, persistimos de modo inconsciente no comportamento que levou à recompensa, independentemente de ser um comportamento funcional ou disfuncional. Isso pode soar mundano e simplista, mas é a base da ilusão do sucesso.

Lidere a si mesmo com altruísmo

Conforme crescemos profissionalmente, nosso sucesso pode nos induzir a acreditar que somos ótimos. Tendemos a acreditar que somos os únicos arquitetos de nosso sucesso. Inconscientemente, concluímos que nossas ações e comportamentos passados nos levaram a ser bem-sucedidos e que, consequentemente, eles devem ser a fórmula do sucesso. Como resultado, repetimos a fórmula, acreditando que ela trará mais sucesso. Mas não há lógica causal por trás desse pensamento; em vez disso, é apenas nosso ego confirmando vieses por meio de recompensas e criando a ilusão de que sabemos o único jeito – o jeito certo – de ser bem-sucedido.

No momento em que cedemos à ilusão de sucesso do nosso ego, estreitamos nossa visão e limitamos nosso potencial. No momento em que acreditamos que comportamentos bem-sucedidos do passado levarão ao sucesso presente e futuro, ficamos estagnados. Ofuscamos nossa visão com nosso próprio sucesso e fracassamos na missão de questionar a nós mesmos e nosso comportamento. Fracassamos em perceber que o mundo muda, as pessoas mudam, as organizações mudam, que as demandas sobre nós como líderes mudam, que ações do passado nem sempre levam a sucessos no futuro.

A ilusão do sucesso é uma fase crucial com a qual muitos líderes em torno dos 40 anos de idade se deparam. Em nossas conversas com líderes, essa é a idade em que alguns começam a sentir que estão ficando estagnados. Eles percebem que as estratégias que os levaram à posição em que estão não os levarão para onde eles precisam ir agora. Eles precisam abandonar comportamentos passados e reinventar sua forma de liderar. Mas é mais fácil falar do que fazer. Manter o ego supervisionado não é fácil.

O EGO CORROMPE NOSSO COMPORTAMENTO, FAZENDO COM QUE TOMEMOS ATITUDES CONTRÁRIAS A NOSSOS VALORES

De formas conscientes e inconscientes, nosso ego está constantemente buscando maneiras de elevar nosso status e poder. E embora o desejo do ego de nos proteger e garantir nossa sobrevivência não seja inerentemente ruim, se deixado sem supervisão, o ego pode nos levar a agir contra nosso juízo. Ele pode distorcer nossos valores. Pode deturpar nossa natureza boa. E, infelizmente, se tornar um líder nem sempre é algo bom para nossa gentileza e consideração em relação aos outros.

Estudos revelam que o poder tende a corromper nosso comportamento. Ao passo que as pessoas geralmente obtêm poder por meio de características e ações que favorecem o interesse de outros – como demonstrar empatia, colaborar, dar abertura, ser justo e saber dividir –, quando começam a se sentir poderosas ou a usufruir de uma posição privilegiada, essas qualidades começam a sumir. Quanto mais poderosas as pessoas são, maior sua chance de apresentar um comportamento rude, egoísta ou antiético.[85] Estudos mostram que pessoas em posição de poder são três vezes mais propensas a interromper colegas, realizar outras tarefas durante reuniões, levantar a voz e dizer coisas ofensivas no trabalho do que aquelas em posições inferiores. E pessoas que acabaram de subir para posições seniores estão particularmente suscetíveis a perder suas bússolas de valores.[86]

Pense nas equipes administrativas de companhias como Wells Fargo, Uber ou Volkswagen, todas expostas por seu comportamento antiético. É fácil olhar para elas e acreditar que eram pessoas inerentemente ruins motivadas pela ganância e dispostas a causar males aos outros. Mas essa conclusão é simplista demais. Lembre-se de que seres humanos são inerentemente gentis. Nós temos intenções positivas em relação uns aos outros. Mas às vezes nossas intenções são descarrilhadas pelo ego, levando-nos a agir de forma danosa. Acreditamos que os membros dessas equipes administrativas não acordavam toda manhã perguntando a si mesmos como podiam fazer mal aos outros. O mais provável é que eles estivessem nas garras do desejo do ego por mais status e poder e perderam o contato com a melhor versão do seu "eu".

Quando ficamos nas garras do ego e seu desejo por mais poder, perdemos o controle. Tornamo-nos escravos de nosso próprio ego e, quase sem perceber, acabamos fazendo coisas que não se alinham aos nossos valores. Como nem sempre estamos em sintonia com nosso "eu" verdadeiro e, consequentemente, com nossos valores, fica mais fácil fazer escolhas ruins ou egoístas. Isso não justifica o mau comportamento. Agir de formas completamente egocêntricas e causar mal aos outros não é aceitável. Mas com o enfoque de nosso ego para obter mais riquezas, status e poder, podemos ao menos compreender de onde isso vem, o que, por sua vez, nos ajuda a refletir sobre esses exemplos e, potencialmente, a fazer escolhas melhores.

Todos somos influenciados pelos desejos de nosso ego e podemos nos perder por conta deles. A questão é o seu grau de influência. Nas palavras de Jennifer Woo, CEO e presidente do Lane Crawford Joyce Group, o maior varejista de luxo da Ásia: "Controlar a sede de nosso ego por fortuna, fama e influência é a responsabilidade primária de qualquer líder". Controlar o ego não apenas nos transforma em líderes superiores e mais eficazes como também nos torna melhores como seres humanos.

Ter um grande ego é um problema significativo quando se trata de liderança. É algo que o torna vulnerável a críticas e suscetível à manipulação, limita sua visão e corrompe seu comportamento. Infelizmente, chegar ao topo pode muitas vezes piorar essa situação devido a um fenômeno conhecido como "bolha de CEO".

A BOLHA DE CEO

Um CEO recém-promovido que entrevistamos compartilhou uma observação interessante. Ele percebeu que, depois de sua promoção, as pessoas passaram a rir mais entusiasticamente de suas piadas. Ele também notou que elas pareciam concordar mais frequentemente com seus comentários em reuniões,

Lidere a si mesmo com altruísmo

e as conversas francas que ele costumava ter com seus colegas antes de ser promovido não eram mais tão francas. Ao oferecer opiniões e sugestões, seus relatórios agora pareciam contidos. Mas, é claro, chegar ao topo não necessariamente nos torna mais engraçados ou inteligentes.

Em vez disso, conforme evoluímos na carreira, adquirimos mais poder. Juntamente ao poder, vem o isolamento, e de repente nos vemos em uma bolha, na qual recebemos mais elogios e manifestações de apoio do que antes. Hal Gregersen, ex-diretor executivo do MIT Leadership Center na Sloan School of Management, diz que muitos CEOs e executivos estão em uma bolha que os blinda do que está realmente acontecendo no mundo e em seus negócios.[87] O resultado é que você pode se deixar aprisionar em um espaço que não é muito saudável para você ou para sua organização.

Quando estamos na bolha de CEO, não recebemos o retorno rigoroso de que precisamos para melhorar nosso pensamento e comportamento. Além disso, não usufruímos dos benefícios que uma perspectiva em 360° de uma equipe de qualidade pode fornecer. Consequentemente, perdemos conhecimento e perspectiva, e com isso nossa visão sobre as coisas torna-se mais limitada. E ficamos com uma versão da realidade que é uma criação nossa. Como resultado, podemos lentamente nos estagnar em nossas crenças e estratégias. Se não considerarmos a opinião dos outros, somos deixados à mercê de vieses inconscientes, do nosso senso de identidade desproporcional e de crenças imutáveis. Para sermos mais eficazes, precisamos sair da bolha.

Libertar-se de um ego inflado pode ser difícil. É algo que exige altruísmo e coragem. O primeiro passo para se libertar é continuamente questionar a si mesmo. Questione seu comportamento, suas crenças e suas estratégias. Olhe para si mesmo no espelho diariamente com a mente aberta. Nunca suponha que tenha encontrado a resposta definitiva sobre como ser um líder, porque você não a encontrou. Liderança se trata de pessoas, e pessoas mudam todo dia. Se você acreditar que encontrou a chave universal para liderar as pessoas, ocorreu exatamente o contrário.

O passo seguinte é apoiar, desenvolver e trabalhar com pessoas que não o coloquem em uma bolha autoinflada e egocêntrica. Contrate pessoas mais inteligentes que você e que sejam suficientemente confiantes para se manifestar quando você estiver possivelmente errado. Isso, é claro, exige que você tenha a autoconfiança necessária para reagir sem sucumbir ao ego e ao medo, uma característica da qual falaremos mais adiante neste capítulo. Líderes menos autoconfiantes tendem a contratar pessoas menos inteligentes que eles, pessoas que eles possam influenciar e manipular. Anish Melwani nos disse que contrata pessoas com base na sua coragem de expor opiniões. Pessoas que têm coragem de discordar do chefe ajudam a criar uma cultura de discordância positiva e de abertura produtiva. Isso pode levar a mais colaborações, resultados melhores e mais oportunidades de crescimento pessoal. Um passo significativo ao se criar esse tipo de abertura – e ao se aplicar autoliderança altruísta – baseia-se no cultivo de um senso genuíno de humildade.

HUMILDADE

Grandes líderes geralmente não são pessoas que publicamente dão um tapinha nas próprias costas e fazem fanfarra de suas conquistas. Pelo contrário: descobrimos que grandes líderes possuem um forte senso de humildade. Humildade e altruísmo estão intimamente interligados. Você não pode ser altruísta sem ser humilde, e a humildade sem altruísmo é falsa.

A humildade não é apenas uma atitude nobre, é uma perspectiva realista sobre o valor individual. Devido à ilusão do sucesso, nós, como líderes, podemos criar perspectivas fora da realidade em relação a quanto importamos de fato no contexto maior. Na estrutura geral das coisas, mesmo o melhor CEO é apenas um entre os milhares de indivíduos que contribuem para o sucesso de uma companhia. Além disso, seu sucesso é altamente determinado por tendências de mercado e forças de escala global. Qualquer companhia é mero resultado de uma rede interconectada de eventos, ações e intenções.

Se você acha que sua companhia é bem-sucedida principalmente por causa de seus esforços, faça a si mesmo algumas perguntas: quem o treinou e orientou? Quem agenda suas reuniões e administra seu calendário? Quem montou e

A mente do líder extraordinário

quem cuida do carro que o leva ao trabalho? Quantas pessoas na sua organização realizam um excelente trabalho dia após dia? Nós estamos tão interconectados uns aos outros que é impossível saber quem causou ou criou o quê. Compreender essa realidade desperta um senso de humildade saudável, e, com essa humildade, um senso de gratidão por aqueles que contribuem para nosso sucesso vem naturalmente. Dessa forma, a humildade nos ajuda a reconhecer as contribuições dos outros. Faz com que olhemos para eles com mais apreço e atenção, o que aumenta a interconectividade e o senso de envolvimento.

Serhat Unsal, CEO da multinacional Dawn Foods, percebeu como a humildade se torna cada vez mais importante conforme adquirimos cargos mais altos. "Como líder", Serhat explicou, "seu objetivo final é obter sucesso junto a sua equipe. Isso quer dizer que você precisa dar espaço para que outras pessoas inteligentes e ambiciosas contribuam". Quanto mais sênior você for, mais seniores serão seus relatórios. E quanto mais seniores forem seus relatórios, mais as pessoas esperarão respeito e inclusão. Nesse caso, seu papel é mais ouvir do que administrar. Seu papel exige que você esteja aberto a vários pontos de vista e isso inclui uma disposição para agir como um catalisador do sucesso de outros. Para fazê-lo, você deve deixar seu ego de lado e incorporar um senso de humildade genuíno.

Edouard-Malo Herny, supervisor de conformidade do banco multinacional Société Générale, considera a humildade uma qualidade que precisa ser desenvolvida mediante o hábito de regularmente trazê-la à mente. Antes de entrar em uma reunião, ele tem o hábito de reconhecer mentalmente os esforços e habilidades de todos na sala. "Quando considero quantas horas de trabalho, quantas boas intenções e quanta experiência meus colegas trazem à mesa a cada reunião, isso me enche de humildade e gratidão. Esse breve reconhecimento permite que eu me apresente de forma mais humilde e generosa, e que seja melhor em ouvir do que em fornecer respostas."

Como Edouard-Malo explica, a humildade é um processo interno. Quando exercitada, ela molda a forma como você se apresenta. A humildade é uma forma direta de manter seu ego sob supervisão e de se desenvolver um senso de altruísmo saudável. Ela não significa a dissolução completa do "eu"; todo líder precisa ter um senso de "eu" e uma autoconfiança saudáveis.

ALTRUÍSMO AUTOCONFIANTE

Quando se trata do conceito de altruísmo, muitos líderes temem que, ao adotá-lo, passem a ser vistos como frouxos. Esse não é necessariamente o caso. Para ser bem-sucedida, a liderança altruísta precisa ser combinada a uma autoconfiança elevada. O altruísmo autoconfiante faz com que você mantenha a cabeça erguida e execute suas ideias ao mesmo tempo que não se deixa atrapalhar por apegos do ego ou por orgulho.

O altruísmo autoconfiante é ilustrado na Figura 4-1. Tratamos dos detalhes de cada quadrante no capítulo 1, mas pode ser útil revisitá-los brevemente.

A mente do líder extraordinário

Figura 4-1: A matriz do altruísmo

Nessa matriz, temos altruísmo × egoísmo em um eixo e, no outro, autoconfiança × insegurança. No quadrante inferior esquerdo, você carece de autoestima, mas, apesar disso, está preocupado apenas com os próprios interesses; tudo passa a ser sobre você. No quadrante inferior direito, você tem um senso forte de autoconfiança, mas é guiado por objetivos e desejos egoístas; nesse quadrante, líderes podem obter ótimos resultados, mas pagando um preço alto em termos de satisfação e lealdade da equipe. No quadrante superior esquerdo, você é um frouxo, e tem grandes chances de ficar esgotado ou de ser alvo do oportunismo dos outros.

O quadrante superior direito representa o ponto ideal: uma combinação poderosa de altruísmo e autoconfiança. Você não está preocupado em ser alvo de oportunismo, pois tem a

Lidere a si mesmo com altruísmo

confiança para se manifestar em defesa própria, caso necessário. Ao mesmo tempo, está fortemente concentrado no bem-estar de seus funcionários e sua organização. Você lidera para o longo prazo. Não se preocupa em receber elogios nem faz tudo se resumir a si mesmo; seu ego não exige reconhecimento. Portanto, você dá crédito às conquistas dos outros. Isso lhe permite trazer inspiração e inclusão. Como um líder possibilitador, sua missão é contribuir para o bem maior.

Uma pesquisa feita por Jeremy Frimer e Larry Walker na Universidade da Colúmbia Britânica concluiu que os líderes mais bem-sucedidos eram aqueles que tinham um equilíbrio saudável entre ser altruísta e cuidar de si mesmo com confiança.[88] Referindo-se a líderes autoconfiantes e altruístas como "exemplos morais" e "gigantes da ética", Frimer e Walker examinaram as motivações e os "esforços pessoais" de líderes premiados. Com base em análises extensivas, eles concluíram que os exemplos morais mais bem-sucedidos lideravam mediante aquilo que chamaram de "interesse próprio esclarecido", isto é, lideravam com ambições pessoais *e* convicções morais fortes – duas motivações aparentemente contraditórias. Estudos anteriores haviam observado "interesses próprios básicos em conflito com as paixões morais de uma pessoa", mas Frimer e Walker descobriram que os dois operam juntos para criar um "brilhantismo com sabedoria" e um "poder com consciência" – a combinação definitiva para uma liderança excepcional.

A liderança é uma jornada, e todos nós mudamos ao longo dela. Se não mudamos, não progredimos. O mesmo se aplica ao altruísmo. Nossas entrevistas indicam que muitos líderes seniores têm uma forte combinação de autoconfiança altruísta, mas que nem sempre foi assim. A autoconfiança altruísta consiste em um equilíbrio que a maioria dos líderes entrevistados por nós precisou desenvolver ao longo dos anos. Muitos deles indicaram que a autoconfiança sempre estivera lá, mas equilibrá-la com o altruísmo havia sido uma jornada contínua. O ponto de partida é valorizar o altruísmo não apenas como algo bom que você faz aos outros, mas como algo inerentemente bom para você como líder – algo que você pode fazer para ser mais saudável, mais feliz e mais do líder que você deseja ser.

Treinamento de altruísmo

O altruísmo pode ser descoberto e cultivado com treino. É uma descoberta e uma atitude que podemos aprimorar devido à neuroplasticidade, nossa habilidade de moldar nossa composição neural. Como resultado, quanto mais vivemos sob uma perspectiva altruísta, mais altruísta nossa mente se torna. O objetivo é treiná-la para que o altruísmo se torne nosso modo de agir padrão. Eis aqui uma pequena atividade para ajudá-lo a começar (veja "Treinando o altruísmo"). Ela começa com a prática de atenção plena básica que você aprendeu no capítulo anterior e acrescenta novos elementos a partir disso.

Treinando o altruísmo

1. Inicie uma contagem regressiva de 5 minutos em um *timer*.

2. Sente-se em uma cadeira confortavelmente, com as costas retas e o pescoço, ombros e braços relaxados. Feche os olhos e respire pelo nariz.

3. Por um minuto, direcione sua atenção completamente para sua respiração. Apenas sinta sua respiração de forma neutra. Não tente controlá-la. Permita que sua mente estabilize.

4. Agora, afaste a concentração da respiração e passe a se concentrar em identificar o observador.

5. Quem está observando a respiração? Onde está esse senso de "eu"? Você consegue encontrá-lo? Ele é sólido? Ele está em mudança? Ele é estático e está sempre no mesmo lugar?

6. Continue procurando o observador até que o *timer* toque.

7. Quando o *timer* tocar, encerre o treino.

8. Dedique um momento para refletir sobre sua experiência.

DICAS E REFLEXÕES BREVES

- Comprometa-se a praticar o treino de altruísmo regularmente.
- Toda vez que você usar, ou estiver prestes a usar, a primeira pessoa do singular, pondere se o uso de um termo mais inclusivo seria benéfico.
- Considere as maneiras pelas quais seu ego atrapalha sua liderança e pense em um passo concreto para superar essas limitações.

- Considere o que "humildade" significa para você; se for um valor, pense no que pode fazer para cultivá-la em sua liderança.
- Considere onde você está na matriz de liderança altruísta e onde gostaria de estar; comprometa-se a tomar alguma atitude que o ajude a caminhar nessa direção.

5

Lidere a si mesmo com compaixão

O protocolo adotado pela indústria da aviação civil está correto: quando há problemas de pressurização na cabine, somos instruídos a primeiro colocar nossa própria máscara de oxigênio – isto é, a socorrer a nós mesmos – antes de socorrer os outros. A sabedoria é igualmente importante no ramo da liderança. Ao carregar a responsabilidade da liderança, ficamos sob uma pressão bastante considerável. A autocompaixão permite que nos autolideremos de uma forma que amenize essa pressão e melhore o desempenho de nossa liderança.

Porém, em nossas pesquisas e entrevistas, descobrimos que muitos líderes são um tanto duros consigo mesmos. Suas mentes podem entrar em um modo de autojulgamentos negativos.

A mente do líder extraordinário

Noelene Mason, diretora da Malibu School, uma grande escola para portadores de deficiência na Austrália, nos contou como foram difíceis os primeiros anos em que esteve em posições de liderança. "Nos meus primeiros anos, sentia que só recebia algum retorno quando se tratava de alguma falha que havia cometido; o que eu precisava melhorar e o que eu estava fazendo errado. Minha percepção sobre mim mesma nunca era boa o bastante. Sempre senti que tinha que colocar uma máscara, uma armadura, porque precisava parecer forte e no controle o tempo todo."

O problema de Noelene não era ser uma líder incompetente. Na verdade, ela continuou progredindo na carreira e recebendo mais propostas de posições seniores. Seu desafio era sua própria voz interna dizendo-lhe que não era totalmente competente. Mas, como discutimos em capítulos anteriores, a voz em nossa cabeça é só uma voz; se decidirmos ignorá-la, ela perde seu poder sobre nós. E foi isso que Noelene descobriu. Por meio de um programa de treinamento de atenção plena, ela aprendeu a não dar ouvidos aos monólogos internos negativos, fortalecendo sua autoaceitação. "Hoje, eu me permito ser quem eu sou, e descobri que passei a apreciar a companhia de outras pessoas. E as pessoas parecem apreciar a minha companhia. Abandonar minha voz interna fez de mim uma líder muito melhor."

Nossa pesquisa mostrou que, em média, líderes em posições mais altas têm mais compaixão própria que supervisores de nível intermediário. Pelo que nossas entrevistas e investigações indicam, eles aparentemente tiveram a disciplina de cuidar de si mesmos e de manter um alto desempenho enquanto progrediam em suas carreiras. Nossa conclusão: liderar a si mesmo com compaixão é uma estimulante vital para uma liderança de sucesso.

Muitas pessoas desdenham da autocompaixão porque acham que ela conflita com sua ambição ou sua atitude determinada, que são qualidades que as levaram ao sucesso. Mas ser autocompassivo não quer dizer que você não deve ser ambicioso ou desafiar seus limites para obter sucesso. A autocompaixão se trata de como você toma conta de si mesmo para ajudar no seu sucesso.

A autocompaixão envolve cuidar do seu corpo e de sua mente. Este capítulo inclui estratégias para ajudá-lo a dormir melhor, desconectar-se digitalmente e ter pausas mentais. Vejamos, então, como manter mais equilíbrio em sua mente, aumentar sua ternura e utilizar o poder de ter um propósito.

CUIDADO COM CORPO E MENTE

Cuidar de sua mente e corpo inclui encontrar tempo para se exercitar e se comprometer a manter uma dieta saudável. Ser fisicamente ativo e se alimentar adequadamente são alicerces para o alto desempenho e para um bem-estar aprimorado – algo bem compreendido pela maioria dos líderes. Em nossa pesquisa, encontramos três fatores adicionais cruciais para uma mente saudável que geralmente não são levados em consideração por líderes ocupados: a necessidade de se ter um sono de qualidade, a necessidade de se minimizarem hábitos tecnológicos potencialmente compulsivos e a necessidade de se oferecer à nossa mente momentos de descanso.

Tenha um sono de qualidade

Embora todos os aspectos da boa saúde sejam importantes, nossa pesquisa mostra que o sono é, muitas vezes, um dos primeiros "luxos" sacrificados por líderes. Quando não há horas suficientes no dia, eles roubam algumas horas da noite. Muitos líderes ficam acordados até tarde para tirar o atraso nos e-mails ou completar outras tarefas. De acordo com nossa pesquisa, essa tendência está por toda parte, independentemente do gênero e do nível de liderança. Descobrimos que 68% dos líderes dormem entre cinco e sete horas por noite, e apenas 28% deles dormem sete ou mais horas em uma noite típica.

Isso é um problema. Dormir não é um luxo.

De acordo com a American National Sleep Foundation, pessoas entre 16 e 64 anos deveriam dormir entre sete e nove horas por noite.[89] Caso contrário, pagam um preço alto. Estudos científicos mostraram conclusivamente que a privação de sono é um problema-chave por trás de uma longa lista de distúrbios mentais e físicos.[90] Mesmo a privação de sono leve tem, comprovadamente, um impacto negativo no raciocínio lógico, na função executiva, na atenção e no humor.[91] Para piorar, a privação

Lidere a si mesmo com compaixão

de sono severa pode levar a depressão, ansiedade e sintomas de paranoia.[92] No longo prazo, é um dos principais contribuintes ao risco de demência e doença de Alzheimer.[93] Agora, o fato mais surpreendente: embora seres humanos sejam capazes de sobreviver várias semanas sem comida e até uma semana sem água, só conseguimos ficar alguns dias sem dormir.[94]

Em nossa pesquisa, descobrimos que os líderes com uma abordagem disciplinada da autocompaixão dormem mais. Inclusive, a maioria dos executivos em cargos de diretoria que entrevistamos dorme de sete a oito horas por noite. Apesar das viagens intensas e dos cronogramas pesados, eles são disciplinados e não sacrificam o sono. Alguns excluem de suas agendas um período a partir de certa hora da noite. Outros pedem ajuda a seus parceiros, assistentes executivos e colegas para manter uma rotina de sono saudável.

Já foi motivo de orgulho alguém dizer o quão pouco dormia, mas muitos dos líderes que entrevistamos falam abertamente a seus colegas que dormem o suficiente. Pare por um momento para refletir sobre seus hábitos de sono. Você dorme sete ou mais horas por noite? Se não, considere testar como dormir mais pode melhorar seu desempenho e bem-estar. Durante as próximas duas semanas, comprometa-se a dormir pelo menos sete horas toda noite. Após duas semanas, veja se sente alguma diferença em seu bem-estar e concentração.

É claro, uma coisa é se comprometer a ir para a cama mais cedo e outra é de fato conseguir sete ou mais horas de sono de qualidade. Para muitos líderes, ir para a cama cedo é só parte do problema. A outra parte é obter um sono restaurador e de alta qualidade. Felizmente, uma boa noite de sono não é um evento aleatório, mas sim uma habilidade treinável. Seguem algumas orientações para melhorar a qualidade do seu sono:

- **Pegue a onda da melatonina.** Vá para a cama logo que começar a se sentir sonolento (geralmente, entre 22h e 23h). A melatonina, um hormônio natural liberado pela glândula pineal, localizada nas partes mais internas do seu cérebro, faz você se sentir relaxado, sonolento e, por fim, faz com que durma.[95] Se aprender a notar a melatonina e ir no seu embalo, você terá um sono de melhor qualidade durante a noite.[96]
- **Evite telas.** Desligue TVs, smartphones e notebooks pelo menos 60 minutos antes de ir para a cama. Por quê? Cada um desses dispositivos emite altos níveis de luz azul.[97] Essa luz azul inibe a atividade da glândula pineal e, consequentemente, a produção de melatonina.[98] É como se o seu cérebro confundisse a luz azul com o sol a pino, ainda que, na verdade, ele provavelmente já tenha se posto há muitas horas e você deveria estar dormindo.
- **Realize apenas atividades perceptuais 60 minutos antes de ir para a cama.** Pensar demais é outro inimigo da sonolência de fim de noite. Atividades conceituais como conversas intensas, responder e-mails, trabalhar ou ler podem estimular sua atenção e suprimir sua sonolência

natural. Por outro lado, atividades perceptuais, como lavar a louça, caminhar ou escutar música, podem ajudá-lo a pegar a onda da melatonina conforme ela vem.[99]
- **Evite comer duas horas antes de ir para a cama.** A maioria das pessoas sabe que precisa evitar a cafeína nas horas anteriores ao momento de ir para a cama, mas, na verdade, comer qualquer coisa pode ter um impacto negativo em sua habilidade de obter um bom sono.[100] Comer ativa o fluxo de sangue e açúcar no organismo, mantendo seu corpo e mente alertas e despertos. Não é o estado ideal para uma boa noite de descanso.
- **Pratique dois minutos de atenção plena quando for para a cama.** Realize um treino de concentração ao deitar-se na cama, seguido por dois minutos de respiração relaxada deitado de costas; em seguida, vire-se de lado e livre-se de seus pensamentos e preocupações.

Conforme você começa a colher os benefícios de um sono mais adequado, considere formas de se desassociar de interrupções compulsivas criadas pelas tecnologias mais populares dos dias de hoje.

Pratique a desconexão disciplinada

A onipresença da tecnologia em nossas vidas faz com que corramos o sério risco de não estarmos presentes para as outras pessoas e de termos seriamente comprometido o nosso bem-estar. A dose de dopamina que recebemos quando

A mente do líder extraordinário

conferimos mensagens de texto, e-mails ou redes sociais em nossos telefones, tablets ou computadores nos faz verificar esses aparelhos compulsivamente. Sem pensar ou planejar, clicamos nas mensagens, fazemos publicações em nosso perfil ou lemos a última curiosidade irrelevante. Para entender melhor a escala do problema, considere as seguintes estatísticas da pesquisa anual realizada pela Deloitte, a "Global Mobile Consumer Survey"[101] (pesquisa global com usuários de aparelhos móveis):

- O intervalo de tempo até que peguemos nossos telefones pela manhã continua a diminuir: mais de 40% dos entrevistados conferem seus telefones nos primeiros 5 minutos após acordarem.
- Durante o dia, olhamos para nossos telefones em média 47 vezes.
- Ao fim do dia, mais de 30% dos profissionais conferem seus aparelhos cinco minutos antes de irem dormir e cerca de 50% dos profissionais conferem seus telefones no meio da noite.
- 89% dos entrevistados conferem seus telefones fora do horário de expediente, 93% o fazem enquanto assistem à televisão e 87% o fazem enquanto falam com a família e com amigos.

Tenha em mente o que observamos no capítulo 3: seu córtex pré-frontal diminui efetivamente quanto mais você se deixa interromper por tecnologias desestabilizadoras como mensagens instantâneas, e-mails e redes sociais. O fato de ativamente escolhermos conferir nosso telefone enquanto falamos com nossos familiares e amigos indica que isso se tornou um comportamento compulsivo. Se está se perguntando se isso se aplica a você, faça um teste rápido: desligue seu telefone e mantenha-o desligado pelas próximas duas horas. Enquanto ele estiver desligado, note com que frequência você sente vontade de conferi-lo. Qual é a sensação de estar desconectado? Está se sentindo um pouco ansioso? Se não, você é um caso raro no mundo hiperconectado de hoje. Em caso positivo, você é como a maioria dos líderes: excessivamente atrelado às ferramentas mais distrativas e viciantes dos dias de hoje.

Nossos hábitos compulsivos com o telefone afetam nossas relações sociais tanto no trabalho quanto em casa. Sherry Turkle, professora de estudos sociais, ciência e tecnologia no Instituto de Tecnologia de Massachusetts e autora do best-seller *Alone Together*, descobriu que a simples presença de um telefone durante uma conversa cria uma "distância" entre as pessoas que estejam participando de uma reunião ou de uma atividade social.[102] Mesmo se o telefone não for usado e estiver virado para baixo, ele afeta a qualidade da interação social. Isso cria uma série de perguntas importantes para você como líder: quantas vezes você deixa seu telefone sobre a mesa, à sua frente, durante uma conversa individual? Quantas vezes ele fica visível durante reuniões? Quantas vezes você segura

A mente do líder extraordinário

ou usa seu telefone enquanto está com sua família ou com seus amigos? Se você é como muitas pessoas, a resposta para todas essas perguntas é "muitas vezes".

Nós temos muito a ganhar se avaliarmos e redefinirmos como deixamos a tecnologia influenciar nosso trabalho e nossa vida, especialmente em relação a quando estamos conectados e quando não estamos. A professora da Escola de Negócios de Harvard e autora de *Sleeping with Your Smartphone* (Dormindo com seu smartphone), Leslie Perlow, conduziu um estudo aprofundado sobre os efeitos da desconexão digital no Boston Consulting Group, uma multinacional de consultoria empresarial. Mesmo em um ambiente com ritmo tão acelerado e uma pressão tão alta, o estudo mostrou que os consultores que se desconectavam de seus aparelhos móveis por algumas horas toda semana tinham uma melhor comunicação interna, maior nível de aprendizado e prestação de serviços aprimorada.[103]

No ambiente de negócios de hoje, desconectar-se exige disciplina e a aplicação de alguns princípios básicos. Seguem algumas dicas para você se desconectar de tecnologias compulsivas e liderar a si mesmo com mais compaixão:

- Defina em sua casa e no trabalho áreas livres de celular.
- No trabalho, mantenha seu telefone longe de vista quando estiver interagindo com outras pessoas.
- Quando estiver no computador, mantenha seu telefone longe de vista para que ele não ative a vontade compulsiva

de conferi-lo. Você também pode simplesmente desligar o aparelho por certos períodos de tempo.
- Em casa, encontre um local escondido para seu telefone, um lugar onde você pode mantê-lo sem que ele atraia sua atenção.
- Trate seu quarto como uma cabine de avião. Durante um voo, seu telefone deve estar em "modo avião" ou desligado. O mesmo deve se aplicar ao seu quarto.

Como líderes, muito de nosso sucesso no trabalho (e na vida) depende da qualidade de nossas interações com as pessoas, incluindo nossos colegas, funcionários, clientes e fornecedores. Nós precisamos ouvi-los e influenciá-los, compreendê-los e guiá-los. Ao desligar aparelhos compulsivos que roubam nossa atenção, não apenas nos libertamos do controle da tecnologia como também fortalecemos nossas interações pessoais e profissionais de uma maneira que melhora nossos relacionamentos e acelera nosso caminho para o sucesso.

Separe tempo para pausas mentais

Assim como ter uma boa noite de sono, fazer pausas mentais é visto por muitos como um "luxo". Mas, na realidade, é uma forma eficaz, simples e agradável de melhorar nossa concentração e prolongar nossa capacidade de atenção. Controladores de tráfego aéreo, mais do que a maioria dos profissionais, compreendem a importância da concentração e da atenção. Quando estão sentados em suas torres de controle, literalmente cuidando de milhares de vidas, distrair-se não é uma opção. Para manter esse nível sobre-humano de atenção, os controladores são legalmente obrigados a realizar intervalos de 15 minutos a cada hora.

Em um artigo publicado em 2013 pela *Harvard Business Review*, "To Strengthen Your Attention Span, Stop Overtaxing It" (Para fortalecer sua atenção, pare de sobrecarregá-la), o autor de sucesso Daniel Goleman descreve a importância das pausas para se manter o desempenho mental durante longos dias de trabalho. "O desempenho máximo exige concentração total, e sustentar a atenção de forma concentrada consome energia – falando mais tecnicamente, seu cérebro esgota seu combustível, a glicose. Sem descanso, nossos cérebros ficam cada vez mais exauridos. Os sinais de um cérebro rodando com o tanque vazio incluem, por exemplo, propensão a distrair-se, irritabilidade, fadiga e conferir o Facebook enquanto se deveria estar trabalhando".[104]

Chris Schmidt, CEO da Moss Adams, uma empresa de contabilidade americana, realiza breves pausas mentais entre cada tarefa importante ou reunião. Durante essas pausas, ele observa as montanhas da região de Seattle pela janela do seu escritório por um ou dois minutos, sem pensar em nada. Isso o ajuda a continuamente recompor sua atenção durante dias de trabalho longos e estressantes.

Muitos de nós ficamos tão ocupados que esquecemos de realizar uma pausa. Muitas vezes, a única pausa que fazemos é para o almoço. E mesmo essa "pausa" é frequentemente

Lidere a si mesmo com compaixão

composta apenas pelos minutos necessários para pegar a comida e trazê-la à nossa mesa. Pare por um momento e considere essas duas perguntas rápidas: com que frequência você realiza pausas durante um dia de trabalho? O que o impede de realizar mais pausas? O mais interessante é que o maior obstáculo entre nós e a realização de pausas mentais não são nossos empregadores. Na verdade, a maioria das organizações reconhece o valor das pausas, e muitas inclusive encorajam que elas sejam feitas.

No fim, o maior inimigo das pausas mentais, na maioria dos casos, somos nós mesmos. Seguem alguns passos para obtermos o máximo do pouco tempo que temos para realizar pausas de desempenho mental durante o expediente de trabalho:

1. Deixe de lado suas atividades de trabalho. Feche os olhos ou mantenha-os abertos, o que preferir.
2. Direcione toda sua atenção para sua respiração.
3. Faça três ciclos respiratórios: inspire enquanto observa sua respiração; expire enquanto relaxa seus ombros, seu pescoço e seus braços; inspire se concentrando completamente na inalação; expire se concentrando na exalação. Inspire enquanto aprimora a clareza de sua atenção; expire enquanto mantém essa clareza.
4. Encerre o exercício. Retorne ao seu trabalho com o relaxamento, a concentração e a clareza recuperados.

Os benefícios gerados por oferecermos ao nosso cérebro pausas curtas e regulares do estresse e das dificuldades do trabalho são vários. Seu cérebro fica reenergizado, sua mente fica mais concentrada e desanuviada, seu corpo fica mais relaxado e você rompe o feitiço das distrações constantes. Se tiver que abrir mão de uma pausa ocasionalmente, não é o fim do mundo. Mas lembre-se: quanto mais você as realiza, mais descansada e eficaz será sua mente. Pense dessa maneira: um dia sem pausas é, para a mente, o que seria para o corpo correr uma maratona sem beber água – algo desnecessariamente exaustivo.

Cuidar das necessidades básicas do corpo e da mente deveria ser uma prioridade de todo líder. Infelizmente, muitos de nós sacrificam a saúde para atender às demandas de nossos empregos. Embora sejamos capazes de aguentar um ritmo implacável no curto prazo, cedo ou tarde o fato de não estarmos cuidando de nós mesmos nos alcança. Para evitar esse destino, seja gentil consigo mesmo e tenha como prioridade cuidar de si. A partir desse alicerce, o passo seguinte é cultivar mais equilíbrio em sua mente.

EQUANIMIDADE – UMA MENTE EM EQUILÍBRIO

Todos nós somos bipolares em certa medida. Alternamos entre estados de euforia e animação e estados de depressão e frustração, dependendo dos últimos resultados ou notícias. Mas é perigoso ficar muito perto de qualquer um dos extremos com base em eventos diários. Isso é especialmente verdade se começamos a nos apegar aos estados de euforia e excitação que o sucesso pode trazer. Qualquer tipo de apego tem suas desvantagens, mas um forte apego a um estado de animação muitas vezes significa que sentimentos como tristeza, frustração e decepção virão com mais facilidade. É como um pêndulo: quanto maior a distância que ele alcança em uma direção, maior a distância que ele alcançará na direção oposta. A equanimidade é uma forma de aceitar as coisas boas da mesma forma que aceita as más: ambas são estados transitórios que passarão.

Isso significa que você precisa se tornar alguém que não aprecia os altos e baixos da vida? Muito pelo contrário. Significa que pode desfrutar das coisas de que gosta de verdade sem desenvolver um vício ou desejo constante por essas coisas. Também significa que é possível reagir com mais graça às coisas de que não gosta, sem ficar bravo ou agressivo. Lembre-se: você só está abandonando seu *apego* às experiências agradáveis, não às experiências em si.

Esse tipo de equilíbrio mental cria um estado geral de contentamento e felicidade que, na média, é muito mais positiva do que quando passamos por picos euforicamente altos e vales dolorosamente baixos. O equilíbrio também fornece sustentação a uma autoliderança forte e a habilidades para liderar os outros.

A equanimidade é um estado mental de calma, compostura e uniformidade de temperamento. É a mente em equilíbrio, a despeito de eventos positivos e negativos. Nesse sentido, a equanimidade é o meio termo entre o apego e a aversão aos eventos, interações e sentimentos que temos durante a vida.

A mente do líder extraordinário

É a arte de ver os sucessos e as tragédias da vida como fluxos e contrafluxos, sem ser puxado por nenhuma das correntezas. A equanimidade é um componente importante da autocompaixão e da autoliderança, pois nos ensina a ficar em equilíbrio com as coisas como elas são, a manter a mente desanuviada e a aceitar os contratempos da vida.

Para entender melhor como uma mente equilibrada pode levar a uma liderança mais informada, falamos com Manish Chopra, um sócio sênior da McKinsey & Company que treinou extensivamente para manter o equilíbrio mental. Perguntamos a ele como a equanimidade afetou a forma como lidera.

"Como líder", ele disse, "você tem sua dose diária de situações difíceis, primeiramente porque as situações difíceis de outras pessoas são trazidas a você para serem resolvidas". Essa é uma realidade que todos os líderes conseguem compreender. Os problemas de todo mundo tornam-se problemas seus. Manish continua: "A equanimidade me ajudou a encontrar maneiras diferentes de administrar situações. Fosse a perda de um cliente, um atraso no progresso da minha carreira ou uma situação pessoal difícil com um subordinado direto que precisava ser ouvido, no passado eu lidei com todos esses casos de forma diferente, reagindo de forma exagerada. Agora, sou mais equilibrado em cada situação, sou capaz de reagir de forma mais ponderada e eficaz."

Em seguida, perguntamos a Manish se, ao se tornarem mais equânimes, os líderes perdem o gosto pelo sucesso nos negócios. Em outras palavras: uma mente equilibrada compromete a determinação para realizar novas conquistas? "Na verdade, comigo ocorreu o contrário", Manish rebateu. "Minhas aspirações aumentaram, não diminuíram. Eu sinto que tenho mais disponibilidade para tentar coisas que não teria tentado anteriormente. Construir a equanimidade libera espaço mental para outros objetivos produtivos. E com a prática contínua, o nível de esforço e de resultados pode na verdade subir."

A habilidade de administrar melhor situações difíceis, aliada a um acréscimo no grau de ambição, é um benefício para líderes em todos os níveis. Mas ter uma mente equilibrada não é algo em que você simplesmente pode acreditar. Não é possível dizer: "Bem, eu escolhi não me apegar àquele sentimento de ânimo e empolgação excessivos." Não é possível escapar do estado de euforia falando consigo mesmo. Se você se sente animado, é isso que está sentindo. Em vez disso, sua capacidade de manter o equilíbrio é determinada pelo modo como você treina sua mente a responder às diferentes situações da vida.

Um desafio para todos nós, líderes, surge quando temos sucesso, por exemplo, em vender um lote ou fechar um acordo muito importante. Naturalmente, ficamos empolgados. Infelizmente, após nos sentirmos animados por um breve período, nossa mente tende a pegar a direção oposta, conforme passamos do deleite para a normalidade. Além disso, depois de termos um gostinho daquela experiência, desejamos senti-la novamente. Isso ocorre por conta da liberação de dopamina em nosso cérebro. É como tentar beber água salgada para aplacar nossa sede: só ficamos com mais e mais sede.

Outro neurotransmissor, a serotonina, exerce um impacto amplo sobre a mente e o corpo e a função primária de inibir comportamentos impulsivos e aumentar o relaxamento e a clareza de pensamento. A serotonina e a dopamina estão fortemente conectadas.[105] Quando estão em equilíbrio, nós conseguimos apreciar um bom prato de comida, uma taça de vinho ou uma vitória importante no trabalho sem que nada disso nos vicie. A serotonina contrapõe-se aos efeitos negativos da dopamina, permitindo-nos ser mais resistentes às adversidades. Quanto mais você treina para resistir a impulsos automáticos, mais equilibrados seus níveis de dopamina e serotonina se tornam.

Isso é importante porque nós, como seres humanos, naturalmente desejamos coisas. Um estudo realizado por Wilhelm Hofmann, professor da Booth School of Business na Universidade de Chicago, revelou que um adulto médio passa oito horas por dia desejando coisas que não tem naquele momento.[106] Nosso principal desejo é por comida. Os desejos seguintes são: sono, uso de meios de comunicação, sexo, contato social e lazer. Nós somos, de fato, seres cheios de desejo. E, quando desejamos algo, por definição estamos desequilibrados mentalmente, pois queremos algo que não temos. Seguem algumas dicas de ações para aumentar aos poucos o equilíbrio em sua mente:

Lidere a si mesmo com compaixão

- Quando sentir um impulso que tende à empolgação ou à euforia, pare por um momento para que sua mente encontre base e equilíbrio.
- Identifique conscientemente os eventos no trabalho que lhe dão uma gratificação instantânea. Agora, identifique os eventos que lhe trazem desconforto. Conscientize-se de suas reações a essas tarefas e amenize-as, limitando ou adiando propositalmente a gratificação de experiências das quais você gosta e, ao mesmo passo, ativamente confrontando as experiências das quais desgosta.
- Treine o equilíbrio conscientizando-se de suas reações a tudo que vivencia, sem importar-se se a vivência é boa, ruim ou neutra. Observe as experiências de que gosta e as de que não gosta; situações pelas quais sente atração e pelas quais sente aversão.
- Estar ciente dessas reações já levará a mudanças. Quando você se torna ciente de um desejo, ele diminuirá, porque será substituído pela consciência do desejo. Quando você se torna ciente da resistência, ela diminuirá, porque será substituída pela consciência de sua existência. Se algo é agradável e bom, você observará esse algo de forma neutra, sem dar a ele valor demais ou se apegar a ele. Se algo é desagradável, você observará esse algo de forma neutra, sem querer que ele desapareça.

Manter uma mente equilibrada (e, por extensão, liderar a si mesmo com compaixão) exige disciplina, a qual consiste em ter a força para fazer o que é bom para você no longo prazo. Consiste em evitar comportamentos impulsivos que geram gratificação no curto prazo, mas que em um contexto mais amplo não são saudáveis nem úteis. Nesse sentido, a felicidade verdadeira não é manter-se em um estado elevado de euforia, mas sim em um estado equilibrado que lhe permita aceitar os altos e baixos da vida. Ser equilibrado diminui suas dúvidas sobre si mesmo, potencializa sua resiliência e aumenta seu nível de gentileza em relação a si e aos outros. Ter uma mente equilibrada significa que você é feliz com o que tem, sem se apegar a essas coisas; significa que você valoriza o sucesso sem se agarrar irrefletidamente a ele. E esse é um dos presentes mais compassivos que um líder pode dar a si mesmo.

PRATIQUE A GENTILEZA

Sue Gilchrist, sócia de gerenciamento regional para Ásia e Austrália da empresa multinacional de advocacia Herbert Smith Freehills, é uma líder sênior no ramo do Direito há duas décadas. Nesse ambiente altamente competitivo, as pessoas são treinadas para serem críticas, e há muita pressão para se estar "sempre certo". Isso alimenta uma cultura de as pessoas trabalharem muito duro por longas horas e almejarem a perfeição. As pessoas também tendem a pensar em certos desafios por muito tempo e consideram que suas decisões ou ações estarão sujeitas a julgamentos e críticas. Isso é uma característica comum na área jurídica, assim como em muitas outras.

Lidere a si mesmo com compaixão

Mas, é claro, somos todos humanos... e humanos cometem erros; além disso, pode muito bem haver mais de uma forma "correta" de abordar um desafio. Quando percebemos que cometemos um erro, muitas vezes nos apegamos a ele, nos tornamos obcecados por ele e nos autojulgamos de forma ríspida por causa dele. Deixamos nosso crítico interior livre para nos condenar. Isso pode inibir nosso pensamento, especialmente nosso pensamento criativo.

É importante ter em mente que esse crítico interior é de nossa criação; é um produto da nossa mente. Porém, com uma mente bem treinada e compassiva, podemos aprender a desconstruir esse crítico e a encontrar uma nova forma de retratar equívocos percebidos. Ciente disso, Sue apoiou a implementação de um programa de atenção plena na Herbert Smith Freehills para ajudar seus advogados a melhorar o desempenho, diminuir o autojulgamento e criar mais autocompaixão. Ao observar os mebros da própria equipe, ela notou que o treinamento havia municiado todos eles das ferramentas necessárias para ajudá-los a superar seus críticos interiores e a observar seus equívocos ou imperfeições percebidos de maneira mais produtiva. O que normalmente seria uma voz autocrítica dizendo "como eu pude deixar passar aquele detalhe em particular?" pôde ser reapresentado como "era importante se concentrar em argumentos substanciosos nessa fase inicial. Refinaremos todos os detalhes em seguida". O benefício de uma equipe trabalhando nisso conjuntamente é que o quociente de compaixão dentro do time aumenta paralelamente ao sentimento generalizado de segurança psicológica.

Reflita por um momento sobre como você trata a si mesmo quando comete um erro ou sofre um contratempo. Se você é como a maioria dos líderes de sucesso, provavelmente é bastante duro consigo mesmo. E, apesar disso, mergulhar nas autocríticas, se esconder de vergonha ou examinar exaustivamente suas deficiências não vai ajudar em nada. Quando as coisas dão errado – especialmente quando fracassamos na frente dos outros –, podemos nos tornar nosso pior inimigo. Porém, com autocompaixão, há mais alternativas.

Ser gentil consigo mesmo é ter a capacidade de reconhecer que *você é bom o suficiente*. Sim, você é um ser humano com falhas e imperfeições, mas está fazendo seu melhor. Quando comete erros, é importante parar e aprender com eles. Mas depois de aprender as lições adequadas e fazer o que era possível para reparar qualquer consequência negativa, é hora de seguir adiante. É hora de deixar o erro de lado.

Pesquisadores da Universidade do Arizona conduziram um estudo para descobrir o impacto da autocompaixão em pessoas que haviam passado por uma crise.[107] Segundo eles, "níveis mais altos de autocompaixão foram associados a menos incômodos emocionais no dia a dia". Em essência, pessoas que têm alta autocompaixão tendem a passar por eventos perturbadores sem que se sintam assoberbadas ou paralisadas. Elas enxergam a si mesmas e as suas ações com empatia, o que lhes permite interpretar

Lidere a si mesmo com compaixão

os altos e baixos da vida como parte da experiência humana. Como são mais resistentes, elas têm uma capacidade maior de assumir a responsabilidade pelos eventos e de se recompor diante de um contratempo.

A autoaceitação, especialmente diante de erros, é a pedra fundamental da autocompaixão. Pare por um momento e reflita com que frequência seu crítico interior aparece, criando dúvida e rebaixando seu senso de valor próprio. Há certas situações nas quais aquela voz julgadora está mais propensa a aparecer? Agora, faça a escolha consciente de se resguardar na próxima vez que seu crítico interior surgir e realizar os seguintes passos:

1. Reconheça que seu crítico interior apareceu.
2. Pare e respire.
3. Lembre a si mesmo que está fazendo seu melhor.
4. Pare e respire.
5. Quando estiver pronto, livre-se de seu crítico interior e siga adiante.

Todos nós cometemos erros. Nenhum de nós é perfeito. Mas o que separa líderes medianos de líderes excepcionais é a habilidade de rapidamente se recompor dos inevitáveis passos falsos da vida e seguir adiante.

Os benefícios da gentileza não se limitam a controlar seu crítico interior. Depois que você se compromete a se importar consigo mesmo, ganha uma maior capacidade de se importar com as pessoas que lidera. E, de acordo com pesquisas, ser gentil com os outros é uma das maneiras mais eficazes de uma pessoa se tornar mais feliz.

Vários estudos indicam que ser gentil com os outros afeta positivamente nossa felicidade e bem-estar.[108] Isso desmente a crença popular – muitas vezes amplificada por nossa cultura consumista – que prega que, quando se trata de felicidade, nós deveríamos nos concentrar em nós mesmos. Em um experimento bastante exaustivo, pesquisadores descobriram que realizar atos de gentileza para outros consistentemente torna as pessoas mais felizes do que se elas se concentrarem apenas em si mesmas.[109] Os resultados desse estudo contribuíram para fortalecer uma crescente base de pesquisa que sustenta os benefícios do chamado "comportamento pró-social". Ao buscar a felicidade, você pode tentar agradar a si mesmo, mas agradar seus colegas rende resultados ainda melhores.

No entanto, encaremos a realidade: ser explicitamente gentil com os outros não é a regra em muitas organizações. Isso contraria noções convencionadas que sugerem que, para que nos sintamos melhor, precisamos nos presentear com um bom jantar, uma massagem ou uma nova bugiganga. Mas esse tipo de autoindulgência só fornece alívio no curto prazo. Isso porque, como explicamos no capítulo 2, a felicidade plena vem sempre de dentro, do que nós *damos* ao mundo. Por outro lado, prazeres passageiros vêm de fora, do que nós *extraímos* do mundo. Quando nós, como líderes, tratamos tanto a nós mesmos quanto as outras pessoas com mais gentileza, nos sentimos melhor, aprimoramos os nossos resultados e criamos uma cultura mais humana.

O PODER DO PROPÓSITO

Um aspecto importante da autocompaixão é o senso de propósito. Desenvolver um senso de propósito no que fazemos é o que nos faz acordar de manhã cheios de energia e paixão e cientes do significado de nossas vidas. Um senso de propósito fornece a determinação de que precisamos para carregar as responsabilidades da liderança.

Mas ter um propósito não é algo natural ou certo. É algo que precisamos criar ao buscar significado no que fazemos dia após dia, mês após mês, ano após ano. Um ótimo exemplo disso é a história de Nand Chaudhary, CEO da Jaipur Rugs.

Fundada em 1978, a Jaipur Rugs é um empreendimento social que conecta artesãos rurais da Índia aos mercados internacionais. Graças a essa conexão, as empobrecidas comunidades locais são valorizadas e o artesanato tradicional indiano é preservado. Perguntamos a Nand qual o papel essencial de um líder em sua opinião. Ele respondeu num instante: "O papel principal de um líder é estar conectado consigo mesmo e ter um senso de propósito. E, a partir disso, incluir as pessoas dentro da organização nesse propósito."

Ele então contou uma história pessoal. Quando estava na faculdade, tinha um professor de negócios bastante rígido. Um dia, o professor entrou na sala de aula, chamou-o pelo nome e pediu que ele se levantasse. Alarmado, seu cérebro disparou, tentando decifrar exatamente o que Nand havia feito de errado. O professor pegou um trabalho escrito e disse à classe inteira: "Estão vendo esse rapaz? Ele deu a melhor resposta no trabalho dele." A pergunta: "Qual é o propósito dos negócios?". A resposta de Nand: "Os negócios são os criadores e preservadores da civilização."

Nand manteve sua crença nesse forte senso de propósito e carregou-o por décadas de atuação no mundo dos negócios. Em relação à Jaipur Rugs, ele gosta de dizer: "Nós não vendemos tapetes, nós vendemos a bênção de uma família." Hoje, sua organização fornece uma forma de vida sustentável para mais de 40 mil artesãos em 600 vilarejos de cinco estados da Índia. Além de enormemente bem-sucedida, a Jaipur Rugs é um estudo de caso inspirador sobre como um líder motivado por um propósito pode desencadear inovação social, cultivar um modelo de negócios inédito e apoiar comunidades marginalizadas.

Muitos especialistas de negócios defendem que o senso de propósito é um elemento-chave para um desempenho excepcional, ao passo que psicólogos o descrevem como o caminho para um bem-estar maior. Há até mesmo médicos que descobriram que pessoas com propósito em suas vidas são menos propensas a ficar doentes.[110] O senso de propósito é cada vez mais divulgado como a chave para navegar o mundo complexo e volátil que encaramos hoje, no qual as estratégias estão sempre mudando e poucas decisões são obviamente "certas" ou "erradas".

Encontrar seu propósito como líder nem sempre é fácil. Muitas organizações não têm o mesmo propósito inerentemente agradável da Jaipur Rugs. Mas não se deve buscar propósito apenas no que sua companhia faz. Deve-se buscá-lo também naquilo que você faz. Sua forma de liderar seus funcionários exerce um impacto enorme sobre a vida deles (e, desse modo, sobre a vida de suas famílias). Como líder e colega, você tem a oportunidade de exercer um impacto grande e positivo sobre os outros. E pode buscar um senso de propósito nesse fato.

O que você quer trazer às pessoas que lidera... e às famílias delas? Como você pode influenciá-las para que sejam plenamente felizes e se tornem mais conectadas a outras pessoas? Como você pode ajudá-las a encontrar propósito no trabalho e na vida?

A companhia de Nand, Jaipur Rugs, não vende apenas tapetes, ela está no negócio de criar mudanças sociais. Você não está necessariamente no ramo financeiro, farmacêutico ou de consultoria, está no ramo de exercer um impacto sobre as pessoas. Você tem o poder de influenciá-las para o bem.

Pergunte-se com regularidade o seguinte: o que você quer trazer a seus funcionários e à sua organização? Como pode trazer mais benefícios? E, como descrito na seção anterior, ao tratar seus funcionários de maneira positiva, você também ganhará felicidade para si. Todos ganham.

TREINAMENTO DE AUTOCOMPAIXÃO

A autocompaixão é algo que você pode praticar e melhorar. Pratique-a ao fim de toda sessão de prática de atenção plena que fizer. É apenas um minuto a mais. Siga os passos em "Treinando a autocompaixão"

Treinando a autocompaixão

Ao fim de uma sessão de prática de atenção plena, faça o seguinte no minuto final:

1. Lembre-se de alguma experiência que o fez sentir-se amado e sob os cuidados de alguém.

2. Mantenha essa experiência em sua mente, sem analisá-la ou pensar nela. Apenas fique com a experiência de carinho.

3. Caso seja útil, visualize-se recebendo amor e carinho de alguém que se importa com você.

4. Para finalizar, repita essas palavras para si mesmo: "Que eu seja feliz, que eu seja saudável, que eu traga felicidade àqueles com quem me encontrar hoje."

DICAS E REFLEXÕES BREVES

- Comprometa-se a praticar o treino de autocompaixão regularmente.
- Comprometa-se a cuidar melhor de seu corpo e sua mente (isto é, dormindo melhor, estabelecendo áreas livres de celular, realizando pausas mentais).

- Na próxima vez que vivenciar algo muito bom ou algo muito ruim, use o episódio como uma oportunidade para cultivar o equilíbrio em sua mente, pois nenhum dos dois tipos de experiência irá durar.
- Comprometa-se a ser gentil consigo mesmo e com seu "crítico interior"; pense em formas de trazê-lo para o lado amigável ou de reformulá-lo para que não controle sua mente.
- Reflita sobre o que "propósito" significa para você e como desenvolver um senso de propósito maior e mais amplo poderia beneficiá-lo.

PARTE DOIS

Entenda e lidere seus funcionários

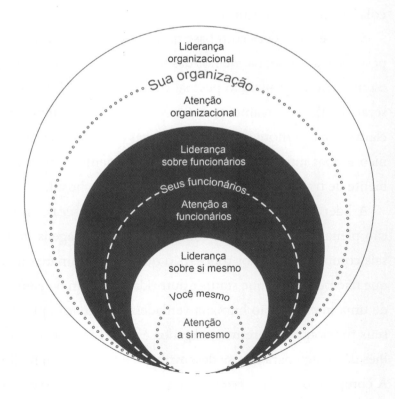

A mente do líder extraordinário

Atender à motivação intrínseca dos mebros de sua equipe é o que libera o melhor desempenho possível. Se você ajudá-los a ser mais felizes no trabalho, eles terão mais energia. Se ajudá-los a encontrar significado no que fazem, eles terão mais determinação. Se ajudá-los a se sentirem interconectados, terão mais comprometimento. E se você permitir que eles contribuam de formas significativas, eles se sentirão valorizados. Quando você consegue liderar com esses pressupostos humanos fundamentais, seus funcionários vão se sentir mais pessoalmente realizados, tornando-se mais colaborativos e mais produtivos.

Se você não lidera com base nas motivações intrínsecas das pessoas, elas terão, na melhor das hipóteses, um envolvimento e um senso de realização pessoal ruins. Na pior das hipóteses, serão infelizes e ativamente resistentes. Sem uma compreensão clara do que as motiva, mesmo os líderes com alto domínio técnico e boas intenções podem inadvertidamente criar um ambiente de trabalho indiferente... ou até mesmo hostil.

A liderança MSC estimula motivações intrínsecas. A atenção plena, o altruísmo e a compaixão são linguagens universais compreendidas por todos. São qualidades humanas inatas que não permitem que status e autoridade fiquem no caminho de uma interconexão humana verdadeira. A atenção plena faz seus funcionários serem enxergados e escutados. O altruísmo lhes dá espaço para que se desenvolvam e façam o seu melhor. A compaixão ajuda a fazer com que eles se sintam seguros e conectados uns aos outros. A liderança MSC é a forma mais fácil e eficaz de se obter o melhor de sua equipe.

Entretanto, só conhecer e compreender a liderança MSC não o levará muito longe. Você precisa vivê-la, respirá-la, encarná-la. Ela precisa ser mais do que palavras ou intenções, precisa ser convertida diariamente em ações e comportamentos. Os próximos capítulos e as práticas que neles são ensinadas lhe darão um quadro de referência para liderar sua equipe por meio da liderança MSC.

Uma boa liderança começa com o entendimento verdadeiro de seus funcionários. Você precisa entender o que pensam, o que sentem e o que é mais importante para eles. Só você pode despertar o seu envolvimento, seu comprometimento e seu desempenho. Para ajudar a facilitar sua compreensão sobre os outros, o primeiro capítulo da parte 2 aprofundará seu conhecimento sobre motivação e comportamento humanos. O capítulo 6 responde às seguintes perguntas: como você pode entender melhor seus funcionários? Como você pode administrar sua mente de uma maneira que crie menos vieses inconscientes e o ajude a enxergar o potencial de seus funcionários?

Os outros três capítulos da parte 2 exploram como aplicar a liderança MSC à maneira como você lidera sua equipe. O capítulo 7 analisa como a atenção plena ajuda a criar mais presença e confiança. O capítulo 8 explora como o altruísmo pode ajudá-lo a sair do caminho e a dar espaço para sua equipe. Por fim, o capítulo 9 examina como a compaixão – que não deve ser confundida com empatia – pode criar ambientes de trabalho mais gentis e agradáveis.

6

Entenda seus funcionários

Para liderar seus funcionários, você precisa primeiro compreendê-los. Você precisa entender o que importa para eles, o que eles pensam e o que sentem. Só então poderá liderá-los rumo a mais significância, felicidade e interconexão.

Mas há desafios. Primeiramente, nós não vemos as pessoas como elas são, mas sob o prisma de nossas percepções e vieses inconscientes. Além disso, as pessoas não são o que dizem e fazem, mas sim o que vivenciam e sentem. Pare por um momento para testar seus vieses inconscientes. Imagine que recebeu uma mensagem informando que sua empresa acaba de contratar uma pessoa para o cargo de chefia na diretoria de tecnologia.

De acordo com sua reação instintiva:
- É um homem ou uma mulher?
- Qual é a idade dessa pessoa?
- Qual é a sua etnia?
- Qual a altura dessa pessoa?
- Que carro ela dirige?

Você imaginou a nova pessoa como uma senhora libanesa atarracada de 60 anos, dona de uma SUV robusta movida a diesel? Ou imaginou um senhor asiático esbelto de pouco mais de 40 anos, cujo carro é um sedan bicombustível?

Todos nós temos vieses inconscientes. Nossas mentes constantemente criam nossa percepção de realidade. E para nós, líderes, isso é um problema, porque não enxergamos as pessoas como são, mas como nós somos. Para liderar os outros com eficácia, devemos aprender a abrir nossas mentes e evitar juízos precipitados e rigidez mental.

Para superar o segundo desafio, precisamos entender as emoções e administrá-las habilmente. Uma liderança eficaz não consiste em abordar membros de equipe apelando à sua racionalidade, mas sim às suas emoções. Somente depois de aprender a entrar em contato com as emoções – começando pelas nossas – teremos o potencial para nos tornar líderes verdadeiramente inspiradores e envolventes.

Este capítulo começa com a compreensão de nossos vieses e de como podemos superá-los cultivando uma mente de iniciante. Em seguida, exploraremos nossa natureza emocional e o lado ruim de responder com empatia. Por fim, examinaremos como administrar emoções com uma mente de liderança MSC. Portanto, comecemos olhando para um dos nossos maiores obstáculos para compreender os outros: nossos vieses inconscientes.

VIESES INCONSCIENTES

Todos nós temos ideias, juízos e vieses preconcebidos que afetam o modo como enxergamos os outros. Os vieses inconscientes são um problema porque nos fazem colocar nossos funcionários em caixinhas e nos impedem de ver o seu potencial e o que os motiva de verdade.

Veja se você consegue se identificar com a experiência de uma diretora sênior com a qual trabalhamos em uma companhia multinacional de serviços financeiros. Ela estava frustrada com um membro de sua equipe que frequentemente reclamava dos outros departamentos, do tempo lá fora, da falta de informações e daí por diante. Como resultado, ela o tomava como um resmungão crônico, um pessimista com mentalidade de "copo meio vazio" que gostava de se concentrar apenas nos aspectos negativos.

Uma vez, durante uma reunião, o indivíduo iniciou uma discussão a respeito de como as informações eram compartilhadas entre membros da equipe. Antes que ele pudesse terminar de falar, a diretora sênior balançou a cabeça, pensando "lá vamos nós de novo". Ela o interrompeu e pediu que passassem para o próximo item da pauta.

Todos a encararam, atônitos.

O indivíduo havia apresentado uma estratégia construtiva para superar um problema significativo com o qual todos tinham que lidar. Mas a diretora sênior descartou-a imediatamente. Convencida de seu viés preconcebido, ela parou de escutar assim que detectou o mínimo sinal de reclamação. Foi só quando todos os presentes à reunião se manifestaram negativamente que ela se deu conta da desvantagem de sua mentalidade fixa. Ela quase perdeu uma solução que poupava tempo e dinheiro, uma solução que beneficiaria todos os funcionários, porque não conseguiu enxergar além do seu juízo inicial sobre esse funcionário em particular.

Os vieses inconscientes nos impedem de ver o que está bem à nossa frente. Por exemplo: pesquisas mostram que vieses inconscientes afetam contratações. Em um estudo, pesquisadores criaram currículos fictícios e responderam a anúncios de vaga de emprego, designando a cada currículo nomes que soassem ou afro-americanos ou tradicionalmente brancos. Os nomes que "soavam brancos" receberam 50% mais contatos para entrevistas, e esses contatos mostravam-se mais condizentes com a qualidade dos currículos de "nomes brancos" do que com a dos "nomes afro-americanos".[111]

Os vieses inconscientes impedem que vejamos as pessoas como são e que escutemos o que estão de fato falando. Eles fazem com que vejamos o mundo à nossa imagem, e não como ele é. Essa é uma questão importante. Na realidade, não vemos o mundo e os outros como eles são. Nossa mente cria nossa realidade. Sob uma perspectiva neurológica, quando vemos alguma coisa pela primeira vez, criamos uma imagem mental dessa coisa. Na próxima vez que a virmos (ou algo similar a ela), em frações de segundo a mente trará a imagem mental... e é ela que nós veremos.[112] Isso se chama "percepção habitual".

Nossa mente adora colocar pessoas, objetos e ideias dentro de caixinhas, de contêineres organizados e arrumadinhos que podemos compreender num instante. Por um lado, isso pode ser bastante útil, uma vez que aumenta nossa eficiência para navegar em uma realidade complexa. O excesso de informações pode tornar a vida inviável se não organizarmos e rotularmos as coisas. Pense da seguinte maneira: você não seria capaz de fazer muitas coisas se toda vez que visse alguém tivesse que parar para pensar em quem a pessoa é e em como se relacionar com ela.

Por outro lado, essa tendência também traz desvantagens. A forma como você vê seus funcionários é muito menos determinada por quem eles são e muito mais por seu histórico. Em outras palavras: sua mente, como a da diretora sênior, programou-o para interpretar a realidade de uma determinada maneira. Isso inclui as pessoas que povoam sua realidade. Essa abordagem claramente não é favorável para que você compreenda de verdade seus funcionários; se você os enxerga de uma única maneira, sua expectativa sobre eles será limitada.

Considere que vieses inconscientes você pode ter sobre os membros da sua equipe ou outros colegas. Quais ideias fixas você tem em mente quando interage com eles? Você tende a ouvir com mais atenção homens ou mulheres? Você presta mais atenção quando escuta funcionários mais jovens ou mais velhos? Pense em cinco das pessoas mais importantes com as quais você interage e pare por um momento para se perguntar quais vieses tem em relação a elas. Após reconhecer e compreender esses vieses, você pode começar a enxergar indivíduos e problemas por meio de uma perspectiva mais clara, a qual chamamos de "mente de iniciante". E isso permite que você supere seus vieses e interaja com seus funcionários de maneira mais eficaz.

A MENTE DE INICIANTE

A mente de iniciante consiste na capacidade de evitar as armadilhas dos vieses inconscientes e da percepção habitual. É a capacidade de ver cada situação e pessoa (incluindo nós mesmos) com um olhar renovado, de ver o que está de fato à nossa frente em vez do que esperamos ver.

Com a atenção plena, nós treinamos nossa mente a enxergar com um olhar renovado, momento a momento. Estamos literalmente nos treinando para ficar plenamente despertos e alertas a tudo que observamos e não cedermos aos nossos vieses inconscientes.

Ter uma mente de iniciante não é fácil para ninguém, mas pode ser especialmente difícil para líderes. Victor Ottati, professor de Psicologia na Universidade Loyola de Chicago, descobriu

Entenda seus funcionários

que pessoas que enxergam a si mesmas como especialistas em uma determinada área têm o estreitamento de suas visões potencializado.[113] Normas sociais permitem que especialistas adotem uma orientação relativamente rígida e dogmática. Como líderes, geralmente consideramos que temos algum tipo de *expertise*, pelo menos em administrar nossas organizações. Isso faz com que nossas perspectivas se estreitem, e nossa equipe aceita esse estreitamento prontamente devido à hierarquia. É um círculo não virtuoso.

John Hansen, vice-presidente sênior no LEGO Group, nos contou que nos seus primeiros anos de liderança, teve uma curva de aprendizado para evitar os vieses inconscientes. Ele aplicou a mente de iniciante a seu pessoal, especialmente em situações nas quais atritos pareciam surgir entre ele e a equipe. "Descobri que os atritos ocorriam mais por causa de mal-entendidos do que devido a pontos de vista efetivamente conflitantes." A partir dessa revelação, ele desenvolveu o hábito de cultivar uma mente de iniciante para enxergar melhor as coisas sob o ponto de vista de outra pessoa: "Descobri que a forma mais eficaz de ficar em sintonia com os outros era realizar perguntas. Agora, isso virou um hábito pra mim; sempre que há tensão com mal-entendidos, tento continuamente fazer perguntas em vez de dar respostas, até que haja um entendimento compartilhado."

A atenção plena deixa nossa mente mais aberta.[114] O treinamento da atenção plena nos ajuda a desenvolver a habilidade de ver as outras pessoas com um olhar renovado. Quando

A mente do líder extraordinário

treinamos nossa mente para a atenção plena, nós a abrimos para que ela enxergue e vivencie o que está ocorrendo interna e externamente, o que nos ajuda a reconhecer quando estamos colocando alguém em uma caixinha. A atenção plena também aumenta nossa consciência sobre histórias que criamos a respeito de outras pessoas em nossa mente. É claro que é essencial aprendermos com experiências passadas e usarmos esse aprendizado, mas precisamos equilibrar essa experiência com uma mente aberta. Os fatos podem ter mudado, as circunstâncias podem ser novas e as pessoas podem nos surpreender.

Para compreender melhor nossa equipe, a curiosidade é uma ferramenta essencial e poderosa. Quando um membro da equipe entra no seu escritório e compartilha uma situação desafiadora, force-se a refrear-se e a estimular a curiosidade. Faça mais perguntas, forneça menos respostas. E, quando fizer perguntas, preste atenção às respostas e, em seguida, faça mais perguntas.

Você também pode influenciar o modo como seus funcionários se comportam a partir do modo como você os trata. Quando nos relacionamos com outras pessoas esperando que elas sejam de determinada maneira, nossas expectativas podem moldar o seu comportamento e o seu desempenho.[115] Em outras palavras: se você escolher enxergar seus funcionários como profissionais de alto desempenho, isso tem o potencial de levá-los a ter um desempenho melhor.

Não se deixe enganar pela aparente obviedade e simplicidade dessa ideia. Uma das coisas mais difíceis para nós, seres humanos – especialmente líderes inteligentes e de sucesso –, é alterar nossa visão sobre pessoas e situações com as quais já nos deparamos antes. Especialmente em situações estressantes, todos sabemos como pode ser difícil dedicar tempo para fazer perguntas em vez de reagir imediatamente com respostas; isso ocorre porque a mente é configurada para identificar e processar informações baseadas em reconhecimento de padrões.[116] Precisamos nos esforçar e nos desafiar a não achar que sabemos o que uma pessoa está prestes a dizer ou que já encaramos esse problema antes e a resposta será a mesma. Se não fizermos esse esforço, ficamos sujeitos a perder informações e a não conseguir interagir adequadamente com nossa equipe.

Arne Sorenson, CEO da Marriott, sabe que, se não se fizer presente e não mantiver sua curiosidade em relação às pessoas com quem está, ele não aprenderá nada. Além disso, ele não conseguiria transmitir seu interesse genuíno por elas. Quando Arne visita hotéis da rede Marriott ao redor do mundo, sua presença e sua curiosidade são o que o ajudam a entender de verdade as pessoas na organização, o negócio de forma geral e seus desafios, de modo a estabelecer uma conexão real entre ele e todos esses elementos.

Habitue-se a fazer pelo menos uma pergunta significativa a qualquer pessoa com quem estiver. Você não apenas passará a conhecer melhor essa pessoa como também permitirá que ela saiba que você se importa. Mas ser curioso e superar vieses inconscientes são apenas parte da jornada rumo ao seu entendimento sobre outras pessoas. O passo seguinte é compreender suas emoções.

COMPREENDENDO EMOÇÕES

As emoções conduzem o comportamento no escritório, geralmente muito mais do que nos damos conta. Para sermos líderes mais eficazes, precisamos estar em harmonia com nossas próprias emoções, bem como com as das pessoas ao nosso redor. Isso pode ser surpresa para alguns, mas, como líderes, não somos tão racionais quanto pensamos, e na realidade lideramos mais os sentimentos das pessoas do que elas próprias.

Todos queremos acreditar que somos seres racionais, mas não é bem assim. Nós achamos que agimos racionalmente, mas não é esse o caso. Nesse sentido, esperamos que nossos funcionários se comportem racionalmente, mas não é isso que acontece. E não por escolha deles. Não é assim que nossas mentes são configuradas; nem as deles, nem as de ninguém. Entender isso permite uma melhor liderança.

As emoções influenciam decisivamente nosso comportamento e nossas decisões diárias, muitas vezes de forma inconsciente.[117] Por exemplo, em 26 países observados, a quantidade de tempo ensolarado registrada em um determinado dia e o desempenho da bolsa de valores naquele mesmo dia estavam correlacionados positivamente.[118] Se fôssemos seres realmente racionais, o brilho do sol não afetaria o modo como mercados financeiros operam. Mas ele afeta, assim

Entenda seus funcionários

como muitos outros fatores. Temos ciência de alguns desses fatores, mas não de todos. É como um iceberg: a maior parte da massa está escondida sob a superfície. E é essa massa fora de vista que determina para qual direção o iceberg flutua. De maneira similar, em situações de estresse ou de muita pressão, as pessoas geralmente agem menos racionalmente, pois são conduzidas por emoções como medo ou ansiedade.

Paul Zollinger-Read, diretor chefe de medicina da organização britânica multinacional de assistência médica Bupa, atuou como médico antes de entrar na empresa. Sua experiência no trabalho com os pacientes, geralmente estressados e ansiosos por causa de sua saúde, provou-se muito valiosa para ele na hora de apoiar funcionários sob pressão. "Eu aprendi que, quando surgem conflitos ou problemas de colaboração em equipes profissionais, muitas vezes não se trata de fato do assunto do conflito, mas sim do estado emocional das pessoas na equipe. Quando nos sentimos sob pressão, agimos com menos clareza mental, e então os problemas emergem." Como o problema não está no assunto abordado, mas no estado emocional das pessoas, Paul se concentra nisso em vez de no problema percebido. "Dar espaço, atenção e cuidado às emoções das pessoas pode resolver muita coisa", ele nos disse.

Que fique claro: as emoções não são nem boas nem ruins. Elas têm um propósito e são essenciais para que humanos ajam e socializem normalmente. E, como líderes, é imperativo que entendamos o papel das emoções para que possamos nos conectar com nossos funcionários, não só em termos de estratégia e tarefas, mas também em um nível humano fundamental. Somente quando há ressonância emocional entre nós mesmos e nossa equipe pode haver conexões humanas verdadeiras. Independentemente de estarmos cientes disso – e de aceitarmos ou não esse fato –, o envolvimento real ocorre quando as pessoas se sentem interconectadas em um nível emocional. Por quê? Porque emoções são universais e contagiosas.

Emoções são universais

Paul Ekman, professor emérito da Universidade da Califórnia em São Francisco e autor do best-seller *Emotions Revealed* (Emoções reveladas), é talvez o maior especialista do mundo em emoções. Durante anos, ele viajou pelo mundo e pesquisou emoções humanas em várias culturas. Ele concluiu que todos nós temos cinco emoções universais (deleite, medo, nojo, tristeza e raiva), independentemente de genética, criação ou cultura.

Em outras palavras: quando se trata de emoções, somos todos iguais.

Ekman passou anos desenvolvendo um "atlas" de emoções para nos auxiliar a entendê-las e a navegar por elas.[119] De acordo com esse atlas, as cinco emoções universais podem ser sentidas em diferentes graus. Por exemplo: a raiva pode passar de um incômodo para frustração, exasperação, hostilidade, rancor, sede de vingança e, por fim, fúria. Além disso, nossas emoções cumprem um propósito evolutivo. A tristeza é um chamado de ajuda.

Entenda seus funcionários

O medo nos faz fugir, paralisar ou lutar para evitar o perigo. A raiva nos dá a determinação para lidar com as situações difíceis.

Ekman também descobriu que nossas emoções se apresentam em nossas expressões faciais por meio de movimentos incrivelmente rápidos. Essas expressões, chamadas de "microexpressões", duram em torno de cinco a seis centésimos de segundo e são extremamente difíceis de controlar conscientemente. Entretanto, embora elas possam durar apenas um instante, outras pessoas podem notá-las e são influenciadas por elas consciente ou inconscientemente. Portanto, exibimos nossas emoções em nosso rosto, não importa o quanto tentemos escondê-las.[120] Essas emoções se expressam pelos 43 músculos de nossa face. O deleite é a emoção que movimenta menos músculos e a raiva, a que mais os movimenta.

Emoções são contagiosas

No escritório, nosso humor afeta o humor daqueles ao nosso redor, estejamos cientes disso ou não. Pesquisas mostram que as pessoas em uma mesma reunião acabam exibindo o mesmo estado de humor dentro de duas horas, independentemente de esse estado ser bom ou ruim.[121] Isso acontece por causa de um grupo de neurônios em nosso lobo frontal chamados neurônios espelho, os quais são ativados quando vemos outras pessoas demonstrando um sentimento ou realizando uma ação. Essas ações ou sentimentos são então refletidas dentro de nosso próprio cérebro.[122] Quando vemos alguém sorrir, somos compelidos a sorrir. Quando um bebê ri, nós rimos. No ambiente de trabalho, os neurônios espelho nos conectam por meio de nossas experiências neurológicas e m comum. Quando uma pessoa no escritório é injustamente criticada, todos sentem junto. Quando uma pessoa é elogiada, todos nós vivenciamos o momento. Estamos profundamente conectados dessa maneira, bem mais do que nos damos conta.

Como líder, suas emoções exercem um impacto maior sobre os outros do que as emoções das pessoas que lidera. Daniel Goleman, jornalista e autor, escreveu: "A contínua interação de neurônios espelho entre membros de um grupo cria uma espécie de sopa emocional, à qual cada um adiciona seu sabor. Mas é o líder que adiciona o tempero mais forte. Por quê? Porque todos estão de olho na chefia".[123] Não é de surpreender que um líder mal-humorado crie ambientes de estresse e medo, ao passo que um líder feliz faz a equipe ver tudo sob uma luz mais positiva. Um líder animado exerce um impacto mais positivo sobre a produtividade.[124] Eis aí um bom motivo para sorrir.

Liderar mediante o reconhecimento e a observação das emoções das pessoas permite que formemos equipes verdadeiramente conectadas e dispostas a seguir o líder. A pergunta é: como lideramos dessa maneira? Em muitos livros e programas de treinamento de liderança, diz-se que a resposta é a empatia, mas ela pode ser prejudicial para a liderança.

OS PERIGOS DA EMPATIA

Para melhorar suas interações, muitos líderes recebem o conselho de que precisam trabalhar a empatia, que é a habilidade de compreender e reconhecer os sentimentos e perspectivas dos outros. Essa habilidade é, obviamente, importante para um líder. Você não tem como efetivamente liderar alguém que não compreende. Você só consegue motivar e influenciar uma pessoa se sabe como ela se sente. Há bons motivos para que especialistas como Daniel Goleman exaltem a empatia como uma competência fundamental para uma boa liderança. Ela aumenta a satisfação, a inteligência emocional e a autoestima.[125] Pessoas com alta empatia têm círculos sociais maiores e mais satisfatórios, são mais sociáveis, se voluntariam com mais prontidão, doam mais para a caridade e estão mais propensas a ajudar pessoas que precisem.

A empatia é uma característica individual duradoura cujos níveis permanecem relativamente estáveis ao longo da vida de uma pessoa.[127] Esses níveis podem ser aumentados por meio do treinamento da atenção plena.[128] Não é de surpreender que uma pesquisa no site da varejista americana Amazon resulte em mais de 1.500 livros com a palavra *"empathy"* ("empatia") no título, muitos dos quais também incluem as palavras *"leadership"* e *"management"* ("liderança" e "gerenciamento", respectivamente). Porém, pesquisas sobre a neurologia da empatia fornecem um contexto com mais *nuances*, pelo menos sob uma perspectiva de liderança.

A empatia tem algumas armadilhas que todo líder deveria compreender.

A empatia pode levar a más decisões

A empatia pode ser um guia moral falho. Sim, você leu corretamente. A empatia muitas vezes nos ajuda a fazer o que é certo, mas também nos motiva a fazer o que é errado. Segundo a pesquisa de Paul Bloom, professor de ciências cognitivas e psicologia na Universidade de Yale e autor de *Against Empathy* (Contra a empatia), a empatia pode distorcer nosso juízo.[129] Em seu estudo, dois grupos de pessoas escutaram a gravação de um garoto com uma doença terminal descrevendo sua dor. Pediu-se às pessoas de um grupo que se identificassem com o menino e sentissem por sua condição. O outro grupo foi instruído a ouvir de forma objetiva e não se envolver emocionalmente. Após a audição da gravação, cada participante deveria responder se passaria o garoto na frente das outras pessoas em uma lista de tratamentos prioritários preparada por médicos especializados. No grupo emocional, três quartos dos participantes decidiram passar o menino na frente, a despeito da opinião de profissionais da Medicina, potencialmente colocando em risco o bem-estar de indivíduos mais doentes. No grupo objetivo, apenas um terço dos participantes fez a mesma coisa.

Esse estudo demonstra como a empatia ativa nossos impulsos altruístas, resultando em juízos falhos que podem fazer mal a muitos em benefício de uma única pessoa. Como líderes, a empatia pode embaçar nosso juízo moral. Ela fomenta vieses e nos torna menos eficazes em tomar decisões sábias.

A empatia pode prejudicar a diversidade

Estudos mostram que é mais fácil para humanos ter empatia por aqueles que são similares a si mesmos.[130] Mesmo animais que são mais parecidos conosco recebem mais empatia. Pense em um filhote de foca com olhos grandes e redondos e, em seguida, em uma galinha. Qual você estaria mais disposto a matar e comer? Ambas são criaturas vivas com instintos para evitar o perigo e a morte. E, apesar disso, nós as diferenciamos. É mais provável que matemos e comamos a galinha com suas penas, seus olhos pequenos e frios. De maneira similar, é mais fácil que tenhamos empatia por nosso vizinho que teve o carro roubado do que por um morador de rua.

Do mesmo modo, inconscientemente temos mais empatia por colegas que são semelhantes a nós. Tendemos a oferecer-lhes melhores tarefas e melhores posições, mesmo sem nos darmos conta. A empatia também pode nos induzir ao erro de contratar e promover aqueles que sejam como nós. Isso pode criar uma organização carente de diversidade, limitando a criatividade e a capacidade de resolução de problemas.

A empatia pode ser muito restritiva

É difícil ter empatia plena por mais de uma ou duas pessoas ao mesmo tempo. Pode tentar. Pare por um momento e tente nutrir empatia de verdade por duas pessoas próximas a você. Agora mesmo. Sinta as dificuldades delas. Sinta o que elas sentem.

Difícil? Talvez impossível.

A mente – ou o coração – simplesmente não consegue sustentar emoções tão distintas ao mesmo tempo. A empatia por uma pessoa pode ser difícil; por duas pessoas, mais ainda. Como líderes, precisamos muitas vezes considerar as diferentes perspectivas e preocupações de várias pessoas ao mesmo tempo. A empatia é simplesmente limitante demais para nos ajudar a navegar com sucesso por perspectivas e preocupações diversas.

A empatia pode levar à angústia

Tomar para si as dores e os problemas dos outros é difícil. Por um momento, imagine-se como um médico socorrista, que atende vítimas de acidentes de trânsito, violência doméstica e outras ocorrências horríveis. Você vê pessoas machucadas, algumas até morrendo. Vê a dor de famílias perdendo entes queridos. Hora após hora, dia após dia.

Uma reação bem conhecida a esse tipo de situação é o torpor de empatia, que consiste na simples desativação de nossas reações emocionais. Como resultado de se depararem com tanta tragédia e sangue, médicos desligam suas vidas emocionais. Em algumas situações, empatia demais pode levar à angústia. Um estudo americano descobriu que 60% dos profissionais de Medicina sofrem ou já sofreram de esgotamento profissional. Um terço deles foi afetado ao ponto de ter que realizar um período sabático.[131]

Como líderes, nos deparamos com vários momentos de membros de nossa equipe passando por situações difíceis. Eles podem perder um cliente importante, podem não conseguir a promoção que queriam. Eles podem entrar em conflito com outro membro da equipe. Se tomarmos para nós a decepção, a raiva, a frustração ou a impaciência das pessoas que respondem a nós, ficaremos exauridos. A empatia na liderança pode sugar nossa energia.

A empatia é passageira

A empatia pode despertar nosso entusiasmo e arrebatamento... por um momento. Estudos descobriram que essa energia muitas vezes se dissipa antes que possamos realizar qualquer ação significativa.[132] Sentimentos são volúveis. As redes sociais trazem um ótimo exemplo desse fenômeno. A foto de uma criança refugiada afogada em uma praia do litoral europeu inspira milhares de usuários do Facebook a doar milhões de dólares no dia em que a foto aparece. Entretanto, nos dias seguintes, outro evento captura nossa atenção, e a crise dos refugiados é praticamente esquecida. Poucos agem no longo prazo.

Ter empatia é bom, mas ela precisa ser combinada a ações construtivas para ter um impacto efetivo. A empatia sem a habilidade e a disciplina de se dar um passo para trás, avaliar a situação objetivamente e agir de acordo tem muito pouco valor. Apoiar um funcionário que sofreu uma perda familiar é importante, mas é a disciplina de mostrar-se regularmente compassivo que, ao longo do tempo, faz a diferença de verdade.

Então, se a empatia não é a resposta para liderar habilmente seres emocionais, qual seria? A liderança MSC.

ADMINISTRANDO EMOÇÕES COM A LIDERANÇA MSC

Emoções são apenas energias em movimento, em nosso corpo e nossa mente. Não há nada inerentemente bom ou ruim, positivo ou negativo nas emoções. Quando temos atenção plena, ficamos conscientes dessas emoções, dessas energias, conforme o dia se desenrola. Estar consciente de suas emoções é o primeiro passo para administrá-las.

Suprimi-las ou exteriorizá-las são reações humanas naturais às emoções. Suprimir nossas emoções é como tentar segurar a tampa de uma panela fervendo água. Cedo ou tarde, a água transbordará. E, no processo, nossa energia é drenada e nossa perspectiva fica limitada. Exteriorizar nossas emoções, seja de modo agressivo ou passivo-agressivo, pode causar uma sensação boa no momento, mas, no longo prazo, geralmente resulta em decepção, arrependimento ou vergonha. Pense na supressão e na exteriorização como extremos opostos de uma gangorra. Apoiar todo o seu peso em qualquer um dos dois causa um grande desequilíbrio.

Como as emoções são alimentadas por nossas reações a elas, quanto maior nossa reação, maior a energia acumulada por nossas emoções. A abordagem da atenção plena às emoções envolve interromper as reações de supressão ou exteriorização e o desenvolvimento da habilidade de acolher nossas emoções conforme elas emergem. Isso significa olhar nossas emoções no olho e não reagir a elas. Encarar nossas emoções exige coragem e força mental: a coragem, para aguentar o desconforto da emoção em estado bruto, e a força, para suportar esse desconforto pelo tempo que ele durar.

Isso, por sua vez, exige um nível saudável de altruísmo e de desapego às nossas emoções. Se pudermos nos distanciar delas, seremos capazes de observá-las de forma mais objetiva. Com treinamento, observar nossas emoções pode ser como assistir a um filme: você não está no filme e o filme não está em você. Da mesma forma, sua emoção não é você e você não é sua emoção. Você pode *sentir* raiva, mas você *não é* a raiva. A raiva é apenas parte de sua experiência no momento.

O altruísmo evita que levemos as coisas para o lado pessoal, e também por isso ele é tão importante ao nos ajudar a administrar melhor nossas emoções. Quando algo desagradável ocorre conosco, nosso ego tem a tendência natural de procurar alguém para culpar. No entanto, embora coisas ruins possam acontecer conosco, as únicas pessoas que podem controlar nossas reações somos nós mesmos. Você não tem como me deixar raivoso. Você pode ter feito algo que me fez reagir com raiva, mas, no fim, o modo como eu reajo não está sob seu controle. Eu, e apenas eu, posso decidir como reagirei.

A mente do líder extraordinário

Se encararmos nossas emoções de forma neutra e sem ego, elas perdem o controle sobre nós. Pode levar segundos ou minutos, mas elas passarão. Administrar nossas emoções neutraliza o poder que elas exercem sobre nós.

Mark Twain disse uma vez: "Eu passei por muitas coisas terríveis na minha vida, algumas das quais aconteceram de verdade." Emoções parecem reais e concretas, mas na verdade são como bolhas esperando para ser estouradas. Quando aprendemos a estourá-las (ou seja, a administrá-las), nos tornamos mais aptos a nos conectar uns aos outros em vez de meramente reagir às emoções alheias. E, em vez de termos apenas empatia, nós a usamos para responder com compaixão.

A empatia é a tendência de sentir as emoções dos outros e reagir como se você também as sentisse. A compaixão é a habilidade de entender as perspectivas dos outros e usar essa compreensão como um desencadeador de ações de apoio.[133] O CEO do LinkedIn Jeff Weiner descreve a diferença da seguinte forma: "Mostrar empatia é ver alguém sofrendo diante do peso de um grande fardo e reagir colocando esse mesmo fardo em suas costas. Compaixão é o ato de aliviar o peso nas costas do outro." Empatia e compaixão levam a resultados bastante diferentes.

Helena Gottschling, chefe de recursos humanos do Royal Bank of Canada, nos contou como usa a compaixão e a ressonância emocional para dar apoio a seu pessoal. Recentemente, um líder foi até ela, chateado com alguma decisão que o havia impactado negativamente. Ele sentiu que havia sido tratado de forma injusta, e era bastante explícito em relação às suas preocupações.

Helena podia justificar sua decisão, oferecendo um argumento detalhado e racional em favor da mudança. Mas, como ela nos explicou, "naquele momento, eu sabia que ele não reagiria bem a uma explicação. Ele estava nas garras de suas emoções".

Então, ela se concentrou em escutá-lo. Ela queria entender os seus argumentos e lhe dar espaço para se sentir ouvido. Ela tomou o cuidado de não demonstrar nenhum sinal de concordância com os argumentos, ao mesmo tempo que demonstrava se preocupar genuinamente com a forma como ele se sentia. Após oferecer ao líder tempo e espaço para expressar sua frustração, ela o convidou a considerar a situação sob outro ponto de vista. "Pedi a ele que considerasse a perspectiva de outras pessoas, que pensasse sobre as expectativas da equipe. Depois, garanti que conversaria com ele novamente depois que ele tivesse tido tempo para refletir." Ao ser razoável com as emoções do líder, Helena foi capaz de controlar uma situação acalorada e com uma carga pesada. Depois, ao aplicar a compaixão, ela pôde fornecer a ele um passo seguinte concreto para tentar ativamente tratar da situação.

A ressonância emocional e a compaixão são de valor inestimável para a liderança e para se relacionar com os outros, especialmente em situações profissionais desafiadoras. Em vez de tomar para si as emoções e problemas dos outros, com a compaixão você pode ajudá-los a dissipar os problemas e seguir adiante.

Quando administramos nossas próprias emoções e conseguimos nos solidarizar com aqueles que lideramos, melhoramos nossas conexões com as pessoas e nosso envolvimento com elas. Nos capítulos seguintes, veremos em mais detalhes como liderar os outros com atenção plena, altruísmo e compaixão.

DICAS E REFLEXÕES BREVES

- Considere quais vieses – conscientes e inconscientes – você pode ter em relação às pessoas com as quais trabalha; escolha um viés e se comprometa a fazer um esforço consciente para superá-lo.
- Desafie-se a ser mais curioso, a fazer mais perguntas e a considerar outras possibilidades e perspectivas; experimente ter uma mente de iniciante no cotidiano de seu trabalho.
- Considere que emoções você traz regularmente ao ambiente de trabalho; reflita sobre como elas influenciam seus colegas.
- Na próxima vez em que for acometido de uma emoção difícil, controle-se e encare-a; busque a coragem para lidar com o desconforto até que esteja pronto para considerar uma reposta adequada.
- Considere as desvantagens da empatia e como você pode ficar mais atento para evitar as armadilhas às quais pode estar suscetível.

7

Liderança com atenção plena

Somos seres sociais. Queremos estar conectados; não apenas digitalmente, mas de formas fundamentalmente humanas. Por causa desse desejo, a liderança não pode ser uma atividade transacional. Liderar envolve a criação de conexões humanas para fortalecer o senso de envolvimento e aumentar a produtividade. Como líderes, temos uma escolha. Podemos utilizar as estruturas prontas de comando e controle e as dinâmicas de poder arraigadas para aumentar a produtividade. Ou podemos fomentar o surgimento de conexões plenas entre as pessoas, de experiências de trabalho significativas e o florescimento humano para aumentar o envolvimento, a felicidade e, consequentemente, a produtividade. A segunda opção é uma oportunidade enorme que não podemos menosprezar.

Considere a experiência de Narendra Mulani, diretor chefe de análises da Accenture Analytics. Narendra entrou na empresa em 1997, já bastante experiente em comparação com muitos de seus colegas, que haviam sido contratados logo que saíram da faculdade. Naquele momento, ele sentiu o forte sentimento de unidade e coesão na cultura da companhia. Era como se todos soubessem como operar na mentalidade da Accenture, a ponto de as pessoas parecerem saber o que as outras estavam pensando.

No entanto, na Accenture – assim como na maioria das grandes organizações –, os dias de coesão cultural ficaram no passado distante. As empresas de hoje são cada vez mais digitais, globais e virtuais, e estão cada vez mais em um estado de mudança constante. Como resultado, a interconexão e a coesão humanas estão se deteriorando. Apesar disso, como Narendra nos contou, "as pessoas precisam de algo que lhes dê uma língua comum e permita que colaborem entre si, confiem uns nos outros e trabalhem juntos, pois todos nós temos experiências particulares muito diferentes. Isso me fez perceber que todo mundo quer se conectar com os outros. Mesmo nesse mundo digital, conexões pessoais são tudo".

Todos nós temos uma vontade inata de nos sentirmos conectados com algo e de fazermos parte de algo maior. Como líderes, essa necessidade humana de conexão é crucial para entender e gerenciar as pessoas. Em equipes multinacionais, a atenção plena pode ser a cola que cria conexões humanas reais, a despeito da distância, da digitalização e da instabilidade.

Nathan Boaz e Rahul Varma, líderes globais dos departamentos de talento e desenvolvimento de liderança da Accenture, estão implementando iniciativas globais para ajudar líderes a cuidarem de suas equipes como se fossem uma família, com sentimentos de pertencimento e interconexão mais profundos. Em nossas conversas, eles compartilharam sua filosofia e estratégia: "Estamos trabalhando para desenvolver uma experiência verdadeiramente humana dentro da companhia, na qual todos trazem seus 'eus' inteiros ao trabalho. Para isso, nossos líderes devem estar plenamente presentes, atentos e concentrados quando interagem com seus funcionários e suas equipes."

Neste capítulo, veremos como você pode liderar seu pessoal com atenção plena para formar equipes mais eficazes e obter níveis maiores de envolvimento, confiança e desempenho.

O PODER DA PRESENÇA

Alguns anos atrás, trabalhamos com um diretor regional de uma companhia farmacêutica multinacional. Esse diretor havia sido negativamente avaliado por seus colegas de trabalho em quesitos como envolvimento e eficácia de liderança, o que o colocava sob pressão do conselho administrativo da companhia. Embora tentasse mudar, nada parecia dar certo. Sua frustração aumentou e ele começou a cronometrar o tempo que passava com cada um de seus subordinados diretos. Cada vez que ele recebia uma crítica indicando que não era um líder envolvente, ele pegava esses dados e dizia: "Mas olhe quanto tempo eu passo com todo mundo!". Ele não sabia o que fazer.

Como último recurso, ele entrou em contato conosco.

Nós começamos com dez minutos diários de prática de atenção plena e mostramos a ele como aplicá-la a suas atividades de liderança cotidianas. Após alguns meses, as pessoas começaram a comentar sobre a grande mudança na experiência que tinham ao trabalhar com ele. Ele estava mais envolvente e inspirador e era uma melhor companhia de trabalho. Ele ficou espantado e alegre com os resultados. Mas a grande surpresa ocorreu quando ele pegou sua planilha com o tempo que passava com seus subordinados diretos e notou que o tempo havia *diminuído* 21%.

A diferença: ele estava de fato *presente*.

Ele passou a entender que estar com alguém em uma sala não era a mesma coisa que estar presente com alguém. Ele reconheceu que anteriormente, quando alguém vinha ao seu escritório, muitas vezes ele se ocupava de outras atividades ou ficava pensando em outras coisas. Na maioria das vezes, quando achava que estava escutando os outros, ele estava na verdade escutando sua própria voz interior. Essa realidade era óbvia para as pessoas com quem ele estava, o que fazia com que se sentissem ignoradas e frustradas.

Se você não sabe o que é sua voz interior, é aquela que muitas vezes realiza o comentário em tempo real do que você está vivenciando. Ela muitas vezes diz coisas como: "eu gostaria que ele parasse de falar", ou "eu sei o que ela vai dizer em seguida", ou "já ouvi tudo isso antes", ou "será que o Joe respondeu à minha mensagem?".

Para se envolver de verdade com outros seres humanos e criar conexões de significância com eles, precisamos silenciar nossa voz interior e ficar plenamente presentes.

De acordo com um provérbio chinês, a presença é o maior presente que você pode dar a outra pessoa. É a intensidade da atenção que você dá às outras pessoas. E é um fator determinante no resultado de uma interação. A atenção plena contrasta fortemente com um comportamento disperso e distraído. Uma falta de atenção plena passa a impressão de impulsividade e falta de concentração – uma imagem nada positiva.

A presença é uma linguagem universal com benefícios em duas vias. De acordo com pesquisas da Universidade de Harvard, você é mais feliz quando se faz presente no momento, e aqueles que passam tempo com você têm um maior senso de bem-estar.[134] Em liderança, estar presente com atenção plena é fundamental para a interconexão, o envolvimento e o desempenho.

A Bain & Company conduziu um projeto de pesquisa de grandes proporções para identificar atributos-chave de uma liderança eficaz.[135] Uma pesquisa que envolvia entrevistas com milhares de empregados revelou 33 características importantes, como criar objetivos atraentes, expressar ideias com clareza e ser receptivo a opiniões e sugestões alheias. Mas a característica que se destacou como a mais essencial era: *estar centrado*; a habilidade de estar atenciosamente presente em uma situação, de forma que a todo momento suas melhores qualidades se apresentem.

Sendo assim, não é de surpreender que um estudo realizado pelo professor Jocehn Reb, da Universidade de Administração de Singapura, tenha descoberto uma correlação direta entre a atenção plena de líderes e o bem-estar e desempenho de seus funcionários. Em outras palavras: quanto mais um líder está presente com seus funcionários, melhor será o trabalho de todos eles.

Em nossa pesquisa, mais de mil líderes indicaram que mais presença seria uma estratégia ideal para superar desafios como estresse, complexidade, sobrecarga de informação e conflitos. Todos nós sabemos disso, mas nos esquecemos, em meio à atribulada rotina profissional.

Como a maioria dos executivos seniores, Dominic Barton, da McKinsey & Company, tem uma agenda diária composta de uma reunião após a outra. Todas essas reuniões são importantes, todas envolvem informações complexas e a maioria delas exige decisões abrangentes. Sob essas condições, estar presente momento após momento e reunião após reunião é um desafio. Mas na experiência de Dominic, a presença não é uma escolha. É uma necessidade. "Quando eu estou com pessoas durante o dia, faço o meu melhor pra ficar concentrado; fico presente com elas", ele nos diz. "Parte disso porque obtenho energia por estar com outras pessoas, mas também porque, se você não está concentrado, se não está presente, desencoraja os demais. Eles perdem a motivação. Se você não está presente, acho que talvez nem valha a pena realizar a reunião. Estar presente pode ser algo difícil de se fazer, mas sempre é importante."

A pessoa que está à sua frente não sabe com o que você estava lidando agora há pouco, e não tem motivo para saber. É sua responsabilidade comparecer e estar plenamente presente para utilizar com eficácia o tempo limitado que tem com cada pessoa com a qual interage.

Dominic acredita que estar presente e com atenção plena exige disciplina e habilidade. É necessário ter disciplina para manter a tarefa em mente, não se deixar ser afetado por desafios irritantes nem se distrair com conversas mentais. E é necessário ter a habilidade mental de se manter presente e com a concentração afiada. Dominic considera profundamente gratificante quando fica presente ao longo de seu dia. Estar presente se torna a pedra fundamental para se obter o máximo de cada momento com cada pessoa.

LIDERE COM UMA PRESENÇA DE ATENÇÃO PLENA

Ao longo de muitos anos trabalhando com líderes ao redor do mundo, descobrimos uma série de estratégias que propiciam liderar com uma presença de atenção plena. O alicerce para desenvolver a presença de liderança é praticar a atenção plena, conforme descrito nos capítulos 2 e 3. A prática da atenção plena é a academia mental que treina suas redes neurais em prol da presença.

Simplesmente estabelecer uma intenção de estar mais presente com sua equipe não é suficiente. Embora você possa ter a melhor das intenções, se não tiver desenvolvido uma boa forma mental para abandonar distrações e superar a tendência natural da mente de divagar, seu sucesso será limitado. Depois de cultivar uma habilidade maior de "estar no aqui e no agora", há duas maneiras mediante as quais você pode aplicar a atenção plena para melhorar a eficácia de sua liderança: criando "pontos de contato" pessoais e fazendo menos ao ser mais.

Crie pontos de contato

Quando Douglas Conant foi nomeado CEO da Campbell Soup Company em 2001, identificou a presença como seu princípio norteador de liderança. Após um período de dez anos na companhia, ele recebeu uma das melhores classificações de envolvimento com funcionários na *Fortune 500*. Em sua década como CEO, Douglas desenvolveu rituais para se conectar física e psicologicamente com pessoas de todos os níveis na companhia ao se fazer presente de forma explícita. Ele cunhou o termo *"touchpoints"* (pontos de contato), que mais tarde seria o título de seu livro: *Touchpoints: criando conexões poderosas*. Pontos de contato consistem nos curtos momentos de presença que você pode criar com cada indivíduo com o qual se encontra no trabalho.

Toda manhã, Douglas dedicava uma boa parte do seu tempo a andar pela fábrica, cumprimentando as pessoas e buscando conhecê-las melhor. Ele memorizava seus nomes e de seus familiares, ou seja, ele alimentava um interesse genuíno pela vida dos funcionários. Ele também escrevia cartas à mão para reconhecer esforços extraordinários. Quando algum funcionário passava por um momento difícil, ele escrevia mensagens pessoais de encorajamento. Durante sua gestão, ele redigiu mais de 30 mil cartas desse tipo.

Para Douglas, esses comportamentos não eram apenas estratégias para melhorar a produtividade, mas também esforços genuínos para apoiar seu pessoal. Ele estava plenamente presente, e com atenção plena. Esses esforços não podem ser fingidos. Fingir presença (e preocupação com os outros) é pior do que não estar presente. As pessoas saberão. Na verdade, se a presença não for autêntica, ela afetará negativamente a interconectividade, o envolvimento e o desempenho. Portanto, cultivar as intenções certas é importante.

Antes de agir, reflita por um momento sobre por que é importante para você estar presente. Você acha que isso o beneficiaria como pessoa e como líder? Seja claro em relação às suas intenções, e então considere quais passos pode incluir em seu ritual diário para que esteja mais presente e plenamente atento aos seus funcionários. Não precisa ser uma grande iniciativa. Comece com algo simples. Comece consigo mesmo, com seus comportamentos e com as pessoas com as quais interage diretamente. Você pode até se surpreender com a extensão dos benefícios que surgem do simples fato de se estar mais plenamente presente.

Faça menos; seja mais

Indivíduos geralmente progridem na hierarquia das organizações porque são bons em resolver problemas. Embora essa habilidade seja bastante útil, apresentar soluções a todo momento pode atrapalhá-lo em sua missão de se conectar e interagir com os outros e de estimular o potencial das pessoas. Gabrielle Thompson, vice-presidente sênior da Cisco, descobriu que, quando um funcionário lhe apresenta uma questão complicada, muitas vezes ela envolve uma solução simples. Porém, às vezes, o problema só precisa ser ouvido: "Muitas situações só precisam de um ouvido, não de ação. Não raro, os problemas não precisam de soluções, precisam de presença e tempo." Para líderes, a habilidade de estar plenamente presente e a predisposição de escutar com a mente aberta são, muitas vezes, as maneiras mais poderosas de resolver questões.

Como observado no capítulo 6, em muitos casos a atenção plena pode nos ajudar a criar a ressonância emocional necessária para que uma pessoa se sinta ouvida, compreendida e valorizada. Como líderes, nosso papel pode ser o de simplesmente criar um ambiente seguro para que as pessoas exprimam suas frustrações e processem seus problemas. Por meio da presença com atenção plena, você se torna o contêiner no qual elas encontram espaço para processar a questão, sem que você precise interferir para resolver, reparar, manipular ou controlar a situação. A presença em si pode ajudar a resolver problemas. Esse tipo de presença não apenas tem o potencial de resolver problemas como também cria um melhor senso de interconexão e envolvimento.

Um mantra simples, mas eficaz, da liderança com atenção plena é: "Faça menos, seja mais".

As estratégias descritas aqui são especificamente derivadas de uma perspectiva mental, mas a presença da liderança é ainda mais cultivada e melhorada quando se manifesta também em seu corpo.

LIDERE COM PRESENÇA FÍSICA

Líderes excepcionais influenciam o ambiente ao seu redor sem dizer uma palavra. O que você comunica não verbalmente com sua postura, sua linguagem corporal e seus gestos? Quais efeitos essas ações físicas têm sobre seus colegas, sua equipe ou outros ao seu redor? Pense no modo como você se sente quando está na companhia de colegas ou de outros líderes que o inspiram. Como eles se portam? Que gestos usam?

A liderança com atenção plena pode se tratar exclusivamente de se estar mentalmente presente, mas também pode incluir um componente físico. As pessoas que passam tempo conosco sabem quando estamos bravos, tristes, agradecidos ou ansiosos sem que digamos nada. Isso ocorre porque emoções, sensações e reações se manifestam fisicamente... gostemos disso ou não.

A mente do líder extraordinário

Nossos corpos comunicam muito mais aos nossos funcionários, colegas e clientes do que pensamos.

A presença de liderança encarnada é o senso de se estar plenamente presente em seu próprio corpo. Ela vem da sua força de atenção plena, e combina a concentração no que você faz à consciência sobre si mesmo e sua corporalidade. A presença encarnada é tangível. Quando você a tem, os outros a sentem. Ela cria liderança de dentro para fora, e não a partir de uma compreensão intelectual ou da apresentação de um modelo teórico, mas sim pela conexão da pessoa com seu próprio corpo.

Todos nós já vimos líderes com presença encarnada. Parece carisma, mas, na verdade, é uma presença baseada em estar centrado. Ficar centrado é algo que aumenta nossa presença física, abre nossa perspectiva para a interconectividade e nos ajuda a enxergar o contexto mais amplo. Quando estamos presentes e centrados, nos tornamos mais abertos a desafios. Podemos reconhecer e encarar situações difíceis sem o ruído e a frustração criados pelo medo, pelos vieses ou pelos juízos. Nós temos mais perceptividade, mais consciência e mais confiança.

Loren Shuster, diretor executivo de pessoal no LEGO Group, explicou que, quando tem reuniões ou apresentações muito importantes, ele dedica cinco minutos do dia para se afirmar ao seu corpo. Ele se visualiza totalmente vivo em cada célula do corpo. Como ele nos explicou, "quando você não se afirma, quando não está conectado ao seu corpo e ao ambiente ao seu redor, você não tem um senso de direção e de propósito forte. Você está apenas flutuando. A menor das coisas pode distraí-lo. Essa técnica de afirmação me ajuda a limpar minha mente, recarregar minhas energias, fortalecer meus instintos e acalmar minhas emoções". Depois dessa prática de cinco minutos, ele anda diferente, fala diferente. Com mais sobriedade. Com mais peso. Com mais vigor. E, como resultado, consegue ficar mais plenamente presente – tanto mental quanto fisicamente – junto às pessoas ao seu redor. Ele se afirma como uma rocha no recinto. Obter esse tipo de afirmação física, esse estado centrado, compreende três fatores básicos: postura, espaço e envolvimento.

Quando temos a presença encarnada, nossa postura muda. Em vez de curvar as costas, cruzar os braços e literalmente nos encolher para dentro de nós mesmos, assumimos uma postura mais equilibrada, altiva, aberta e inclusiva. Isso inclui sentar com as costas retas e os braços abertos. Conforme apontado por muitos estudos, a mudança na postura pode influenciar o modo como pensamos, nos comportamos e nos comunicamos.[138] Da mesma forma que, ao assumir uma postura forte, podemos estimular qualidades como a confiança, se adotarmos uma postura altiva e digna podemos projetar qualidades como perceptividade, concentração, inclusão e compaixão. O ato de sentar de forma ereta e abrir-se tem um efeito positivo na química de nossos cérebros, cultivando nossa capacidade de realizar processos mentais com alta funcionalidade e nos dando acesso a uma sabedoria que vem com a perceptividade ampliada, a uma compaixão que vem com uma maior abertura e a uma confiança que vem com a força do alinhamento vertical.[139]

Para alcançar esse tipo de postura e seus benefícios, sente-se com as costas retas, os ombros posicionados para trás e alinhados com os braços ao seu lado. Pense no seu corpo como se ele estivesse em um eixo, com tudo centralizado e verticalmente alinhado, mas não rigidamente. Ao sentar-se, adquira uma postura similar: costas retas, ombros para trás, torso alinhado. Posicione seus pés paralelamente à sua frente, deixando-os equidistantes e nivelados. Apoie seus braços em descansos de braço ou deixe-os estendidos à sua frente, paralelos ao seu corpo, mas notavelmente abertos. Ajuste-se, conforme apropriado, para obter um sentimento geral de alinhamento, abertura e expansividade. Idealmente, você deve buscar um senso de prontidão e vigor, mas ainda ficar confortável.

Se começar a escorregar para uma postura fechada ou caída, pergunte a si mesmo: que forma meu corpo está tomando? Em que a minha atenção está concentrada? Estou sendo convidativo e envolvente para as pessoas com as quais estou no momento? As respostas a essas questões irão ajudá-lo a recuperar sua presença física e a fortalecer sua liderança encarnada.

Durante conversas particularmente difíceis você pode se dar conta de que está cruzando os braços ou as pernas, inclinando o tronco para a frente e se fechando fisicamente em torno de si mesmo. Mas, quando o corpo se contrai, a mente também o faz. Conforme a mente se contrai, o córtex pré-frontal – o lar das habilidades relativas à função executiva – começa a se desligar, o que deixa as partes mais primitivas do cérebro no comando. Isso limita sua capacidade de desenvolver o pensamento lógico de alto nível e o coloca em um modo reativo que limita seu leque de respostas possíveis. Se você se der conta de que está se desligando fisicamente, deve voltar-se a uma postura mais centrada e acolhedora: verticalmente alinhada, ombros retos, braços abertos. Isso irá ajudá-lo a recuperar a clareza, a concentração e a consideração necessárias para resolver problemas difíceis.

Todos nós somos mais propensos a nos sentir envolvidos e a seguir uma pessoa quando ela está presente conosco, física e mentalmente. Uma das grandes razões para isso é que essa presença é o alicerce para a criação de relacionamentos de confiança.

PRESENÇA E CONFIANÇA

Em quem você confiaria mais: em alguém que o encara diretamente nos olhos e se mostra completamente presente quando está com você ou em alguém cuja atenção está dispersa? A resposta é óbvia. Fundamentalmente, estamos mais inclinados a confiar em pessoas que se fazem presentes diante de nós.

A presença é um alicerce da confiança. E a confiança une indivíduos; une funcionários e líderes. Ela nos dá um senso de segurança e de significado e contribui bastante para nossa sensação geral de felicidade. A confiança é um fator de peso no senso de propósito, no envolvimento e no desempenho de um funcionário.

A mente do líder extraordinário

Paul J. Zak, professor de Economia, Psicologia e Administração da Universidade de Claremont e diretor fundador do Centro de Estudos Neuroeconômicos, passou dez anos estudando o papel da confiança no desempenho organizacional. Ele descobriu que, comparativamente a pessoas empregadas em companhias de baixa confiança, pessoas empregadas em companhias de alta confiança relatavam 74% menos estresse, 106% mais energia no trabalho, 50% a mais de produtividade, 76% a mais de envolvimento, 60% a mais de satisfação profissional, 70% a mais de alinhamento com o propósito da respectiva companhia, 29% mais satisfação com as próprias vidas, 40% menos esgotamento e 13% menos dias de licença médica.[140] A importância da confiança no ambiente de trabalho não deve ser subestimada.

A organização Great Place to Work e a revista *Fortune* produzem anualmente uma lista das "100 melhores companhias para se trabalhar", na qual a confiança está presente em dois terços dos critérios. A pesquisa mostra que a confiança entre gestores e funcionários é a característica básica de um "ambiente de trabalho entre os melhores". E esse senso de confiança reflete no resultado financeiro de cada companhia. Essas empresas apresentam um rendimento três vezes superior à média do rendimento anual do S&P 500. De modo similar, o grupo de advocacia Trust Across America acompanha o desempenho das companhias de capital aberto e descobriu que as empresas mais confiáveis também tiveram um desempenho melhor no S&P 500.[141]

Liderança com atenção plena

Diversos CEOs reconhecem que a confiança é uma questão central na mente de seus funcionários. A edição de 2016 da pesquisa anual da PwC com CEOs mostrou que 55% dos CEOs consideram a falta de confiança uma ameaça ao seu crescimento organizacional. Em 2014, apenas dois anos antes, esse número era de 37%.[142] Compare esse número aos resultados da pesquisa internacional anual de 2017 do Edelman Trust Barometer (barômetro de confiança Edelman), que descobriu que 63% dos funcionários diziam que a credibilidade dos CEOs era "nenhuma" ou "parcial".[143] De maneira similar, a pesquisa *Trust in the Workplace* da Ernst & Young descobriu que apenas 46% dos empregados confiam em seu empregador.[144]

Confiança importa. Para os negócios e para a liderança.

Quando temos uma relação de confiança com nossos colegas, não precisamos convencer os outros de nossas intenções. E em uma cultura organizacional com confiança, muito da burocracia e da politicagem pode ser evitado. Inclusive, estudos mostram que a confiança afeta o desenvolvimento econômico e social ao possibilitar um melhor funcionamento das organizações.[145] A confiança contorna muitos processos inconscientes e culturais e nos permite fazer as coisas mais rapidamente. Parafraseando Anish Melwani, CEO da LVMH Moët Hennessy Louis Vuitton Inc. da América do Norte, a confiança é a moeda de troca da influência. Se queremos convencer um colega ou uma equipe a fazer algo, sua confiança em nós é o que faz isso acontecer.

A mente do líder extraordinário

E, é claro, o inverso também é verdade. Quando há um baixo nível de confiança, ocorre o oposto. Nós criamos mecanismos de controle e aumentamos a burocracia em níveis individuais, organizacionais e sociais. Todos esses mecanismos tornam as interações mais lentas e reduzem a produtividade. Em um nível interpessoal, o impacto da baixa confiança é mais sutil, mas ainda mais prejudicial à velocidade de se fazer as coisas. Um estudo extenso na Google confirmou esse fato. Por três anos, a Google estudou 180 de suas equipes internas para descobrir o ingrediente secreto das equipes de alto desempenho. Como uma companhia que se concentra em contratar os mais inteligentes entre os inteligentes, as pessoas na Google estavam certas de que o ingrediente comum das equipes bem-sucedidas seria pura e simplesmente a capacidade cognitiva. Em outras palavras, elas acreditavam que as equipes que tinham as pessoas mais inteligentes também seriam as de melhor desempenho.

Mas elas estavam erradas.

Os pesquisadores descobriram que *quem* estava na equipe importava menos do que *como* os membros da equipe interagiam.[146] A presença, a confiança e um senso de segurança psicológica se revelaram determinantes fundamentais para o desempenho das equipes. A pesquisa concluiu que as equipes com alto nível de confiança geravam mais receita para a empresa, eram classificadas como "eficazes" por seus líderes com o dobro da frequência e tinham uma taxa de permanência muito melhor.

Liderança com atenção plena

Como líder, você tem um grande impacto no nível de confiança de suas equipes. Se você tem integridade e as pessoas sabem quais são os seus princípios, a confiança aumenta coletivamente. Você precisa ser autêntico. Contudo, e isso é igualmente importante, a confiança começa no modo como você demonstra confiar nos outros. John Hansen, um vice-presidente sênior no LEGO Group, tem um princípio norteador para cultivar a confiança de seu pessoal: "Quando interajo com meus colegas, sempre confio que eles têm as melhores intenções. Decido jamais cogitar que o oposto possa ser o caso." John emprestou essa abordagem de um líder com quem trabalhara e que sempre confiara nele plenamente. "Era libertador e motivador. Eu sentia que ele me apoiava e que eu tinha a liberdade para resolver problemas e para fracassar, sem ser alvo de julgamentos. A abordagem dele me deu o espaço para que eu aprendesse e me tornasse o que sou hoje." A confiança começa com sua confiança nos seus funcionários e com sua habilidade de estar plenamente presente quando demonstra essa confiança neles.

DICAS E REFLEXÕES BREVES

- Reflita sobre sua experiência com sua "voz interior"; considere como ela muitas vezes o impede de ficar mais plenamente presente diante de outras pessoas.
- Considere o que significa para você liderar com uma presença de atenção plena; comprometa-se a tentar pelo menos uma estratégia para trazer mais presença à sua liderança.

A mente do líder extraordinário

- Comprometa-se a encontrar maneiras de se conectar com os membros de sua equipe e com as pessoas na sua organização; quando estiver com elas, faça com que esses momentos tenham importância.
- Considere o que a presença encarnada significa para você e como melhorar sua presença física – postura, espaço e posicionamento – pode ser benéfico para sua liderança.
- Reflita sobre o nível de confiança de seu ambiente de trabalho e, mais especificamente, sobre a confiança que as pessoas têm em você; comprometa-se a fazer algo que aprimore a confiança e crie mais segurança psicológica.

8
Liderança altruísta

O filósofo chinês Lao-Tsé escreveu: "Um líder está em sua melhor forma quando as pessoas mal sabem que ele existe; quando seu trabalho for feito, sua meta cumprida, elas dirão: 'Nós fizemos por conta própria'".[147] A liderança altruísta consiste em ser invisível, em reconhecer que ela não se resume a você. Consiste em compreender fundamentalmente que seu sucesso se baseia na sua habilidade de desenvolver o potencial de sua equipe.

A liderança altruísta exige comedimento. Exige que você evite gerenciar minuciosamente pessoas e processos. A inação pode ser a ação mais poderosa para um líder altruísta. Isso não quer dizer que líderes altruístas não fazem nada. Claro, o papel de um líder é fornecer visão, estratégia, direcionamento e orientação. Mas, para líderes altruístas, isso é feito de uma forma muito diferente daquela adotada em gestões tradicionais verticalizadas e baseadas no poder.

A mente do líder extraordinário

A liderança altruísta começa com a habilidade de se estar plenamente presente com seu pessoal e de se cultivar um ambiente de confiança. Em outras palavras: começa com o sólido alicerce da atenção plena – o "M" de *"mindfulness"* da liderança MSC. Com uma base de atenção plena, um líder altruísta pode orientar e influenciar pessoas ao lhes fornecer experiência e conhecimento. A liderança altruísta consiste em ter a sabedoria para fazer com que seus funcionários se desenvolvam e cresçam de modo que possam brilhar e prosperar com seu apoio. Trata-se de se tornar um líder verdadeiramente possibilitador, que ajuda seus funcionários a ter um desempenho que não seria obtido apenas por meio do direcionamento e do gerenciamento.

Como líderes, precisamos superar o desafio do fluxo constante de atividades e manter nossas metas principais em mente. Precisamos abandonar a nossa tendência natural de agir efetivamente como administradores e passar para o estado de líderes inspiradores e envolventes. Se tentarmos nos envolver em cada detalhe, prejudicamos o bom andamento das coisas. Em vez disso, precisamos agir como catalisadores para o fluxo da energia. Fazemos isso ao permitir que os outros realizem seus trabalhos e ao propiciar o desenvolvimento de um senso de significado e de propósito.

Neste capítulo, explicaremos o que queremos dizer com "liderança altruísta" e exploraremos alguns dos benefícios que ela oferece. Em seguida, examinaremos alguns dos obstáculos para a liderança altruísta. Por fim, veremos as qualidades mais importantes que você pode desenvolver para liderar sua equipe de forma mais altruísta... e mais eficaz.

ESTAR A SERVIÇO

Shimon Peres, ex-presidente de Israel, disse durante a cerimônia em que foi agraciado com o Prêmio Nobel da Paz: "Os líderes se perderam; a liderança é uma posição de serviço, não de domínio." Como exploramos no capítulo 4, o poder proporcionado pela liderança pode alimentar nosso ego. Se falharmos em administrá-lo, o ego pode tomar o controle, e com isso nossa liderança passa a restringir-se a nós mesmos, em vez de estender-se às pessoas e à organização que fomos escolhidos para servir. Como líderes, estar a serviço é nosso verdadeiro poder. E a liderança de serviço é a aplicação natural da liderança altruísta. Ela vem do conhecimento de que o importante da liderança não somos nós, mas sim servir as pessoas e as organizações que lideramos.

Robert Greenleaf, ex-executivo da AT&T e autor de *Servant Leadership* ("Liderança de serviço"), faz uma distinção entre poder legítimo e poder hierárquico. O poder legítimo é aquele que os outros oferecem a você e se baseia no que você oferece a eles. O poder legítimo é conquistado, não concedido, e fica frequentemente nas mãos de outras pessoas na organização além dos líderes formais. O poder legítimo é diferente dos poderes hierárquicos ou autoritários que tenham sido criados por uma posição ou título. Do ponto de vista de Greenleaf, esse poder legítimo vem da ação de servir os outros.[148] A noção de liderança *de serviço* pode induzir um pouco ao erro, pois sugere que seu papel é servir sua equipe. Alternativamente, a liderança altruísta se trata de estar a serviço, em oposição a ser simplesmente um serviçal. Isso inclui estar a serviço de si mesmo, de modo a se estabelecerem limites efetivos. Se líderes se concentrarem exclusivamente em servir todos os demais, eles não serão capazes de cuidar de si mesmos. E isso significa que não estarão aptos a servir ninguém adequadamente. Da mesma forma, se um líder coloca necessidades individuais acima das necessidades da empresa, todos sofrerão, porque o desempenho da empresa decairá. Nesse sentido, a liderança altruísta exige que você faça mais do que estar a serviço de seu pessoal. Ela exige equilíbrio e perspectiva para se compreender a melhor forma de estar a serviço de seu pessoal em um contexto mais amplo.

Estar a serviço significa apresentar-se a todo momento com uma intenção de apoiar seus funcionários e sua organização da melhor forma possível. Ted Kezios, líder global de benefícios da Cisco, reúne-se com cada membro de sua equipe semanalmente e pergunta: "Como posso ajudá-lo a fazer seu trabalho?". Para Ted, estar a serviço pode incluir orientar pessoas sobre como tratar uma questão desafiadora ou ajudá-las a transpor obstáculos. Mas estar a serviço também pode se tratar de oferecer-lhe um retorno crítico que auxilie o seu desenvolvimento.

A ARaymond, uma tradicional companhia industrial francesa, não é exatamente o tipo de empresa que normalmente

Liderança altruísta

adota uma orientação de liderança altruísta. Em 2008, quando a crise financeira atingiu o mercado, o CEO Antoine Raymond se deu conta de que a lealdade e o envolvimento de seu pessoal eram os recursos mais importantes para a sobrevivência do negócio. "Um empreendimento é feito de gente", ele nos disse. "E o sucesso do empreendimento depende do envolvimento das pessoas. Todo e qualquer papel é importante. Todos merecem respeito. Então, investimos no treinamento de nosso pessoal em liderança de serviço, comunicação não violenta e atenção plena. Isso nos ajudou a criar uma rede de relações colaborativa e uma empresa baseada em significância. Essas intenções são compartilhadas por 100% das pessoas na empresa."

Antoine percebeu que a interconexão, o senso de significado, o envolvimento e a lealdade genuínos não são cultivados por meio da liderança baseada em hierarquia, mas colocando-se as pessoas em primeiro lugar. Como resultado disso, de 2008 em diante, a ARaymond investiu no treinamento de todos os líderes para que aplicassem a liderança altruísta e ficassem a serviço de seus subordinados, mudando a cultura e envolvendo de verdade sua força de trabalho internacional.

De modo similar, John Cheh, CEO do Esquel Group, uma empresa com 57 mil funcionários sediada na China que é a maior produtora do mundo de camisetas de algodão, vê o altruísmo como a chave para criar harmonia. A harmonia organizacional é um mantra para ele, tanto na companhia quanto nas comunidades servidas por ela. Para John, a harmonia deveria ser um

A mente do líder extraordinário

objetivo central para qualquer companhia: "Eu vejo um modelo econômico emergente que rejeita o pressuposto de que o capitalismo e o serviço altruísta sejam mutuamente excludentes. A realidade é que muitas das maiores organizações do mundo descobriram que, quanto mais deixamos de lado nossas motivações egoístas, maior a harmonia em nossas organizações. E quanto maior a harmonia, mais bem-sucedidos nos tornamos. Isso deixa claro, pelo menos para mim, que serviço e altruísmo levarão a negócios mais lucrativos e produtivos."

Ter um senso de harmonia garante que as pessoas dentro da organização estejam felizes e encontrem significado em seu trabalho. Com esse senso de significado, elas se tornam mais produtivas. De certa forma, a liderança altruísta cria um círculo virtuoso, oferecendo benefícios aos líderes, aos empregados e à organização como um todo.

Uma manifestação clara da determinação de John em criar harmonia: no Esquel Group, a renda dos funcionários varia de acordo com o aumento na produtividade. "Nós investimos em tecnologias que aumentam a produtividade e a renda dos funcionários. Isso não apenas cria um aumento na coesão social e no envolvimento como também contribui para a sociedade como um todo ao se incrementar a riqueza da comunidade."

Pesquisas mostram que a desigualdade financeira pode prejudicar o crescimento econômico, reduzir a lealdade e sufocar a confiança.[149] Reduzir a desigualdade de renda cria respeito mútuo entre liderança e funcionários. Se os líderes não inspiram

Liderança altruísta

respeito – tampouco o poder legítimo que vem com ele –, os empregados não mostrarão envolvimento e produtividade. Sendo assim, John vê a liderança altruísta como mais do que uma responsabilidade moral: é algo imperativo para os negócios.

Em nossa pesquisa, o altruísmo era considerado uma das qualidades mais importantes na liderança. Quando as coisas não se resumem ao líder individual, as pessoas têm mais confiança, sentem-se mais interconectadas e envolvem-se mais. Após entrevistar 1,5 mil trabalhadores na Austrália, na China, na Alemanha, na Índia, no México e nos Estados Unidos, o grupo de pesquisa Catalyst descobriu que a liderança altruísta melhora substancialmente o envolvimento das pessoas. Mais especificamente, a pesquisa mostrou que, com a liderança altruísta, o senso de "pertencer a algo maior" das pessoas se tornava 25% maior; o senso de reconhecimento por suas contribuições únicas, mais de 30% maior e o seu comportamento de cidadão, 27% maior.[150]

Esses números provam uma questão importante: o altruísmo não é só uma filosofia bacana, ele traz resultados para os negócios.

Mas, como você perceberá em breve, desenvolver uma abordagem de liderança altruísta não é fácil.

OBSTÁCULOS PARA A LIDERANÇA ALTRUÍSTA

Poucos líderes voluntariamente diriam: "A liderança se resume a mim." Porém, na prática, muitos líderes agem de forma egoísta e a partir de motivações pessoais. No capítulo 4, explicamos que isso não ocorre porque eles são más pessoas. Na verdade, na maioria das vezes, os líderes são boas pessoas fazendo seu melhor para ajudar suas organizações a alcançarem o sucesso. Em vez de maldade, a tendência de agir de forma egoísta está enraizada em dois desafios fundamentais da mente: o primeiro é nosso ego motivado pelo medo; o segundo, nossa habilidade limitada de compreender o quanto, de fato, somos interconectados.

Ego e medo

O altruísmo na liderança faz sentido na teoria, mas pode ser difícil. Quando abrimos mão de um senso de individualidade forte – quando damos às pessoas mais liberdade, quando as elogiamos, quando assumimos a culpa por algo –, nosso ego sofre. O ego se alimenta de reconhecimento, elogios, influência e fama. Quando não recebe esses estímulos, ele se recolhe. Mas não se deixa recolher sem antes resistir. A resistência geralmente se manifesta como medo.

O medo é um grande obstáculo quando se trata de trazer o altruísmo para a liderança. O medo de passar despercebido. O medo de não ser reconhecido. O medo de não ter sucesso. Na superfície, esses medos podem se manifestar como uma tensão física ou mental sutil. Mas, quando analisados, muitas vezes pode-se rastrear a sua origem até um medo existencial profundo desencadeado pela seguinte pergunta: "E se eu não tiver sucesso?". Essa pergunta pode consciente ou inconscientemente levar a mente a questionamentos maiores: "Se eu não tiver sucesso, meu chefe pode ficar infeliz comigo, minha empresa pode me demitir, minha família vai me abandonar, vou acabar na sarjeta... sozinho, pobre e infeliz."

A questão é que o medo pode fazer nossa mente amplificar ansiedades pequenas e transformá-las em medos existenciais profundos.

Para superar essa tendência, Michael Rennie, líder global de prática organizacional da McKinsey & Company, tem um ritual antes de cada evento de grande importância. Ele relaxa por um momento, permitindo que o medo apareça. Ele o observa com aceitação, deixando que ele exista. Conforme aceita a presença do medo, sem reagir a ele ou suprimi-lo, o medo gradualmente perde seu poder sobre sua mente. Dessa forma, uma consciência imparcial sobre o medo o neutraliza. Depois de um certo tempo, repetir esse exercício desmontará até o medo existencial mais profundo.

Interconectividade

Uma das ilusões mais poderosas que temos é a de achar que somos seres independentes e capazes de criar nossa própria realidade, tomar nossas próprias decisões e determinar nosso próprio destino. A verdade é que tudo isso é ficção. Nenhum de nós é capaz de sobreviver por conta própria. Pare por um momento para considerar uma única fruta que você tenha saboreado nos últimos dias. Pense em como aquela fruta chegou à sua mão. Pense no agricultor que plantou e regou as sementes. Na pessoa que a colheu quando estava madura. No inspetor que garantiu que ela era segura para se comer. No transportador que a entregou para o mercado. No funcionário que a colocou na bancada de frutas e até mesmo no caixa que aceitou seu pagamento pela fruta. E é só uma fruta. Essa mesma cadeia de eventos – essa interconexão – se aplica a tudo ao nosso redor.

Assim, ressalta-se uma verdade importante: não importa o quanto pensemos que somos independentes, sobrevivemos graças a várias pessoas visíveis e invisíveis.

E isso só pra falar da nossa sobrevivência física.

Agora, considere seu trabalho, sua carreira, seu sucesso. Claro, você pode reconhecer o mentor que o orientou. E esperamos que reconheça as pessoas na sua equipe e outros colegas dos quais seu trabalho depende. Mas nossa interdependência vai muito além das contribuições individuais que podemos determinar. Assim como no caso da fruta, tudo que fazemos depende de outros. Mas se não tivermos trabalhado para recolher nosso ego, talvez continuemos envolvidos pela ilusão de que somos os únicos arquitetos de nosso sucesso. Nada poderia estar mais longe da verdade. Nós não sobreviveríamos e não teríamos sucesso se não fossem todas as entidades visíveis e invisíveis que nos apoiam de milhões de maneiras às quais raramente somos gratos.

Considere por um momento todas as coisas que você tem para sobreviver e ter sucesso. Nós sobrevivemos e prosperamos graças à nossa habilidade de trabalharmos juntos, de colaborarmos e cooperarmos para apoiar uns aos outros.

Embora você possa pensar que compreende esse conceito racionalmente, é mais provável que ainda tenha um ego de tamanho razoável querendo gritar: "Mas olhe tudo o que eu fui capaz de realizar!". É um argumento justo. Você não seria um líder se não tivesse obtido várias conquistas. Mas pensar que alcançou todas elas por conta própria limita seu potencial de liderança por impedi-lo de cultivar o melhor dos outros. E, sim, outras pessoas podem não perceber o quanto você fez ou faz para elas, e podem não lhe dar o devido crédito. Mas esse é o princípio central do altruísmo: você não busca reconhecimento e crédito. Dessa forma, a liderança altruísta vai contra a abordagem tradicional da liderança de cima para baixo e fornece melhores oportunidades para que as pessoas aprendam, se desenvolvam e se aperfeiçoem.

CULTIVE SEUS FUNCIONÁRIOS

O altruísmo na liderança inclui o comprometimento inegociável de ajudar seus funcionários a crescer. E não apenas alocando recursos para treinamentos, mas também lhes transmitindo seus saberes e melhores intenções. Isso se aplica mesmo que, como resultado, sua ajuda os torne mais inteligentes e mais capazes do que você.

Morgan Tan, presidente em Honk Kong da multinacional de cosméticos Shiseido, percebeu que seus 25 anos no ramo lhe deram uma posição única para transmitir experiência a seu pessoal. Ela tornou o desenvolvimento de funcionários seu principal propósito como líder. Morgan reconhece que consegue um impacto exponencial ao transmitir sua experiência em vez de tentar fazer tudo por conta própria. "Em minha experiência, liderança eficaz de verdade se trata de ter a capacidade de alternar controladamente entre ser uma mentora e uma treinadora", ela nos disse. "Isso dá a funcionários menos experientes retorno, sabedoria e apoio valiosos, ao mesmo tempo que transmite sabedoria e conhecimento institucional." Nesse sentido, Morgan se enxerga menos como uma líder e mais como uma pessoa que molda e ajuda a desenvolver os demais. A abordagem de mentor para a liderança a transformou mais em uma catalisadora do que em uma administradora. Esse estilo de liderança situa o sucesso organizacional nas outras pessoas que trabalham com ela, e não exclusivamente em si mesma.

Morgan constantemente busca oportunidades para colocar seus funcionários sob o holofote, em vez de si mesma. Ela busca o reconhecimento e o crédito que possam ser transmitidos, em vez de tomá-los para si. Essa abordagem oferece dois benefícios claros. Primeiro: com a atenção sobre si mesma reduzida, ela mantém a perspectiva sobre o que importa. Segundo, e mais importante: a enorme satisfação que ela sente em ver seu pessoal crescer, atingir a excelência e brilhar. No longo prazo, esse estilo de liderança prepara os gerentes treinados por Morgan para serem grandes líderes no futuro, tanto na empresa quanto na sociedade como um todo. Desse modo, sua abordagem serve a um propósito muito maior do que apenas o desempenho e o resultado financeiro da companhia.

A liderança altruísta consiste em se agir como um professor, um mentor e um guia. Trata-se de dar aos seus funcionários espaço para que eles floresçam e brilhem. Pense da seguinte maneira: se você preenche totalmente o recinto, eles não têm como ocupar mais espaço. E quando você sair, deixará para trás um enorme vazio. É mais fácil desocupar esse espaço antecipadamente e deixar as pessoas ocuparem-no para você. Pode-se fazer isso por meio da aplicação de ações hábeis... e, em muitos casos, da inação hábil.

(IN)AÇÃO HÁBIL

Em chinês, o ideograma para a palavra "liderança" inclui dois caracteres. O primeiro pode ser traduzido como "liderar", "comandar" ou "direcionar"; o segundo, como "guia" ou "pastor". Reflita por um momento sobre seu estilo de liderança. Quanto tempo você passa mandando em vez de orientando? Qual é o equilíbrio certo?

Serhat Unsal, CEO da Dawn Foods, tem uma resposta clara para essa pergunta: "Em períodos favoráveis, precisamos ser humildes e passar a maior parte de nosso tempo orientando e escutando. Dessa forma, desenvolvemos confiança, aumentamos o envolvimento e cultivamos habilidades. Porém, quando as coisas ficam difíceis, precisamos ser mais incisivos. Nesse momento, precisamos da confiança, do envolvimento e das habilidades que foram encorajados durante os períodos favoráveis." Com o estilo de liderança altruísta, conforme descrito por Serhat, a chave é manter-se majoritariamente em modo de guia e mentor e o mínimo de tempo possível no modo de autoridade. Encontrar o equilíbrio entre os dois estados muitas vezes depende mais das ações que deixamos de tomar do que das que tomamos.

Como líderes, somos impelidos a resolver todos os problemas que cruzam nosso caminho. Foi assim, afinal, que progredimos até a posição de liderança. Mas, quando chegamos a um certo nível, a inação torna-se uma ação importante. Roy Harvey, diretor geral da EA Sports, considera que a melhor forma de resolver alguns problemas é não resolvê-los. Ele explica: "Com alguns problemas, a melhor coisa a se fazer é nada." De acordo com Roy, às vezes a sabedoria se manifesta ao não se tomar uma ação imediata. "A coisa mais fácil de se fazer quando ficamos sabendo de um problema é forçar uma solução imediata. Mas, muitas vezes, quando buscamos uma solução, estamos na verdade olhando para a mesma direção da qual veio o problema. Precisamos, em vez disso, olhar para outra direção. Precisamos olhar para os outros. Precisamos olhar para dentro de nós mesmos. Ou precisamos simplesmente deixar que as coisas tomem seu rumo. A inação nos dá o espaço para realizar isso." Ao longo dos anos, Roy ficou surpreso ao descobrir que muitos problemas se resolvem sozinhos ou se tornam obsoletos se você os deixar intocados por um tempo.

Liderança altruísta

Sempre há uma lista infinita de problemas para resolver e de ações para executar. Sempre há mais coisas a se fazer do que podemos dar conta. Mas, muitas vezes, pode ser mais produtivo não fazer nada. Quando nos permitimos reagir a todo e qualquer problema, arriscamos nos tornar vítimas do vício em agir. Ficamos viciados em estar ocupados, em riscar itens da lista de tarefas. Isso nos dá a sensação de que somos úteis e produtivos. Mas a realidade perversa diz o contrário: por mais que nos sintamos e pareçamos produtivos ao passar o dia freneticamente pulando de tarefa em tarefa, lendo e-mails e enviando mensagens, menos produtivos na verdade somos. É uma ilusão que nos afeta negativamente como líderes, prejudicando também as pessoas que lideramos.

A liderança altruísta envolve a sabedoria de abrirmos mão da ação e, em vez disso, limparmos a mente e realizarmos somente as ações mais importantes. Há maior efeito em mover uma grande rocha por dia do que milhares de pedaços de cascalho. Se ficar soterrado em atividades, você se torna uma vítima do vício em agir, sua atenção fica dispersa e seu trabalho carece de concentração. Nada bom resulta disso, exceto talvez uma grande pilha de cascalho. Mas, como Roy observa, muitos desses problemas se resolverão sozinhos ou sumirão, ou talvez seja melhor que outras pessoas da sua equipe cuidem deles. Com a abordagem e o direcionamento correto, dez funcionários seus podem fazer muito mais do que você faria sozinho. É matemática pura. Em liderança, você precisa ter a coragem de passar pelo desconforto de deixar alguns problemas sem solução. Você precisa ter a paciência e a resistência para evitar reações impulsivas.

Buscar ser altruísta e permitir que sua equipe tome a liderança com orientação em vez de ordens pode criar desafios. Jennifer Woo, CEO e presidente do Lane Crawford Joyce Group, uma empresa de bens de luxo da Ásia avaliada em bilhões de dólares, nos contou como um líder sênior na organização considerava frustrante ela não fornecer diretrizes definitivas. Ele estava acostumado a ter um chefe autoritário lhe dizendo o que fazer. Jennifer continuamente o encorajava a ser mais independente, oferecendo sua orientação quando fosse necessário. Ele não gostava disso, confundia altruísmo com fraqueza e falta de direcionamento.

Nesse quesito, o altruísmo e ideias como a inação parecem atuar contra crenças tradicionais de liderança. Mas, como Jennifer descobriu, nos dias atuais, de constante instabilidade e inovação, precisamos de uma abordagem mais holística e menos linear. Em um mundo instável, líderes devem se libertar da bolha de seus egos e criar um ambiente de trabalho que seja relevante para seus funcionários. Porém, se líderes forem viciados em agir e em gerenciar minuciosamente, todos sofrem. Embora Jennifer tenha enfrentado desafios para ajudar algumas pessoas a entender os benefícios de um estilo de liderança altruísta, ela viu que o esforço valeu a pena no longo prazo. "No começo, algumas pessoas ficam confusas porque evito tomar uma decisão autoritária. Mas logo elas percebem que isso deixa um espaço para que participem e criem sua própria abordagem e seu próprio direcionamento. Inicialmente, é desconfortável para mim e para os outros, mas, quando nos habituamos, é libertador para todos."

ABRA MÃO DO STATUS

A presidente e líder do conselho administrativo da PepsiCo Indra Nooyi teve uma grande lição de liderança no dia em que recebeu a notícia de sua nomeação, em 2001. Como era de se esperar, ela estava bastante empolgada para ir para casa e compartilhar a grande notícia com sua mãe. Mas as coisas não se desenrolaram como ela esperava:

> "Tenho uma ótima notícia para contar", eu disse. Ela respondeu: "A notícia pode esperar. Preciso que você saia para comprar leite." Então, eu saí e comprei o leite. Quando voltei para casa, estava irritadíssima. Disse: "Eu tinha uma ótima notícia pra você. Acabei de ser nomeada presidente da PepsiCo. E tudo que você quer que eu faça é sair e comprar leite." Ela, então, respondeu: "Deixe-me explicar uma coisa: você pode ser presidente da PepsiCo. Mas quando você pisa nesta casa, você é antes de qualuqer coisa uma esposa e uma mãe. Ninguém mais pode assumir esses papéis. Então, deixe sua coroa na garagem.[151]

A lição da mãe de Indra Nooyi é: você pode ter um papel importante, várias responsabilidades, um holerite com

A mente do líder extraordinário

muitos dígitos, uma casa chique e carros caros, mas se você começa a pensar que é especial de verdade, você se torna seu pior inimigo.

Na maioria das culturas corporativas, criamos identidades baseadas no nosso status. Quando entramos em uma sala de reuniões, estamos conscientes de nosso papel e de nosso lugar na hierarquia. Escolhemos, então, nosso assento com base nesses fatores. O líder mais sênior geralmente senta na ponta da mesa, com assistentes ao seu lado. Esse posicionamento geralmente ocorre de forma inconsciente e representa a forma do ego de revalidar seu senso de status e de identidade.

Porém, quando criamos essas identidades, também criamos uma separação entre nós e as pessoas com as quais trabalhamos. Se eu me vejo como alguém com mais status do que a pessoa com quem estou falando, há uma separação. O mesmo ocorre, é claro, se eu me enxergar como alguém de status mais baixo. E a separação nunca colabora para estabelecer uma conexão plena com os outros e ajudar as pessoas a encontrar significado e propósito. Se nós, como líderes, nos identificarmos com nossa superioridade, não seremos capazes de nos conectar de verdade com as pessoas que lideramos. De modo similar, se nos identificarmos muito intensamente com nossa própria organização ao trabalharmos com clientes ou colaboradores externos, criamos outro obstáculo.

Para muitos dos líderes que entrevistamos, as conexões entre as pessoas importam muito mais nos negócios do que qualquer outra coisa. Com décadas de experiência, eles concluíram que sua habilidade para se conectar de verdade com as pessoas é o elemento-chave para a criação de relacionamentos contínuos e duradouros. Para eles, o altruísmo é a chave para se criar esse tipo de relacionamento. A maioria deles descreve a forma como interagem com outras pessoas como "de pessoa para pessoa" – como dois seres humanos semelhantes interagindo em um nível de igualdade –, e não como de líder para subordinado.

Para se despirem do status e do ego, os líderes podem seguir um ritual matinal. Antes de entrar no seu escritório ou no escritório de um cliente, sente-se em seu carro por alguns minutos e reflita sobre sua identidade. Como se descascasse uma cebola, retire as camadas de identidade autocriadas. Abra mão de seu status de liderança. Abra mão de sua identidade como pessoa de negócios, advogado ou consultor. Abra mão de seus sistemas de crença e de aspectos como gênero ou idade. No fim, você será acometido de um senso de presença ágil e concentrado. Essa prática o ajuda a remover separações e a aumentar a unidade. Ajuda-o a se livrar dos obstáculos que o ego geralmente ergue entre nós e as outras pessoas.

Isso não significa que não há lugar na liderança para status e hierarquia. Nosso status de liderança é uma ferramenta importante nos poucos casos em que precisamos fazer uma escolha difícil, tomar uma decisão crítica ou dar uma ordem direta. Nesses casos, nosso status, nosso poder, é crucial para fazer com que as pessoas aceitem nossas escolhas e sigam nossas decisões.

No entanto, esse poder deve ser usado esporadicamente, sempre combinado ao altruísmo e a um interesse genuíno de se ouvir alguma eventual perspectiva divergente.

REPASSE O CRÉDITO, FIQUE COM A CULPA

Wenli Wang, sócia responsável pelo escritório de São Francisco da Moss Adams, uma empresa de contabilidade americana, dedica-se a apoiar o crescimento e o desenvolvimento de seu pessoal e acredita que, às vezes, as pessoas precisam ser colocadas em situações desconfortáveis para progredir. Ela busca, sempre que pode, criar oportunidades de crescimento para membros de sua equipe, para os quais tem uma mensagem muito clara: "Se você tiver sucesso, receberá todo o crédito. Se você falhar, eu ficarei com toda a culpa."

Ela compartilhou conosco a história de um membro na equipe que cometeu um erro. Um erro grande. Erros em qualquer profissão são ruins, mas em uma firma de contabilidade, um equívoco pode ter consequências negativas no longo prazo. Wenli reuniu-se com a pessoa e conversou sobre o que havia ocorrido e o que se podia aprender com o episódio. Não houve punição, apenas uma intenção verdadeira de compreender a situação e ver o que poderia ser feito. Em seguida, ela ligou para o cliente. Wenli o avisou de que ela havia cometido um equívoco e pediu desculpas pelo erro. Ela nos contou como conseguiu encontrar uma solução e reparar o problema para "compensar o cliente". Isso é a liderança altruísta em ação.

Liderança altruísta

Para que sejamos líderes altruístas de verdade, não devemos buscar o crédito por cada sucesso. Como líderes altruístas, também não deveríamos ter medo de assumir a culpa por eventuais falhas. Seguir esse conselho parece simples, mas não é. É difícil. Se evitamos elogios, nosso ego não consegue ganhar o reconhecimento que deseja. E quando a culpa nos atinge, é dolorosa. O fato é que o altruísmo não é fácil. Mas é trabalho dos líderes manter seus egos sob vigilância. Essa é a única maneira por meio da qual seu pessoal pode crescer, prosperar e fazer um excelente trabalho.

Quando criamos um ambiente seguro para falhas – no qual assumimos o peso da culpa –, nossos funcionários podem se arriscar mais e ter mais criatividade. Eles terão um maior senso de confiança e de autonomia, o que leva a um maior comprometimento. Apenas quando eles se sentem confortáveis para fazer experimentos – e fracassar – eles têm como aprender a ter mais sucesso. A IDEO, empresa de design reconhecida mundialmente, cunhou o slogan: "Falhe com frequência pra ter sucesso mais cedo." Com um objetivo similar, a companhia de software de contabilidade Intuit concede prêmios especiais para os melhores fracassos do ano. O cofundador Scott Cook explicou que isso ensina as pessoas a se arriscarem ao buscarem a próxima grande ideia. Criar esse tipo de ambiente seguro começa pelo desenvolvimento de um senso de aceitação radical.

ACEITAÇÃO RADICAL

Um consultor sênior na equipe de Michael Rennie, da McKinsey & Company, compartilhou conosco uma história. Pediram a ele que organizasse uma reunião entre Michael Rennie e o CEO de um dos maiores clientes da McKinsey. Ele contatou o CEO. Reservou o horário na sala de reuniões. Notificou os demais membros da equipe da McKinsey. Conciliou a agenda de todos, encomendou petiscos e cuidou de todos os demais detalhes relevantes. Mas deixou passar um deles: havia esquecido de convidar o próprio Michael.

Na reunião, o CEO esperou impacientemente, mas Michael nunca apareceu.

Após o que pareceu uma eternidade, o CEO se levantou e gritou: "Danem-se todos vocês. Se não querem se reunir comigo, não vou ficar esperando para vê-los." E então deixou a sala irritado.

O consultor imediatamente se deu conta da magnitude de seu erro, e não sabia o que fazer para contá-lo a Michael. Era um cliente grande. Ele havia cometido um erro enorme, que podia significar o fim daquela conta, o fim daquele relacionamento e, quem sabe, talvez o fim de sua carreira.

Quando enfim contou a Michael, o resultado não foi bem o que ele esperava. Para sua surpresa, Michael riu. Não porque Michael não levou a situação a sério; ele levou. Mas aconteceu. E não tinha como reverter. Era o que era. Frustrar-se não resolveria nada nem ajudaria ninguém.

A aceitação radical é a sabedoria de não piorar uma situação já ruim. E o altruísmo nos ajuda a ter aceitação radical, mesmo em situações que sejam, de fato, graves. Com o altruísmo, nosso ego fica limitado, havendo poucos botões para se pressionar. Nós mantemos o ego sob observação, para que ele não nos vença. No caso descrito, o altruísmo permitiu a Michael manter a cabeça desanuviada e concentrada, enxergar o humor da situação e pensar com consideração sobre como cuidar desse erro. Com essa abordagem clara e bem pensada, Michael e o consultor sênior pediram desculpas sinceras ao cliente e o compensaram pelo erro (que não havia sido nada mais que um escorregão inocente). Sem o altruísmo, o ego de Michael o teria levado a sentir raiva e provavelmente a uma reação exagerada de pânico.

É fácil falar em aceitação. É algo que faz sentido na teoria. Mas quando você estiver em meio a uma crise, quando seus indicadores de desempenho em áreas-chave começarem a despencar, quando houver pressão de todos os lados, quando você não estiver tendo horas de sono em quantidade suficiente, só então sua capacidade para a aceitação será testada. Parece difícil... e é. Mas há boas notícias. Todas as qualidades necessárias para a liderança altruísta – humildade, calma e aceitação – podem ser cultivadas com treino.

TREINAMENTO DA LIDERANÇA ALTRUÍSTA

O altruísmo é uma qualidade básica. Não é espiritual. Não é estranha. Não é sequer emocional. É meramente uma avaliação realista sobre si mesmo e seu papel no mundo, e ela pode ser exercitada.

Como qualquer outro treinamento da mente, o altruísmo pode se desenvolver devido à neuroplasticidade, nossa habilidade de desenvolver e fortalecer novos caminhos neurais. Para fortalecer esses caminhos neurais altruístas, tudo que você tem a fazer é sentir um estado de altruísmo e coexistir com esse estado por um breve período, repetindo o processo regularmente. Conforme pratica, seu cérebro sutilmente passa a empregar a qualidade de altruísmo e se reconfigura de acordo. A seguir, temos um exercício prático curto para desenvolver o altruísmo (veja "Treinando a liderança altruísta"). Leva cinco minutos, e é melhor realizá-lo ao final do dia, quando você tiver um momento de silêncio.

Treinando a liderança altruísta

1. Inicie uma contagem regressiva de 5 minutos em um *timer* e assuma uma postura confortável, preferencialmente sentado.

2. Por alguns momentos, preste atenção à sua respiração, enquanto relaxa seu corpo e mente.

3. Agora, pense nas pessoas que tornaram o dia de hoje possível para você, pessoas que:

    - compareceram a reuniões das quais você participou;
    - ajudaram a organizar seus horários;
    - deram sua contribuição a projetos nos quais você está envolvido;

Liderança altruísta

- tornaram possível que você tivesse algo para comer;
- o valorizaram ou expressaram gratidão por você;
- tenham tornado seu dia (ou de qualquer outra pessoa) possível.

4. Considere o quanto você e as outras pessoas estão profundamente interconectados. Graças à existência de outras pessoas, você é capaz de ser quem é e realizar os feitos que realiza.

5. Permita que um senso de humildade realista emerja. Você é apenas uma pequena peça em uma engrenagem interconectada de eventos. O mundo continuará a girar mesmo quando você não estiver mais aqui. A vida seguirá. Sinta essa humildade por um momento.

6. Dedique um momento para ser grato por todos aqueles que contribuem para sua habilidade de viver sua vida da forma que vive. Por um ou dois minutos, apenas fique com um senso de gratidão.

Um forte senso de altruísmo é uma ferramenta poderosa quando lideramos os outros. Quando propriamente compreendida, a liderança altruísta pode aumentar o envolvimento, a lealdade, a criatividade e a felicidade. Cultivar esse poder exige que você esteja a serviço de seus funcionários e sua organização. Porém, o altruísmo é mais do que apenas uma palavra ou uma intenção. Ele precisa se manifestar em ações tangíveis que melhoram o modo como as pessoas são tratadas e valorizadas dentro de uma empresa. E isso só pode acontecer quando nós, como líderes, aprendemos a controlar nossos egos, a criar ambientes seguros e a fomentar a aceitação radical.

A mente do líder extraordinário

DICAS E REFLEXÕES BREVES

- Comprometa-se a praticar o treino de altruísmo regularmente.
- Reflita sobre o que "estar a serviço" significa para você; considere uma maneira tangível de se tornar alguém que esteja mais a serviço de seus funcionários.
- Na próxima vez que um conflito emergir, pare por um momento e se pergunte: de que forma o meu ego pode estar no caminho? Considere outras formas de enxergar ou vivenciar a situação.
- Ao final de cada dia, dedique-se a refletir brevemente sobre a contribuição de alguém que o tenha ajudado a alcançar o seu sucesso; mande uma nota de gratidão a essa pessoa.
- Comprometa-se a fazer algo para apoiar o desenvolvimento e o crescimento de seu pessoal por meio da aplicação deliberada de mais altruísmo em sua liderança.

9

Liderança compassiva

Em 2016, John Stumpf, então CEO da Wells Fargo, apresentou-se ao congresso dos Estados Unidos para prestar esclarecimentos referentes a um escândalo gigantesco. Por mais de quatro horas, Stumpf foi bombardeado por perguntas que buscavam esclarecer por que o banco que ele liderava, então avaliado em 1,8 trilhão de dólares, havia criado 2 milhões de contas falsas e, depois que isso foi descoberto, demitido 5,3 mil funcionários para redirecionar a culpa. Os registros do depoimento são chocantes, mas também um estudo de caso ilustrativo sobre como líderes podem ser corrompidos pelo poder.

Já mencionamos a tendência que o poder tem, segundo as estatísticas, de fazer com que líderes demonstrem menos

A mente do líder extraordinário

consideração e se tornem mais rudes e antiéticos. Os estudos realizados nessa área por pesquisadores como Dacher Keltner, professor da Universidade da Califórnia em Berkeley, são conclusivos.[152] Mas ainda mais preocupante é que a neurociência parece ter descoberto que o poder, se não for bem manejado, altera estruturalmente o cérebro, deixando líderes com um déficit de empatia e uma inabilidade de se colocar no lugar dos outros.

A presença de Stumpf no congresso americano era a derrocada de um homem que havia chegado ao topo do banco mais valioso do mundo... e perdido totalmente a habilidade de ter compaixão por outras pessoas. Embora suas ações tenham levado 5,3 mil pessoas a perderem seus empregos, ele parecia incapaz de reconhecer o sofrimento que isso causara. Sim, ele pediu desculpas. Mas não pareceu sentir remorso. Em vez disso, ele parecia um pouco surpreso com a situação toda, como se não entendesse de fato o motivo de tanta comoção.

O comportamento de John Stumpf pode ser explicado pela pesquisa do neurocientista Sukhvinder Obhi, da Universidade McMaster, no Canadá. Em seu estudo, Obhi colocou pessoas com variados níveis de poder sob uma máquina de estimulação magnética transcraniana que media a atividade de seus neurônios espelho, responsáveis pela função neurológica que indica a capacidade de compreender e se associar a outras pessoas.[153] Ele chegou à interessante descoberta de que o poder debilita a atividade de nossos neurônios espelho. Em outras palavras: o poder desmonta nossa habilidade de compreender as emoções e perspectivas dos outros. Obhi concluiu o seguinte: "Há uma abundância de anedotas sobre o trabalhador do chão de fábrica cuja existência o chefe desconhece, ou sobre o assistente de vendas júnior cujo nome é sempre esquecido pelo gerente regional, que além disso age em reuniões como se ele fosse invisível. Talvez o padrão de atividade dentro do sistema de ressonância motora que observamos neste estudo possa começar a explicar como esses eventos ocorrem e, de forma mais geral, destacar a tendência dos poderosos de negligenciar os sem poder."[154] O poder nos desconecta do mundo e nos deixa em nossa própria bolha até mesmo em um nível neurológico.

Em 2009, o neurologista e membro do parlamento britânico David Owen publicou um artigo na revista acadêmica *Brain* intitulado "Hubris Syndrome: An Acquired Personality Disorder?" ("Síndrome da soberba: um transtorno de personalidade adquirido?"), que descreve o mesmo problema. Owen definiu a síndrome da soberba como um "transtorno de posse de poder, particularmente de poder que tenha sido associado a um sucesso gigantesco e mantido por anos".[155]

Um CEO que entrevistamos falou sobre esse problema abertamente. Por mais de uma década, ele havia sido CEO de uma grande marca multinacional de bens de consumo. Durante esse período, ele percebeu que seu emprego havia prejudicado sua empatia. A constante pressão, a atividade intelectual de ditar uma estratégia e a necessidade de tomar decisões difíceis com implicações severas para outros fizeram com que

A mente do líder extraordinário

ele inconscientemente retraísse seu envolvimento emocional. Ele percebeu isso em relação aos seus colegas, amigos e até filhos. A empatia era antes uma característica dominante em sua personalidade. Ele sabia institivamente como as outras pessoas se sentiam e naturalmente demonstrava sua preocupação com os sentimentos delas. Mas, nos últimos anos, percebeu que a empatia simplesmente não era mais parte de seu pensamento ou comportamento. Ele foi franco em relação a isso, mas também demonstrou remorso.

Ao longo de nossas entrevistas, ouvimos diferentes versões dessa história várias vezes. Não é que o poder faz com que as pessoas busquem menos empatia. Trata-se simplesmente de uma resposta mental resultante da necessidade de se lidar com grandes responsabilidades e imensa pressão. Essa necessidade pode reconfigurar nosso cérebro para que nos desconectemos do hábito de nos importar com os outros. Mas não precisa ser assim. Não deveria ser assim. Essa reconfiguração pode ser evitada... e também pode ser revertida. A compaixão é o caminho para isso.

Ao desenvolver e treinar nossa compaixão, podemos combater a perda de empatia que resulta da posse de poder. Igualmente importante é o fato de que a compaixão é a chave que permite que estabeleçamos conexões verdadeiramente humanas com nossos funcionários. Isso resulta em oportunidades para que as pessoas adquiram um senso de significado mais profundo, contribuindo para a sua felicidade.

Liderança compassiva

Entre os mais de mil líderes que entrevistamos, 91% disseram que a compaixão é muito importante para a liderança e 80% afirmaram que gostariam de aprimorar a própria compaixão, mas não sabiam como. A compaixão é claramente uma habilidade negligenciada no treinamento de liderança.

Este capítulo explora as qualidades da compaixão, como ela e a sabedoria andam de mãos dadas, como você pode se tornar um líder mais compassivo e como treinar sua mente para aumentar a compaixão. Comecemos explorando uma compreensão mais ampla de compaixão.

COMPAIXÃO NA LIDERANÇA

A compaixão é a habilidade de se colocar no lugar dos outros e, ao fazer isso, entender melhor os desafios da pessoa e como ajudá-la. É a intenção de contribuir para a felicidade e o bem-estar dos outros. Com os numerosos desafios que a força de trabalho atual encara, a compaixão tem se tornado cada vez mais importante e reconhecida como um aspecto essencial da liderança.

Historicamente, a compaixão não era promovida como uma das qualidades que compunham a pedra fundamental da liderança. Muitos a viam como uma habilidade secundária, que não era adequada para líderes. Pensava-se que a compaixão fazia-nos parecer fracos e excessivamente emotivos.

Antes de mergulharmos nos aspectos mais práticos da compaixão, vamos primeiro esclarecer alguns conceitos equivocados

A mente do líder extraordinário

sobre o termo. A compaixão é dura, não é delicada nem sutil. Em ambientes empresariais desafiadores, a compaixão exige força e coragem. Ela é uma intenção que não necessariamente muda suas ações; em vez disso, ela muda a forma como você conduz suas ações. Pense na diferença entre demitir alguém por compaixão e por frustração. Uma forma é construtiva, a outra pode resultar em uma experiência cruel. E não se engane: demitir alguém pode ser compassivo se a decisão for feita com a intenção de ajudar a pessoa a aprender e a florescer no próximo emprego.

Em uma pesquisa realizada pela professora Shimul Melwani, da Escola de Negócios Kenan-Flagler da Universidade da Carolina do Norte, constatou-se que líderes compassivos são vistos como melhores e mais fortes.[156] Em outras palavras: se você ousar ser compassivo, parecerá mais forte, terá níveis de envolvimento elevados e as pessoas estarão mais dispostas a segui-lo.

Quando nós, como líderes, valorizamos a felicidade de nossos funcionários, eles se sentem estimados, respeitados. E isso faz com que se tornem envolvidos e interconectados de verdade. Não é por acaso que as organizações com líderes mais compassivos têm conexões mais fortes entre as pessoas, colaborações de maior qualidade, mais confiança, um comprometimento mais forte com a organização e uma menor rotatividade.[157]

Resumindo: a compaixão é central para uma liderança eficaz.

QUALIDADES DA COMPAIXÃO

A compaixão é uma palavra que define a intenção de beneficiar os outros. Mas, dentro dessa intenção, residem quatro características distintas, que, juntas, compõem o significado por trás da palavra "compaixão". A primeira qualidade é desejar que os outros sejam felizes. A segunda é desejar aliviar o sofrimento alheio. A terceira é a alegria em ver os outros alcançando o sucesso. E a quarta é a habilidade de enxergar todos os demais com igualdade.

Essas quatro qualidades estão intimamente conectadas; elas potencializam e sustentam umas às outras mutuamente. A sessão a seguir explica cada uma delas e mostra como podem ser usadas na liderança de pessoas e na estratégia organizacional.

Desejar felicidade aos outros

Anos atrás, Narendra Mulani, da Accenture, descobriu a verdade não dita relevante para todo e qualquer líder: todas as pessoas desejam ser felizes e evitar problemas, e nisso são todas iguais. Narendra concluiu que, se pudesse ajudar seu pessoal a ser feliz, ele não apenas faria a coisa certa como também ajudaria seus funcionários a realizar o seu desejo mais básico. Narendra começou a enxergar suas equipes globais como uma extensão de sua família. Ajudá-las a encontrar sua felicidade tornou-se uma responsabilidade de sua liderança para ele. Por meio dessa abordagem, ele cultivou uma lealdade mais forte, aumentou a taxa de permanência no emprego e melhorou o desempenho geral.

A mente do líder extraordinário

Narendra inicialmente teve dificuldade com a aparente desarmonia entre a compaixão e ações mais duras, mas necessárias. No entanto, com o tempo, ele descobriu que retornos rígidos, por mais severos que parecessem, podiam ser realizados com a motivação clara de beneficiar a pessoa que os recebesse. "Para as pessoas, isso é a vida delas", ele explicou para nós. "Você precisa tomar as decisões certas para os negócios, mas é necessário garantir que as pessoas entendam os motivos. Não vou economizar palavras. Elas precisam ouvir o que tenho a lhes dizer; precisam entender e absorver o que for dito. Preciso dizer a elas os motivos daquele retorno. Mas também preciso dizer no que precisam melhorar e como podem se aprimorar, ou apontar para elas uma direção melhor." Dessa forma, a compaixão consiste na motivação por trás da ação. Retornos difíceis podem ser úteis e construtivos para uma pessoa quando oferecidos com compaixão, mas podem diminuí-la e desvalorizá-la se realizados com raiva ou despeito.

Quando desenvolvemos uma motivação saudável e positiva para o que fazemos, isso muda nossas ações e comportamentos. Narendra aprendeu que a motivação pode ter um papel significativo mesmo quando se trata de uma situação difícil, como a demissão de um colaborador. Ao tornar a compaixão sua motivação, a dinâmica da conversa mudou, tanto para ele quanto para a pessoa que ele estava dispensando. E, na maioria das vezes, apesar da natureza difícil da conversa, a compaixão ajudou-o a obter melhores resultados.

Narendra descobriu que essa epifania também se aplicava a seus clientes: reconhecer o seu desejo de serem bem-sucedidos e felizes o motivava a se fazer presente com compaixão. Como resultado, ele se tornou melhor em escutar e compreender suas necessidades, e isso o ajudou a criar soluções melhores. Hoje ele tem o hábito de realizar uma pausa antes de uma reunião e se perguntar o que faria aquele cliente em particular feliz e o que de fato beneficiaria a organização em questão. Em vez de conferir mensagens de texto e e-mails recém-recebidos, ele para por um momento e se faz a seguinte pergunta: "Como eu posso ajudar essa pessoa e essa organização a terem sucesso e felicidade?".

Qual foi a última vez que você se perguntou como poderia trazer felicidade às pessoas que lidera ou aos clientes que serve? Como você acha que isso mudaria suas interações com eles?

Desejar aliviar o sofrimento

A segunda característica da compaixão é o desejo de aliviar o sofrimento dos outros. Equilibrar o zelo por um indivíduo com o zelo pela organização é uma parte difícil da liderança: os dois objetivos nem sempre andam de mãos dadas. E, sem zelo, eles podem permanecer diametralmente opostos. Como parte do seu trabalho, você precisa dizer às pessoas quando elas não estão fazendo um bom trabalho. Você precisa demitir pessoas em prol de objetivos maiores. Às vezes, pessoas são sacrificadas para permitir o avanço da organização.

Em tempos difíceis, quando ocorrem demissões em massa, líderes arriscam tornar-se insensíveis ao sofrimento dos indivíduos. Quando a crise financeira de 2008 atingiu a empresa de contabilidade Moss Adams, o então COO (e atual CEO) Chris Schmidt se viu diante de um desafio. Ou a firma fazia cortes significativos ou poderia entrar em colapso financeiro. A decisão era óbvia, embora difícil de tomar. Como Chris nos explicou, a pergunta que ele e seus colegas se fizeram foi: "Como podemos fazer isso de uma forma que cause o mínimo de dor às pessoas que sairão, assim como às pessoas que ficarão?". Como empresa, eles ofereceram aos demitidos indenizações generosas e recomendações que facilitassem sua recolocação no mercado de trabalho. Essa abordagem compassiva permitiu que Chris permanecesse humano, em contato consigo mesmo e presente e autêntico com sua equipe.

Quando você toma decisões que afetam os outros negativamente, como se sente? Na próxima vez que isso acontecer, tente desenvolver a compaixão pelas pessoas envolvidas em sua atitude e sua intenção. Verifique, em seguida, como isso altera a dinâmica da experiência.

Deleitar-se com o sucesso alheio

A alegria de celebrar o sucesso dos outros é uma ualidade de liderança de valor inestimável. E, ainda assim, apesar de nossas melhores intenções, nosso ego muitas vezes nos impede de celebrar conquistas alheias. Mas líderes não são capazes de sobreviver por contra própria; eles não podem supor que terão todas as melhores ideias ou descobrirão as melhores estratégias sozinhos. Eles precisam de colaboração, de trabalho em equipe. Para obter o melhor do que os outros têm a oferecer, os líderes precisam desenvolver uma motivação genuína para apoiar e celebrar o sucesso de seus funcionários.

A Marriott tem essa motivação e essa prática integradas a todos os elementos de sua cultura. Na empresa, não há empregados, apenas colaboradores, mais de 400 mil deles. O avanço na carreira recebe forte atenção na Marriott. Muitos executivos de alto escalão e gestores de propriedades começaram como garçons ou estagiários na recepção. Há um sistema elaborado para acompanhar e orientar o aprendizado das pessoas, apoiá-las e treiná-las para promoções. A Marriott deseja de verdade ver seus colaboradores tendo sucesso no trabalho e na vida. Por causa desse apoio, ela está presente, todos os anos, na lista da *Fortune* de "melhores companhias para se trabalhar", desde que a lista foi criada.

O CEO da Marriott, Arne Sorenson, passa cerca de 200 dias por ano em viagem, visitando colaboradores nos hotéis. Ele não apenas comparace a breves encontros, mas caminha pela propriedade e conhece colaboradores na recepção, na cozinha ou nos diversos andares do hotel. Seu objetivo é ouvir o que eles pensam; entender o trabalho deles, ouvir suas preocupações e louvar seu sucesso. A Marriott tem uma filosofia de negócios simples: "Se cuidarmos de nossos colaboradores, eles cuidarão de nossos hóspedes, e o negócio tomará conta de si mesmo."

Quando se trata de compaixão, Arne não se limita a palavras, ele transforma em ação o que diz. Após o atentado terrorista de 11 de setembro de 2001, quando a indústria de viagens internacionais despencou e a Marriott passou de uma taxa de ocupação de 75% para 5%, ele dispensou a exigência mínima de 30 horas semanais para o recebimento de benefícios e de assistência médica. Isso conteve as preocupações dos colaboradores e permitiu que eles se concentrassem em seu trabalho em vez de temer pelo futuro. Arne enxerga essa cultura como crucial para a estratégia geral da companhia. A cultura que ele e sua equipe de liderança criaram resulta em lealdade, que leva à permanência, que leva ao melhor serviço, que leva a uma melhor experiência para os clientes, que leva ao lucro. Os dados internos da Marriott mostram que propriedades que têm alta pontuação em envolvimento dos colaboradores apresentam melhores resultados financeiros.

Como no caso da Marriott, o desejo de ver os outros obtendo sucesso é uma estratégia forte e sensata. De que forma você e seu negócio poderiam se beneficiar caso se adotasse essa estratégia e houvesse mais alegria pelo sucesso dos outros?

Ver os outros com igualdade

Mark Tercek, ex-diretor administrativo do Goldman Sachs e atual CEO da Nature Conservancy, criou uma onda de choque no mundo ambientalista quando anunciou uma parceria com a Dow Chemical Company. Mark acredita que, quando somos apaixonados por ideias, mas enfrentamos forças opositoras, muitas vezes partimos para a agressão ou rejeição. "É muito fácil tratar como vilões pessoas ou grupos que você enxerga como contrários a uma questão. É fácil enxergá-los como vis ou moralmente suspeitos." Mas essa abordagem leva à polarização, uma situação na qual a colaboração e a comunicação são abandonadas.

Um elemento central da compaixão inclui a habilidade de enxergar os outros de fato com igualdade. É se dar conta de que todos somos iguais em nosso desejo de sermos felizes e de não sofrermos. Com essa compreensão vem uma ausência de preferência de que uma pessoa seja mais feliz do que outra. Quando você enxerga a todos com igualdade, aqueles que lhe dão problemas são valorizados da mesma forma que as pessoas que você ama. Pode parecer que isso é pedir demais, mas, como líder, essa é uma qualidade fundamental de se incorporar. Significa apoiar a diversidade e a inclusão e colocar as necessidades da organização acima de preferências pessoais.

Enxergar os outros com igualdade permite que sejamos mais abertos, que encontremos algo em comum em vez de nos fixarmos em opiniões opostas. Mark considera que ver os outros com igualdade permitiu-lhe desmontar sua própria rejeição automática das organizações e pessoas que pareciam contrárias a suas crenças ou objetivos. Permitiu que ele encontrasse semelhanças entre as partes e se abrisse a colaborações construtivas.

A mente do líder extraordinário

Ao aceitar uma parceria com uma das maiores corporações da indústria química, a Nature Conservancy pôde influenciar a agenda ambiental daquela organização de formas profundas.

Mark foi acusado de indiferença e de não ter valores, mas ver os outros com igualdade é completamente distinto de mostrar-se indiferente. É algo que vem de uma mente desanuviada e da compreensão clara da realidade como ela é. Lutar contra coisas na vida das quais não gostamos apenas nos marginalizará.

Em sua configuração padrão, a mente humana categoriza nossas experiências em três grupos: coisas das quais gostamos, coisas das quais desgostamos e coisas a respeito das quais somos neutros. Da reação de gostar, vêm o desejo e o anseio. Da neutralidade, vem a indiferença. Da reação de desgosto, vêm a aversão e a rejeição. Ver os outros com igualdade desconstrói todo esse esquema de categorização e permite que realizemos escolhas mais objetivas e ponderadas.

Todas as quatro qualidades da compaixão são poderosas e têm aplicações claras na liderança. Para desenvolver melhor cada uma delas, incluímos práticas de treino para cada uma no apêndice B. Mas, antes de avançarmos, há uma questão importante a se considerar: há momentos em que a compaixão é mal-empregada na liderança? Fizemos essa pergunta centenas de vezes em nossas entrevistas com executivos e a resposta foi clara: a compaixão é sempre importante, mas deve ser combinada com sabedoria e um juízo sensato.

COMPAIXÃO SÁBIA

Ter compaixão não significa que você está sempre tentando agradar as pessoas dando-lhes o que querem. Como mencionado no capítulo 1, para garantir que tomemos decisões sensatas que beneficiem o contexto maior, a compaixão precisa ser complementada pela sabedoria. A compaixão e a sabedoria juntas podem criar uma estrutura de liderança clara, conforme ilustrado na matriz da compaixão que introduzimos no capítulo 1 (Figura 9-1).

Figura 9-1: A matriz da compaixão

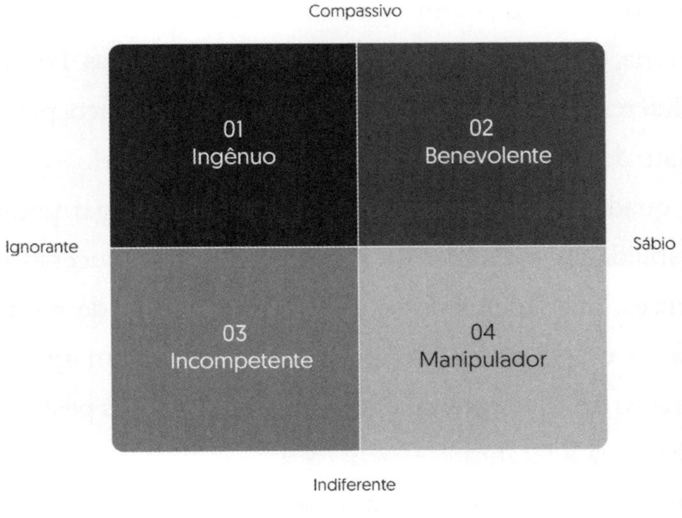

Compassivo

01 Ingênuo	02 Benevolente
03 Incompetente	04 Manipulador

Ignorante — Sábio

Indiferente

O quadrante superior esquerdo representa um estado no qual temos compaixão, mas não conseguimos discernir o impacto de nossas ações. Como resultado, arriscamos prestar um desserviço à causa que pretendemos apoiar. Pessoas e organizações concentradas exclusivamente na compaixão se arriscam a agir com ingenuidade e a cometer equívocos causados por suas boas intenções.

O quadrante superior direito representa a combinação bem-sucedida de compaixão e sabedoria. É a compaixão construtiva. Nós agimos para beneficiar os outros ao mesmo tempo que discernimos atenciosamente o impacto de nossas ações. Líderes como os mencionados anteriormente neste capítulo operam nesse quadrante, equilibrando a compaixão com uma concentração hábil no sucesso organizacional.

A falta de compaixão e de sabedoria está presente no quadrante inferior esquerdo. Sem compaixão, somos indiferentes. Sem sabedoria, é improvável que realizemos muitas coisas. Pouquíssimos líderes e organizações se encontram nesse espaço, pelo simples fato de que o seu sucesso seria quase impossível.

O quadrante inferior direito também é um lugar perigoso. As habilidades e a *expertise* necessárias para o sucesso estão presentes, mas líderes nesse quadrante carecem de intenções saudáveis e podem ser manipuladores. Eles podem apresentar resultados no curto prazo, mas, no longo prazo, as pessoas não seguirão sua liderança.

Pare por um momento para considerar em que quadrante da matriz você se colocaria. E onde você colocaria os líderes de sua organização mais próximos a você?

Examinamos as qualidades necessárias para que sejamos líderes compassivos e como equilibrar a compaixão com a sabedoria. Agora, vamos examinar mais de perto como nos tornar de fato líderes compassivos.

TORNE-SE UM LÍDER COMPASSIVO

Quando temos atenção plena, nos lembramos de liderar com compaixão. Quando temos altruísmo, pensamos menos em nós mesmos e mais nos outros. Com a atenção plena e o altruísmo como alicerces, podemos treinar para aumentar nosso nível de compaixão espontânea. Quanto mais tempo dedicamos a treinar nossa mente em compaixão com o exercício no final deste capítulo e aqueles presentes no apêndice B, mais nossos cérebros se reconfigurarão para a compaixão espontânea.

No entanto, embora a compaixão nos beneficie como líderes, além de beneficiar nossos funcionários e nossas organizações, nem sempre é fácil mantê-la. Na pesquisa sobre liderança que conduzimos para este livro, perguntamos a líderes quais obstáculos enfrentavam para se tornarem compassivos. Os maiores culpados eram a carga de trabalho, as demandas dos outros e as prioridades conflitantes. Em outras palavras, o excesso de obrigações torna difícil abrir espaço para a compaixão no trabalho diário. Outras pesquisas corroboram o que observamos. Um estudo do Instituto Brain Mind – parte da Faculté des Sciences de la Vie da École Polytechnique Fédérale de Lausanne – mostrou que quanto mais pressão sentimos, menos prestamos atenção às necessidades e emoções dos outros.[158]

Em outras palavras, quando estamos ocupados demais, nossa atenção permanece em nossa cabeça e não em nosso coração. O ideograma chinês para a palavra atribuição ilustra isso: ele é composto de dois caracteres, um significa "matar" e o outro, "coração". Quando ficamos ocupados demais, perdemos nosso coração. E, na vida da maioria dos líderes, lidar com esse estado é um verdadeiro desafio. Mas é possível superá-lo.

A bússola da compaixão

Há um provérbio chinês que diz: "não há caminho para a compaixão, a compaixão é o caminho". Trazer a compaixão a qualquer interação que você tiver e se perguntar como pode beneficiar os outros é o caminho da compaixão. É a neuroplasticidade em ação.

A compaixão é algo que criamos ao aplicá-la a todas as interações que temos. Dessa forma, ela pode se tornar a bússola que orienta suas intenções, sua atenção e suas ações. Sempre que você interagir com alguém, pergunte a si mesmo: "Como eu posso ser útil para essa pessoa?". Pergunte-se isso toda vez que se encontrar com clientes, acionistas, colegas, familiares ou amigos. Permita que esse seja um mantra que conduz suas intenções, momento a momento, reunião após reunião.

John Chambers, ex-CEO da Cisco, sabia que a compaixão era mais do que a coisa certa a fazer; era algo que tinha um efeito positivo em sua organização. Ele montou um sistema para garantir que fosse informado dentro de 48 horas sobre qualquer funcionário, em qualquer lugar do mundo, que tivesse sofrido uma perda severa ou estivesse com uma doença grave. Após ser notificado, ele escrevia uma carta pessoalmente e oferecia seu apoio àquela pessoa. Dessa forma, ele criava, de cima para baixo, uma valorização da compaixão e do zelo humano por toda a companhia. Esse tipo de compaixão pode ser considerado um "egoísmo sábio".

Egoísmo sábio

A compaixão é um egoísmo sábio porque quando somos gentis com os outros ficamos mais felizes.[159] A compaixão é um dos fatores que mais contribui para nosso próprio bem-estar. É uma vitória para todos, não importa sob qual ângulo você enxergue. Se quiser que *outras pessoas* sejam felizes, demonstre compaixão. Se quer que *você* seja feliz, demonstre compaixão.

A compaixão também é o antídoto para estados mentais negativos e especialmente para a emoção mais destrutiva ao nosso bem-estar e nossa saúde: a raiva. A raiva leva a um maior risco de incidentes cardíacos, a um risco mais elevado de doenças sérias e, estatisticamente, a uma maior taxa de mortalidade.[160] A raiva pode ser comparada a segurar um pedaço de brasa com a mão. Ela o machuca, mas não à pessoa pela qual você sente raiva.

Entretanto, lidar com a raiva pode ser delicado. Entrevistamos um diretor sênior de uma empresa multinacional de serviços profissionais que nos contou como a raiva o acometeu quando estava com um cliente importante. O cliente, chefe de

Estado de um país importante, começou a primeira reunião criticando incondicionalmente a firma do diretor sênior. Em vez de se manter calmo e construtivo, ele caiu na armadilha da justa indignação; uma ação da qual ele se arrepende até hoje. O diretor sênior acabou discutindo com o chefe de Estado e, como resultado, perdeu o contrato.

Embora dar vazão à raiva possa ser satisfatório no momento, isso é uma armadilha. Ela estreita a nossa perspectiva da realidade e faz com que nos concentremos de forma limitada na sua causa. Quando isso acontece, perdemos a visão do contexto maior. Nossas mentes ficam literalmente distorcidas.[161] Não é necessário dizer que essa não é uma boa situação de quando devemos tomar decisões importantes.

A compaixão é o antídoto direto da raiva e da justa indignação. Quanto mais você treina para aumentar sua compaixão, menos espaço haverá para a raiva. Por quê? Porque você não tem como manter ambos em mente ao mesmo tempo.

TREINAMENTO DA COMPAIXÃO

A compaixão pode ser treinada por meio de uma série de práticas comprovadas pelo tempo. Pesquisas mostram que apenas alguns minutos diários de prática ajudarão seu cérebro a se reconfigurar para ter mais compaixão. Com o treinamento regular, você poderá sentir mais emoções positivas, aumento na atenção plena, um senso de propósito mais forte e um aumento da sua felicidade.[162] Observou-se também que o treinamento da compaixão altera significativamente as redes neurais de nosso cérebro, de forma que reagimos ao sofrimento alheio com compaixão espontânea em vez de angústia e desespero.[163]

As quatro qualidades da compaixão podem ser treinadas individualmente – veja instruções para isso no apêndice B –, mas também podem ser treinadas todas de uma vez só por meio de uma prática unificada chamada dar e tomar, ou *Tonglen*, em tibetano. Ela é simples, mas poderosa, e foi praticada por milhares de anos, tendo sido passada de geração a geração na China, Índia, Japão e Tibete.

Resumindo, a prática envolve lembrar de uma pessoa com a qual você se importa que esteja passando por um período difícil e visualizar que você lhe oferece compaixão e a liberta dos problemas. Você pode realizar esse exercício em um minuto ou pelo tempo que quiser. Segue uma prática de *Tonglen* curta para você tentar.

Prática Tonglen

1. Inicie uma contagem regressiva de 4 minutos em um *timer*.
2. Sente-se de forma confortável e relaxada; em seguida, concentre a atenção em sua respiração por um momento e deixe sua mente se acomodar.
3. Quando estiver centrado, lembre-se de uma pessoa querida, alguém que esteja passando por desafios no momento.
4. Mantenha-se claramente consciente dos desafios e de como deve ser para a pessoa em seu pensamento passar por eles.

5. A cada expiração, imagine que você exala tudo de que essa pessoa precisa: calor, força e compaixão. Solte com a respiração tudo o que for positivo e imagine que isso entra na outra pessoa.

6. Enquanto você continua a exalar compaixão a cada expiração, a cada inspiração, imagine que retira todo sofrimento, dor, arrependimento e mágoa da pessoa, mas sem tomá-los para si. Imagine que está simplesmente removendo a dor da pessoa.

7. Quando estiver pronto, deixe a imagem da pessoa e retorne sua atenção à sua respiração.

8. Quando estiver pronto, encerre a prática.

Você pode realizar essa prática como meditação, dedicando-lhe alguns minutos, ou como uma microprática onde quer que você esteja: no escritório, em casa ou na estrada. Quando entrar em uma reunião ou passar por alguém no escritório, perceba a expressão no rosto da pessoa. Nossos rostos carregam qualquer dor, mágoa e arrependimento que eventualmente estejamos sentindo. Atente para esses sentimentos. Quando notá-los, transmita compaixão para a pessoa em uma expiração e imagine que tira dela a dor em uma inspiração. Tente algumas vezes e veja como isso muda seu estado mental e suas ações.

Todos queremos ser felizes. Todos queremos fazer bem aos outros. Toda vez que você fizer esse exercício, mesmo que por alguns segundos, você se conectará a suas melhores e mais profundas características humanas. Você se conectará de verdade a si mesmo e aos outros.

DICAS E REFLEXÕES BREVES

- Comprometa-se a praticar a compaixão conforme apresentado anteriormente.
- Faça da compaixão a bússola de suas intenções em relação a qualquer pessoa com a qual interagir; para qualquer interação, pergunte-se como você pode beneficiar ou ser útil para a pessoa com quem está.
- Comprometa-se a adotar uma aplicação prática de compaixão em sua liderança, visando aumentar a felicidade genuína, reduzir sofrimentos desnecessários, celebrar sucessos alheios ou ver os outros com igualdade.
- Considere em qual quadrante da matriz da compaixão você se encontra e em qual gostaria de estar; pense em algo que possa fazer para se mover nessa direção e comprometa-se a fazê-lo.
- Reflita sobre o que o egoísmo sábio significa para você e em que situações você gostaria de ser orientado por ele.

PARTE TRÊS

Entenda e lidere sua organização

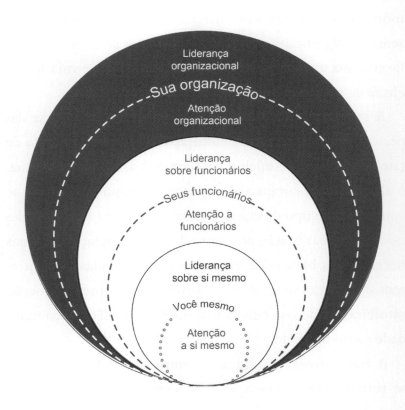

A mente do líder extraordinário

A mente cria nosso comportamento. Nosso comportamento molda as pessoas que lideramos. As pessoas que lideramos criam as culturas de nossa organização e, dessa forma, determinam o desempenho dela.

Encontrar senso de propósito, felicidade ou envolvimento pode ser difícil quando se trabalha em uma organização que vê os empregados como meras ferramentas para o lucro. As organizações precisam, em vez disso, se voltar às pessoas. Isso exige a criação de uma cultura organizacional que satisfaça motivadores humanos intrínsecos, como interconectividade, senso de significado e felicidade. Importar-se com pessoas e fazer disso uma estratégia de negócio central é uma forma eficaz de melhorar o desempenho coletivo.

A maioria das organizações fala sobre a importância das pessoas, mas poucas criam culturas em que as pessoas são de fato vistas como o núcleo da companhia. A atenção plena, o altruísmo e a compaixão são aspectos importantes para se construir esse tipo de cultura. Com a liderança MSC estabelecida, as pessoas ficarão no centro de sua organização e as suas necessidades básicas de estarem interconectadas, encontrarem significado, se sentirem valorizadas e serem felizes serão satisfeitas. Tudo isso beneficiará sua organização e a comunidade como um todo.

A transformação cultural da empresa, no sentido de ela se tornar uma organização mais centrada nas pessoas, começa pelas equipes de liderança, que devem incorporar essa mudança. Trata-se de ação, não de palavras. Essa transformação inclui a modelagem dos comportamentos desejados e a revalidação de práticas, políticas e procedimentos de trabalho que os alinhem às novas formas de trabalho.

Na parte 3, exploraremos como comportamentos de liderança plenamente atenciosos, altruístas e compassivos são cruciais para criar e sustentar uma organização verdadeiramente voltada para as pessoas. Como nas partes anteriores, isso começa com um capítulo sobre compreender sua organização. Ao mostrar o impacto que a cultura organizacional exerce sobre os resultados organizacionais, esse capítulo considera o que nós, como líderes, podemos fazer para desenvolver culturas que estimulem o envolvimento, criem mais senso de significado e aumentem a interconectividade e a felicidade. O capítulo 11 prossegue mostrando como criar uma cultura de atenção plena e aumentar a concentração organizacional. Em seguida, o capítulo 12 examina como difundir uma cultura mais altruísta e reduzir divisões e hierarquias contraproducentes. Por fim, o capítulo 13 explora como inserir a compaixão em sua cultura, fazendo com que as pessoas se sintam bem-cuidadas, respeitadas e valorizadas como parte do grupo organizacional.

10

Entenda sua organização

Uma afirmação famosa de Peter Drucker é: "A cultura devora estratégias no café da manhã." E é verdade. A cultura molda organizações de maneira similar ao modo como o pensamento molda comportamentos. Culturas não são visíveis, mas poderosas. Se, como líderes, queremos guiar nossas organizações rumo ao sucesso, precisamos entender sua cultura e como influenciá-la.

A cultura, por mais intangível que pareça, é mais resistente que as paredes da sede de qualquer companhia. A cultura é criada, mantida e expressa pelas várias mentes que compõem uma organização, qual seja ela. Você pode demolir um escritório e construir um novo em um mês. Mas não é possível mudar uma cultura com essa mesma rapidez. Você pode projetar um escritório para que ele fique exatamente do jeito que gosta, mas não consegue projetar uma cultura que seja exatamente como você quer. Você pode ser dono de um imóvel, mas não pode ser dono de uma cultura. E se você mudar sua organização para um imóvel novo, o ambiente será diferente, mas a cultura permanecerá a mesma. Considere as pesquisas que indicam que 90% de todas iniciativas voltadas a mudanças organizacionais falham porque a cultura organizacional não é tão levada em conta quanto deveria ser.

Uma cultura é criada pelas pessoas que a povoam. É estratificada por suas mentes, em camadas de emoções, valores e princípios. Conforme discutimos no capítulo 2, na maioria das vezes, essas emoções, valores e princípios existem em um nível abaixo de nossa percepção. Não somos capazes de vê-los. E, quase sempre, não fazemos ideia de que estamos sendo influenciados por eles. Consequentemente, todos nós moldamos a cultura da qual fazemos parte, mas, muitas vezes, o fazemos com valores e comportamentos dos quais não temos ciência.

Ao mesmo tempo, somos moldados pelas culturas que nos rodeiam. Somos muito mais influenciados pelas pessoas ao nosso redor do que supomos. Pesquisadores descobriram que a cultura da qual fazemos parte molda as estruturas e as funções de nosso cérebro.[165] Viver em países de cultura ocidental, como os países europeus, Estados Unidos e Austrália, faz com que nossos cérebros sejam mais individualistas e encaremos as

A mente do líder extraordinário

interações de negócios como mais separadas ou compartimentalizadas. Por outro lado, viver em culturas do leste asiático faz com que nossos cérebros sejam mais coletivistas e processemos as informações de forma mais inclusiva.[166] Essa forte relação recíproca – do indivíduo simultaneamente moldando e sendo moldado pela cultura – ocorre porque somos seres sociais, constantemente determinados a identificar sinais sociais e a ajustar nosso comportamento de acordo com eles.

Como líderes, a responsabilidade de moldar a cultura organizacional repousa sobre nossos ombros, pois os cérebros das pessoas estão configurados para detectar e respeitar hierarquias.[167] Os cérebros humanos buscam compreender onde nos encaixamos nas estruturas sociais e seguir aqueles que parecem dominantes ou no comando para obterem orientação sobre como devemos nos comportar. Como observado pelo autor Daniel Goleman, embora todos tenham a habilidade de influenciar uma cultura, "são as ações e os comportamentos do líder que importam mais porque todos estão de olho no chefe".[168]

Na verdade, ser um líder é uma responsabilidade muito maior do que a maioria de nós supõe. Por meio de nosso comportamento, exercemos um impacto poderoso sobre uma das culturas mais predominantes na vida de muitas pessoas. Como a maioria de nós passa muito mais tempo no trabalho do que em outros ambientes – e como somos seres sociais altamente influenciados por aqueles ao nosso redor –, o que ocorre no trabalho influencia quase todos os aspectos de nossa existência.

O fato é que a cultura importa. Por causa dessa verdade, como líderes, temos a responsabilidade de moldar a cultura de maneiras benéficas à organização e às pessoas que trabalham nela. Este capítulo mostra como a cultura rege as organizações e como nós, como líderes, podemos influenciá-la. Também mostra por que colocar pessoas no centro de sua estratégia e criar uma cultura verdadeiramente humana é importante para o desempenho organizacional.

INFLUENCIANDO A CULTURA ORGANIZACIONAL

Edgar Schein, professor da Escola de Administração Sloan, do MIT, é amplamente reconhecido por sua pesquisa sobre cultura organizacional e liderança. Schein identificou três níveis da cultura em organizações: artefatos visíveis, valores e crenças anunciados e valores e crenças invisíveis e inconscientes. Schein defende que os líderes são a fonte principal das culturas organizacionais devido à sua capacidade de influenciar os valores e as crenças invisíveis e inconscientes mais difíceis de detectar, definir ou controlar. Por causa disso, ele acredita que a responsabilidade dos líderes deveria ser: compreender como as culturas são criadas e influenciá-las de maneiras que sejam benéficas para a organização.

Para a maioria dos líderes, esse processo começa com o estabelecimento de uma série de valores essenciais. Geralmente, esses valores representam os ideais mais elevados mediante os quais líderes gostariam de influenciar os comportamentos e funções de indivíduos no trabalho. É necessário que as pessoas saibam quais são os valores de uma companhia para que possam determinar se seus valores estão alinhados a eles. Também é importante que líderes sejam capazes de articular quais comportamentos estão alinhados a valores desejados e quais não estão, de modo que possam ajudar a moldar comportamentos individuais que se alinhem ao todo coletivo.

Seria maravilhoso se influenciar a cultura fosse tão fácil quanto criar uma série de valores desejados e então deixar a cultura tomar forma por conta própria. Se assim fosse, a maioria das organizações seria um ótimo lugar para trabalhar, com altos níveis de envolvimento e confiança. Valores corporativos declarados publicamente são universalmente positivos e bastante similares. De acordo com um estudo feito por James Archer, os 20 valores corporativos mais comuns são: integridade, respeito, inovação, trabalho em equipe, excelência, foco no consumidor, confiança, diversidade, prestação de contas, transparência, qualidade, honestidade, paixão, segurança, comunidade, serviço, colaboração, responsabilidade, pessoas e comprometimento.[170] Se todas as organizações seguissem esses valores... bem, não teríamos tantos problemas com empregados infelizes e índices de desenvolvimento despencando. Influenciar a cultura organizacional vai muito além de articular uma série de valores e pregá-los na parede.

Muito frequentemente, líderes fracassam na missão de conectar valores anunciados à realidade do ambiente de trabalho.

Entenda sua organização

A razão mais comum para esse fracasso é o desconhecimento, por parte da maioria dos líderes, das realidades da vida cotidiana na organização. Em vez disso, eles operam no piloto automático habitual, vendo o que querem ver e esperando que palavras simples consertem problemas complexos. Essa incongruência também ocorre porque os valores anunciados são inconsistentes com outros objetivos. Considere o caso do Wells Fargo, que proclama valorizar a "ética" e fazer "o que é certo para os clientes". Mas, apesar disso, em 2016, mais de cinco mil funcionários foram demitidos quando descobriu-se que, devido à alta pressão para atingir cotas, eles criaram mais de dois milhões de contas falsas e cobraram pelo menos 2,6 milhões de dólares em taxas de clientes desavisados. Ou considere a Volkswagen, que declara como valor ser "responsável pelas pessoas, pela economia, pela sociedade e pelo meio ambiente". Todavia, em setembro de 2015, a agência de proteção ambiental dos Estados Unidos descobriu que a empresa programara intencionalmente seus motores a diesel limpos para ativar certos controladores de emissão apenas durante testes em laboratório, incorrendo assim em fraude tanto contra os órgãos reguladores quanto contra os consumidores.

Em ambos os casos, podemos dizer com segurança que os indivíduos estavam conscientemente operando contra valores declarados. Mas, em muitos outros casos, as pessoas operam com as melhores intenções, e mesmo assim os valores da organização conflitam com as ações de seus funcionários. Veja o caso da United Airlines, que almeja oferecer a seus clientes *"friendly skies"* ("céus amigáveis"). No começo de 2017, milhões de pessoas assistiram a um vídeo publicado na internet em que um segurança da companhia arrastava pelo avião um passageiro de 69 anos, machucado e ensanguentado, em obediência a procedimentos preestabelecidos para voos em que houvesse *overbooking*. Em retrospecto, é fácil ver como essa política poderia levar a resultados indesejados; mas é claro que, ao criá-la, os líderes não consideraram as possíveis consequências negativas.

Embora talvez seja fácil acreditar que os casos do Wells Fargo, da Volkswagen e da United Airlines são extremos, eles não são. Declarações de valores são frequentemente transformadas em pôsteres atrativos e colocadas em websites, mas nem sempre são detectáveis em operações diárias ou no modo como pessoas são recompensadas, no modo como políticas e procedimentos são estabelecidos ou no modo como decisões são tomadas.

Embora seja desafiador estabelecer uma cultura que esteja alinhada aos valores essenciais e que crie um senso de envolvimento e propósito mais forte, não é tão complexo como pode parecer.

É só colocar seu pessoal em primeiro lugar.

A CULTURA VOLTADA PARA AS PESSOAS

Como exploramos ao longo deste livro, seres humanos são neurologicamente motivados pelo desejo de se sentirem interconectados e valorizados. Como passamos muito tempo no

Entenda sua organização

trabalho, a maioria de nós procura satisfazer esses desejos básicos por propósito e interconexão no trabalho. Essas necessidades estão em um lado da equação do envolvimento. Do outro lado, a maioria das organizações fala sobre o quanto valoriza seu pessoal. Em teoria, não deveria haver nenhum problema com o nível de envolvimento: as pessoas querem se sentir valorizadas, e as organizações afirmam valorizar as pessoas.

Embora muitos fatores contribuam para os níveis deploráveis de envolvimento de funcionários, um dos principais reside no que as companhias valorizam de fato. Nas últimas décadas, não são os funcionários. Nem mesmo os clientes. São os acionistas.

O ano de 1976 foi um ponto de virada para companhias de capital aberto. A mudança foi desencadeada pelo artigo "Theory of the Firm" ("Teoria da firma"), publicado no *Journal of Financial Economics*.[171] Ao argumentar que as companhias pertenciam aos seus acionistas acima de tudo e de todos, e respondiam a eles, o artigo deflagrou um movimento contínuo que mudou a percepção geral dos papéis e responsabilidades das corporações na sociedade. A riqueza dos acionistas tornou-se mais importante que a saúde dos funcionários. Essa mudança também exerceu um impacto significativo sobre a sociedade e as empresas. Há dois problemas primários com essa mentalidade de "acionistas em primeiro lugar". O primeiro é uma hegemonia de concentração de benefícios no curto prazo às custas de benefícios no longo prazo. O segundo é uma falta de incentivo à responsabilidade social corporativa.[172] Ambos os problemas tendem a surgir em detrimento dos funcionários em geral e não cultivam culturas voltadas às pessoas.

Uma líder sênior de uma rede de varejo nacional da Austrália compartilhou conosco sua experiência com uma orientação do tipo "acionistas em primeiro lugar". Quando os negócios estavam indo bem, era ótimo ser líder na organização. Mas, quando havia períodos de dificuldade, os acionistas esperavam ganhos no curto prazo. Para obter esses ganhos, a companhia fazia sacrifícios. Funcionários eram demitidos ou colocados sob uma pressão irreal. Quando a riqueza dos acionistas é o principal objetivo das companhias, a tendência é que a gestão lidere visando ganhos no curto prazo. E ganhos no curto prazo muitas vezes ocorrem à custa de pessoas na empresa.

Em *Capitalism at Risk: Rethinking the Role of Business* ("Capitalismo em risco: repensando o papel dos negócios"), os professores da Escola de Negócios de Harvard Joseph Bower, Herman Leonard e Lynn Paine defendem que os conselhos administrativos devem se concentrar na saúde da companhia e não na riqueza dos acionistas.[173] Apenas assim as empresas conseguiriam recuperar a confiança de seus funcionários e, por consequência, obter um desempenho sustentável no longo prazo. Em nosso campo de trabalho e pesquisa, vemos essa tendência ganhando força. Há um movimento lento, mas crescente, entre executivos em direção ao paradigma da concentração na saúde das organizações no longo prazo e da criação de culturas voltadas às pessoas.

As organizações voltadas às pessoas valorizam "pessoas em primeiro lugar" porque são elas que fazem a companhia ter sucesso. A Marriott é um grande exemplo dessa abordagem. Quando você se hospeda em hotéis da rede Marriott, a percepção geral é que as pessoas na companhia gostam de seus trabalhos. Organizações como a Marriott estão cientes de que, quando as pessoas se sentem valorizadas e bem-cuidadas, realizam seu trabalho com uma motivação intrínseca, um senso de significado e um envolvimento mais fortes. Elas fazem aquele esforço a mais simplesmente porque *querem* contribuir com algo que tem significado para elas.

Como examinamos em vários capítulos anteriores, a felicidade genuína vem do senso de propósito, de conexões legítimas com os outros e da habilidade de contribuir com algo. São muitas as organizações que tentam lidar com os desafios da falta de envolvimento e da insatisfação de funcionários oferecendo-lhes gratificações externas, como bônus e aumentos salariais, ambientes de trabalho descolados e comida grátis. Embora esses benefícios sejam agradáveis, eles representam injeções de prazer no curto prazo, não felicidade duradoura. Considere a pesquisa discutida no capítulo 2 que mostrava que pessoas com salários mais altos não são mais felizes que pessoas com salários mais baixos. Se fôssemos motivados apenas por recompensas financeiras, seríamos mais felizes conforme mais dinheiro ganhássemos. Mas não é isso que ocorre. Em vez disso, se nós, como líderes, queremos descobrir formas de resolver os desafios de hoje com o envolvimento profissional, precisamos olhar mais profundamente: precisamos olhar para o que nos motiva e o que motiva nosso pessoal e todos os funcionários em nossa organização.

BASEIE A CULTURA EM MOTIVADORES HUMANOS FUNDAMENTAIS

Para aumentar o envolvimento e a produtividade, nós, como líderes, precisamos nos concentrar nas motivações fundamentais de nosso pessoal. Para criar um envolvimento duradouro, precisamos olhar para os motivadores internos de nossos comportamentos, não apenas para fatores externos, como dinheiro e benefícios. Se liderarmos com o objetivo de ajudar as pessoas a criarem um senso intrínseco de felicidade – um senso de significado, interconectividade e contribuição – em seu trabalho, elas sairão do escritório todo dia com uma sensação de realização pessoal. Se criarmos um ambiente no qual funcionários sentem um senso legítimo de preocupação com o seu bem-estar – um ambiente no qual estejamos plenamente presentes –, eles se tornarão membros de equipe mais dispostos, mais entusiasmados e mais colaborativos. Essas características contrastam fortemente com as de culturas organizacionais em que comumente há atribulação, interações apressadas e pressões competitivas.

É por isso que criar culturas voltadas às pessoas é a resposta mais lógica à atual crise organizacional causada por cada vez menos envolvimento profissional e ampla insatisfação no trabalho. Uma empresa voltada às pessoas resolve esses problemas colocando-as em primeiro lugar. Isso muda a dinâmica de poderes e coloca a responsabilidade pelo envolvimento e pelo senso de significado na companhia, não no funcionário.

A ideia central aqui é: em vez de pensar nas pessoas como recursos da companhia, deve-se reconhecer que elas *são a companhia*.

Isso pode não parecer uma ideia tão radical, mas ela indica um grande desvio da mentalidade administrativa tradicional, que trata as pessoas como engrenagens de uma máquina. Quando as exigências de trabalho eram relativamente simples, os líderes podiam contar funcionários da mesma maneira que contavam ferramentas. Se eles tinham cinco martelos e cinco pessoas para usá-los, podiam calcular o número de produtos fabricados por dia. Embora isso possa ter funcionado no passado, no ambiente mais complexo e competitivo de hoje essa forma de pensar não é suficiente. Trabalhos simples e repetitivos são feitos por máquinas, e tratar trabalhadores intelectuais como ferramentas não os inspirará a criar, inovar e colaborar. Novas ideias não podem ser extraídas ou compradas de funcionários; precisam ser oferecidas de boa vontade. Um senso intrínseco de felicidade, significado e interconexão promove a vontade de inovar.

Que fique claro: essa abordagem voltada às pessoas envolve muito mais do que apenas dizer que "nosso pessoal é nosso recurso mais importante". Muitos líderes já dizem isso, mas colocar as pessoas em primeiro lugar e criar uma cultura na qual seres humanos sejam de fato valorizados é, infelizmente, uma mudança radical em como a maioria das organizações opera. É uma mudança, porém, que precisa acontecer se as organizações querem ter um desempenho sustentável. E é uma mudança que acreditamos ser possível mediante a criação de uma cultura de atenção plena, altruísmo e compaixão.

CRIE UMA CULTURA MSC

Uma mudança verdadeira começa com liderança. Se você, como líder, não faz o que diz, ninguém mais o fará. Isso é particularmente verdadeiro para organizações voltadas às pessoas, e certamente para o desenvolvimento de uma cultura MSC. Criar esse tipo de cultura exige que você, como líder, demonstre claramente os comportamentos descritos neste livro. Dizer que você *quer* ser plenamente atencioso, altruísta e compassivo não é suficiente; você tem que *ser* plenamente atencioso, altruísta e compassivo.

Chris Schmidt, CEO da empresa de contabilidade americana Moss Adams, acredita fervorosamente nos benefícios da atenção plena para si mesmo como líder e para sua organização. Quando introduziu a atenção plena em sua organização, ele começou pelo comitê executivo e pelos sócios administrativos. Para ele, era crucial começar com os líderes antes de se abordar o resto da organização. Isso permitiu que a atenção plena fosse distribuída em efeito cascata da liderança para as várias equipes e divisões interorganizacionais. "Qualquer iniciativa organizacional significativa exige apoio da liderança", ele nos disse. "Se os líderes não se envolvem, é improvável que a organização se torne mais plenamente atenciosa. Além disso, a atenção plena desencadeia várias discussões sobre a cultura de trabalho de uma organização. Como nós lidamos com interrupções? Como diminuímos as distrações em reuniões? Se os líderes não estiverem ativamente envolvidos, as mudanças positivas que podem surgir a partir dessas discussões serão limitadas."

No entanto, Chris descobriu algo que exerce um impacto ainda maior sobre a criação de uma cultura mais plenamente atenciosa. Ele percebeu que precisava ser mais explícito com as pessoas em relação ao modo como usava a atenção plena, momento a momento, para ajudar em seu desempenho e eficácia. Por exemplo: quando um grupo veio a ele com uma questão de difícil resolução, ele disse que antes realizaria uma pausa de atenção plena. "Eu queria assegurá-los de que minha mente estivesse calma e desanuviada antes de responder à sua solicitação", explicou. "Dessa forma, como disse à equipe, minha resposta seria mais ponderada e menos reativa." Ao apresentar a atenção plena em ação, ele se tornou mais apto a demonstrar seus benefícios.

As mudanças de cultura e de valores precisam ser demonstradas, não apenas pregadas à parede.

UMA ORGANIZAÇÃO VERDADEIRAMENTE VOLTADA ÀS PESSOAS

Um grande exemplo de organização que transforma em ação a aspiração de colocar pessoas em primeiro lugar é a Barry-Wehmiller. Com mais de 11 mil funcionários e uma receita de 2,4 bilhões de dólares em 2015, ela é uma fornecedora global de tecnologia e serviços de manufatura muito bem-sucedida. Embora a maioria das empresas meça seu sucesso baseando-se na receita, a liderança da Barry-Wehmiller mede o sucesso com base "na forma como afetamos a vida das pessoas". Sua declaração de missão diz: "Estamos em atividade para que todos os membros de nossa equipe possam ter vidas satisfatórias e com significado."

E isso não é só um *slogan* vazio.

No livro *Everybody Matters* ("Todo mundo importa"), o presidente e CEO Chapman fala sobre como os executivos da Barry-Wehmiller orientam políticas e decisões com base no posicionamento das pessoas em primeiro lugar.[174] Por exemplo: durante a crise financeira de 2008, a receita da Barry-Wehmiller caiu. Enquanto muitas organizações demitiram funcionários para cortar custos, a Barry-Wehmiller escolheu outra abordagem. Chapman se perguntou: "O que uma família que se importa com seus membros faria em tempos difíceis?". A resposta: todos na empresa fizeram um sacrifício para que ninguém sofresse excessivamente. Para ajudar a espalhar a dor, Chapman e sua equipe puseram em prática estratégias de redução de custos, entre elas, um pedido para que todos os funcionários tirassem um mês de recesso não remunerado. Essas medidas garantiram que ninguém perdesse o emprego. Em 2010, a Barry-Wehmiller se recuperou da recessão com uma receita recorde, além de níveis de comprometimento e lealdade sem igual em seu ramo de atuação.

O exemplo da Barry-Wehmiller mostra como funciona uma abordagem de negócios verdadeiramente voltada às pessoas. Quando os objetivos primordiais de negócio incluem ideais como confiança e compaixão, o resultado é o sucesso financeiro. Chapman acredita que é responsabilidade de um líder "criar um ambiente no qual as pessoas possam descobrir seus dons, desenvolvê-los, compartilhá-los e ser reconhecidas por isso, o que cria uma oportunidade para que elas tenham uma vida com mais significado; uma vida de propósito na qual elas se sintam valorizadas e tenham uma chance de ser o que vieram ao mundo para ser".

Uma crença abrangente em cuidar de cada ser humano em sua organização é uma mudança de valores poderosa, que exerce um impacto direto e positivo sobre a cultura da empresa. Tome cuidado, porém, para não confundir essa abordagem voltada às pessoas com leniência. Reconhecer que as pessoas precisam estar no centro da estratégia corporativa não envolve simplesmente ser gentil e bondoso; é algo que fomenta o verdadeiro envolvimento e, portanto, o alto desempenho. Ir contra isso é uma receita para a falta de envolvimento, para a insatisfação e, por fim, para o desempenho abaixo do melhor possível. Pense a respeito. Você quer mesmo que seus clientes sejam servidos por pessoas que não se sentem valorizadas? Você quer que seu equipamento e suas ferramentas sejam manejadas por pessoas que não acreditam que você se importa com elas?

Embora você talvez escolha não ir tão longe quanto a Barry-Wehmiller, se importar com as pessoas é só o ponto de partida para lidar com a insatisfação e a falta de envolvimento organizacionais. É o primeiro passo para criar ambientes de trabalho mais felizes, saudáveis e produtivos. Uma estratégia de negócios verdadeiramente voltada para as pessoas exige olhar rigorosamente para abordagens tradicionais de liderança organizacional. Exige que se repensem os valores, as operações e as políticas organizacionais, além de, é claro, modelos de liderança. Mas quando boas intenções são postas em prática, o aumento do envolvimento, do comprometimento e da inovação beneficiarão sua organização... e todos os envolvidos com ela.

Nos capítulos a seguir, exploraremos como cultivar uma organização mais voltada às pessoas adicionando-se mais atenção plena, altruísmo e compaixão à sua cultura.

DICAS E REFLEXÕES BREVES

- Reflita sobre a cultura da sua organização: você consegue identificar três aspectos que criam obstáculos e impeçam as pessoas de terem seu melhor desempenho?
- Reflita sobre os valores essenciais da sua organização e considere se eles precisam ser reforçados ou reavaliados para que resultem em comportamentos e resultados desejados.

- Considere o quão central as pessoas são para sua estratégia e no que consistiria posicionar as pessoas mais ao centro da estratégia.
- Comprometa-se a fazer algo para fomentar mudanças positivas em sua cultura organizacional, de modo que ela se torne mais voltada às pessoas.
- Considere maneiras de se criar um ambiente de trabalho mais "humano", no qual as pessoas sejam mais capazes de perceber o seu potencial.

11

Lidere rumo a uma organização com atenção plena

Nathan Boaz, diretor administrativo sênior de desenvolvimento de liderança e estratégias de talento da Accenture, e sua equipe buscam eliminar o que é conhecido como "traço de déficit de atenção" na firma. Eles querem criar uma cultura concentrada. Ele diz: "Nós sabemos que o maior impacto sobre o bem-estar e sobre o desempenho de nosso pessoal é exercido pelo modo como o superior direto está operando. Se eu vejo minha supervisora fazer uma pausa e realizar uma prática de atenção plena por dez minutos, se a vejo colocando o telefone de lado para me oferecer atenção completa, me escutar atenta-

Lidere rumo a uma organização com atenção plena

mente e interagir de verdade comigo, isso tem um poder muito grande, e causará em mim uma impressão de: 'Uau! É isso que se espera aqui!'"

O ponto de partida para se criar uma organização voltada para as pessoas é a presença. Quando estamos plenamente presentes com outros seres humanos, atingimos nosso maior potencial de trabalho efetivo em conjunto, de propor desafios um ao outro de forma respeitável e de máxima obtenção de potencial coletivo. A presença é o alicerce de uma organização plenamente atenciosa. Quando as pessoas estão coletivamente calmas, concentradas e com a mente desanuviada, a organização se torna mais eficaz, mais interconectada e apresenta um melhor desempenho.

Para Nathan, a lógica é estimulante: "Toda vez que analiso o que impede as pessoas de fazer as coisas que elas amam fazer, lembrando-me sempre de quais são essas coisas – passar mais tempo com a família e os amigos ou fazer um trabalho estimulante –, percebo que o motivo é quase sempre mental. É contraintuitivo, mas quando as pessoas se acalmam, se tranquilizam e limpam suas mentes, elas se tornam mais inovadoras, produtivas e realizadas. E tudo isso começa com a concentração individual e coletiva."

Liderar uma organização rumo à atenção plena pode ser desafiador. Nós trabalhamos com muitos líderes que encontraram tanto benefício para si mesmos na prática da atenção plena que quiseram introduzi-la em suas organizações. Mas introduzir um programa de atenção plena não cria uma organização plenamente atenciosa. Criar uma organização atenciosa de verdade exige não só reconfigurar mentes individuais como também reconfigurar como as pessoas pensam, trabalham e se comportam coletivamente. Isso exige tempo e esforço consciente.

Em uma organização plenamente atenciosa, a atenção plena está integrada à cultura, e ela se torna parte do DNA. Em uma cultura plenamente atenciosa, o trabalho é organizado de modo que propicie às pessoas estarem presentes uma diante da outra, se concentrarem na tarefa em questão e terem consciência sobre si mesmas e os demais. Presença, concentração e perceptividade são geralmente vistas como habilidades individuais, mas elas são igualmente importantes para uma cultura. E desenvolver uma cultura com essas qualidades integradas a ela aumenta a retidão, o comprometimento e o desempenho. A matriz da atenção plena introduzida no capítulo 1 pode ser usada para descrever o nível de atenção de uma cultura organizacional. Refletindo sobre a matriz, em que ponto você diria que sua organização se encontra em termos de concentração e perceptividade coletivas?

Este capítulo abordará especificamente a atenção plena em um contexto organizacional e como ela pode ser obtida. Mas, antes, exploraremos alguns exemplos de organizações que integraram a atenção plena às suas culturas para alcançar objetivos estratégicos.

DESEMPENHO, CRIATIVIDADE, MUDANÇA

Nós adoraríamos apontar para uma organização específica e dizer que ela é, sem sombra de dúvida, plenamente atenciosa. Mas isso seria pedir demais. Em nosso trabalho com centenas de empresas, muitas demonstraram atenção plena em algumas formas, mas nem tanto em outras. Assim como a atenção plena é uma prática para indivíduos, o mesmo se aplica a organizações. É uma prática contínua que exige treinamento, tempo e comprometimento. Além disso, a atenção plena não faz todos os problemas e desafios desaparecerem; em vez disso, ela muda a maneira como abordamos esses problemas e desafios. Algumas organizações de fato se destacam por terem desenvolvido a atenção plena em aspectos distintos de sua cultura. Três grandes exemplos são a cultura de desempenho com atenção plena da Accenture, a cultura de criatividade com atenção plena da Ogilvy e a cultura de mudança com atenção plena da Citrix.

A Accenture é uma empresa hipercinética e hipercompetitiva com mais de 425 mil funcionários atendendo clientes 24 horas por dia, sete dias por semana. É um ambiente de consultoria sempre antenado, de alta pressão e alto impacto, no qual a atenção está sempre sitiada. A atenção aos detalhes, aos clientes e à tarefa determina o sucesso dos consultores e da equipe. Porém, com as habilidades de atenção geral das pessoas em declínio, líderes da Accenture perceberam que a sua cultura de desempenho estava ameaçada. Como resultado, eles passaram a oferecer programas de treinamento de atenção plena para equipes e indivíduos, buscando criar uma cultura de desempenho com mais atenção plena. O quanto esses programas ajudaram? A Accenture avaliou os resultados de seus escritórios em 20 países diferentes da Europa e das Américas e encontrou um aumento de 30% na concentração, um aumento de 25% em habilidades de estabelecer prioridades, um aumento de 34% em clareza mental e uma queda de 23% no comportamento multitarefas. No geral, esses resultados indicam um aumento significativo em qualidades de atenção plena e na eficácia mental necessária para se lidar com distrações e servir clientes com uma concentração aprimorada.

A Ogilvy, agência de publicidade multinacional, tem que lidar com a contradição eterna das indústrias criativas: a necessidade de ser criativo sob demanda. Para ter sucesso, as pessoas precisam aprender a ter criatividade não só quando a inspiração bate, mas também respeitando-se um cronograma regrado e normalmente apertado. Elas também precisam ser criativas em meio a um fluxo constante de distrações e prioridades conflitantes. Um CEO regional da Ogilvy perguntou-se como poderia manter sua divisão na vanguarda, fomentando paralelamente uma cultura criativa e continuando a oferecer soluções heterodoxas para os clientes. Ele já havia implementado todas as ferramentas tecnológicas que podia para reduzir distrações e aumentar a criatividade. Para encontrar uma solução mais impactante e com efeitos de longo prazo, o CEO e sua equipe de liderança decidiram que precisavam olhar para dentro em vez de para fora. Toda a divisão participou de um programa dedicado ao treinamento de atenção plena, com o objetivo de renovar seus hábitos de trabalho, criar novas diretrizes de colaboração e estabelecer práticas coletivas diárias de atenção plena. Com a atenção plena, eles foram capazes de reduzir a atribulação mental e as distrações. O treinamento também os ajudou a obter um alinhamento coletivo para apoiar o processo criativo de cada um. Isso significava respeitar as necessidades uns dos outros de ficar sozinho, compreender como dar retornos e saber quando era apropriado interromper alguém. Isso os ajudou a aumentar significativamente a criatividade durante o dia.

Para incrementar sua oferta de serviços aos clientes, a Citrix, uma companhia multinacional de software, adquiriu uma *startup* extrememante bem-sucedida, com uma cultura de empreendedorismo e de assumir riscos. Assim que o negócio foi fechado e o período de lua de mel passou, os problemas usuais advindos de aquisições apareceram. A empresa antes emergente e autônoma de repente pertencia a um negócio multinacional enorme, com suas próprias políticas e uma cultura diferente. Foi um embate de culturas. Muitas pessoas resistiram, se revoltaram e, em alguns casos, atuaram secretamente contra os interesses da Citrix. Chris Prince, chefe de aprendizado e desenvolvimento da Citrix, entendeu o problema por trás de tudo: ele vinha menos da resistência à Citrix e mais da resistência humana básica a mudanças. Ele compreendeu que era natural as pessoas resistirem a quem tentasse forçá-las a fazer as coisas de um novo jeito. Como solução, Chris introduziu o treinamento de atenção plena por toda a organização, o que ajudou as pessoas a reconhecerem e encararem suas resistências onde elas estavam: em suas mentes. Como resultado, uma cultura forte de mudança com atenção plena foi desenvolvida em toda a organização. Isso permitiu à Citrix administrar o processo de aquisição com mais eficiência e menos angústia e resistência.

Esses três exemplos demonstram que a atenção plena não é apenas uma qualidade em si. Ela pode ser um veículo estratégico que possibilita a criação pontual de atributos culturais. Seja esse objetivo melhorar o desempenho, aumentar a criatividade, permitir mudanças ou qualquer outro aprimoramento no âmbito da organização, a atenção plena oferece um alicerce para a mudança e um canal para melhoras sustentáveis. Em seu cerne, a cultura organizacional é composta pelas mentes que a criam, aceitam e implementam. A atenção plena é um tipo de treinamento que permite que remoldemos e reconfiguremos nossas mentes. Quando reconfiguramos coletivamente nossas mentes para mudar o modo como trabalhamos, transformamos nossa cultura. É simples assim.

Em nossa experiência, além de oferecer programas de treinamento de atenção plena, há três chaves para criar uma cultura plenamente atenciosa: permitir uma maior concentração organizacional, controlar distrações organizacionais e integrar a atenção plena a atividades cotidianas do trabalho.

PERMITIR A CONCENTRAÇÃO ORGANIZACIONAL

Ao trabalharmos com organizações de vários setores ao redor do mundo, descobrimos quatro desafios constantes para que tanto líderes quanto funcionários mantivessem a concentração. Líderes e funcionários ficam sob **p**ressão, estão sempre **a**ntenados, sobrecarregados de **i**nformação e em ambientes com **d**istrações. Nós chamamos esse cenário de realidade "PAID". O problema com a realidade PAID é que se trata de um ataque múltiplo contra nossa atenção. Ela nos força a adotar um comportamento multitarefas e nos torna viciados em agir, o que, como explicamos no capítulo 3, destrói nossa concentração e arruína nossa habilidade de estabelecer prioridades. Em vez de nos concentrarmos nas questões maiores, nas ações de alto valor que definem o desempenho, nos mantemos ocupados com atribuições, tarefas pequenas e fáceis de completar.

Quando essa característica se alastra por uma empresa, ela sofre de falta de concentração como um todo. Muitas mentes distraídas resultam em uma cultura distraída. Ter uma declaração de missão bem definida ou uma estratégia explícita não é suficiente para combater esse problema, que só pode ser resolvido mediante treino e reconfiguração dos cérebros dos indivíduos na organização para que se aumente a atenção e se reduza o apelo das distrações.

Alguns anos atrás, o Carlsberg Group realizou uma série de demissões e reorganizações significativas. Tanto líderes quanto funcionários se viram diante de novas responsabilidades, mudanças contínuas e uma forte sensação de incerteza. Compreensivelmente, isso gerou níveis significativos de distração dentro da organização. O então CIO Kenneth Egelund Schmidt observou como indivíduos, equipes e organizações não conseguiam ater-se ao plano de longo prazo. "As pessoas trabalhavam em direções diferentes e reagiam a cada notícia que chegasse a eles, por mais insignificante que fosse", lamentou. "Equipes inteiras concentravam-se em projetos de baixa prioridade antes de perceberem que estavam no caminho errado". Como resultado desse tumulto, as pessoas na Carlsberg ficaram extremamente estressadas, o que as tornava ainda mais reativas. A colaboração tropeçava. As distrações se alastravam cada vez mais. O desempenho sofria as consequências disso; tudo parte de uma espiral de decadência na cultura da companhia.

Kenneth decidiu que era hora de agir. Ele acreditava que precisava reestabelecer uma concentração coletiva e melhorar o bem-estar geral. Por um ano, trabalhamos com ele e com sua equipe para, primeiramente, desenvolver suas habilidades individuais de atenção plena e, em seguida, para criar hábitos de trabalho coletivos mais concentrados e com uma maior atenção plena. Auxiliar a Carlsberg por um ano nos ajudou a observar mais profundamente a anatomia da concentração e da priorização organizacionais, as quais se resumem a fazer as coisas certas em vez de tentar fazer tudo. De modo semelhante, a concentração organizacional é uma concentração coletiva em fazer as coisas certas em vez de fazer várias coisas. Nesse

Lidere rumo a uma organização com atenção plena

sentido, trata-se de um alto nível de concentração e de perceptividade compartilhadas para identificar objetivos bem definidos. Em uma empresa plenamente atenciosa, líderes e funcionários têm uma clareza maior em relação a prioridades coletivas e, portanto, possuem um nível maior de concentração organizacional.

A concentração organizacional permite que indivíduos e equipes tomem decisões melhores sobre o que fazer (e, mais importante, sobre o que não fazer). Ela viabiliza conversas construtivas entre colegas quando as prioridades entram em conflito, fornecendo clareza e facilitando a obtenção de consensos com base nos objetivos mais amplos da organização.

Como líder, seu papel em garantir a concentração organizacional é continuamente ajudar seu pessoal a ter clareza. Quais são as tarefas certas para o momento certo? Elas servem aos objetivos maiores da organização? Dependendo do nível dos funcionários na organização, de suas funções e de seus requisitos profissionais, essa elucidação deve ser feita mensal, semanal ou até mesmo diariamente. Ela deve ser feita não apenas em níveis individuais, mas também junto a todas as equipes em todas as funções.

Com base em nossos anos de experiência ajudando organizações a desenvolver uma concentração organizacional mais forte, eis aqui algumas dicas práticas que você, como líder, pode implementar em sua empresa.

Cultive reuniões com atenção plena

Reuniões são um alvo fácil na jornada de se criar uma cultura de atenção plena. De acordo com uma pesquisa citada pela revista *Industry Week*, dois mil gestores afirmam que pelo menos 30% do tempo que passavam em reuniões era desperdiçado. E, de modo similar, de acordo com uma pesquisa com executivos da 3M, o tempo de reunião visto como desperdício variava de 25% a alarmantes 50%.[175]

Na maioria das organizações, reuniões tendem a ser agraciadas com baixos níveis de concentração por uma série de razões. Primeiro, com cronogramas de reuniões consecutivas, os minutos iniciais geralmente são desperdiçados, pois as pessoas se atrasam ou ainda estão mentalmente apegadas à reunião que acabaram de ter. Segundo, a maioria das reuniões carece de concentração coletiva porque é culturalmente aceito trazer e usar celulares e *notebooks* enquanto elas ocorrem, o que gera distrações. Terceiro, se as pessoas estão acompanhando muitas coisas e querem revolvê-las na hora, elas terão dificuldade de manter-se plenamente presentes, especialmente se os objetivos e as pautas da reunião não forem claros.

Após trabalharmos com as pessoas da Carlsberg para trazer mais concentração organizacional à cultura da empresa, elas conseguiram diminuir o tempo médio de suas reuniões em 30%. O mais interessante sobre esse resultado é que reduzir o tempo de reuniões não era um objetivo-chave da iniciativa. A redução do tempo das reuniões ocorreu naturalmente conforme as pessoas ficavam mais concentradas e menos distraídas. Elas simplesmente se tornaram capazes de resolver mais questões em um intervalo menor de tempo. Eis aqui algumas orientações simples para criar reuniões com mais atenção plena.

Ao início de cada reunião, convide todos a fazer um minuto de silêncio antes de começar. Embora para alguns um momento de silêncio possa soar estranho, em nossa experiência isso pode ser rapidamente adotado conforme as pessoas sentem os benefícios de ter um momento para deixar suas mentes assentarem. Esse simples minuto pode ser a chave para ajudar todos a chegarem mentalmente à reunião – em vez de estarem nela apenas fisicamente – com um pouco mais de concentração e presença.

Durante a reunião, realize um acordo coletivo de que celulares e *notebooks* ficarão desligados ou serão deixados de lado, a não ser que o contrário seja especificamente necessário. O fato de uma única pessoa estar ocupada escrevendo e-mails, mensagens de texto ou lendo notícias durante uma reunião tem um impacto negativo na concentração coletiva. Também é importante que os objetivos da reunião fiquem claros e que alguém a esteja liderando e garantindo que todos se atenham às pautas. Isso faz com que todos fiquem mais envolvidos e atentos à questão do momento.

Ao final da reunião, estabeleça uma disciplina coletiva de terminar cinco minutos antes do tempo programado. Esses cinco minutos permitem que todos tenham tempo suficiente para fazer uma transição atenciosa para a reunião seguinte.

Promova o movimento físico

Embora uma mente bem treinada possa manter a concentração por períodos extensos de tempo, a maioria de nós se beneficiaria, de alguma forma, da prática de atividades físicas durante o dia. O movimento leva a uma melhor circulação de sangue e, portanto, transporta mais oxigênio e energia para o cérebro. Levantar-se, sair ao ar livre ou se mexer também pode fornecer uma nova perspectiva sobre o trabalho, permitindo uma criatividade aprimorada.

Muitas organizações com as quais trabalhamos investiram em recursos para apoiar a atividade de pessoas no ambiente de trabalho. Talvez não seja muito surpreendente que a Nike seja líder nessa área. A companhia tem ambientes esportivos de altíssima classe integrados a seus maiores complexos. Reuniões da Nike podem ocorrer em uma quadra de basquete, em uma pista de atletismo ou em uma academia. E, embora muitas companhias tenham ambientes de exercício físico, a diferença da Nike é que para eles isso é um requisito profissional. Todos devem dedicar pelo menos meia hora por dia a alguma forma de exercício.

Embora o nível de comprometimento da Nike seja uma exceção, algumas das empresas com as quais trabalhamos estão investindo em outras formas criativas para encorajar o movimento físico. Uma companhia farmacêutica internacional com a qual trabalhamos tem salas de reuniões nas quais as mesas e as cadeiras foram substituídas por esteiras ergométricas, para que as pessoas possam andar durante a reunião. E, em longos dias sentados à mesa, os funcionários podem usar uma cadeira com pedais, de modo que possam pedalar enquanto trabalham. A companhia também desenvolveu pavimentos extensos de caminhada pelo complexo e encoraja as pessoas a participar de reuniões caminhando. Em nossa experiência, encorajar mais atividade física é uma forma simples e fácil de trazer mais energia e concentração a uma cultura organizacional.

Ofereça comidas e bebidas saudáveis

Muitos escritórios modernos de hoje em dia oferecem guloseimas e bebidas como petiscos para funcionários durante o dia. Isso é ótimo, mas muitos desses petiscos não são favoráveis para melhorar o desempenho mental.

Considere, por exemplo, o açúcar. Embora seu consumo estimule um aumento de energia imediato, pesquisas mostram que após esse aumento inicial o açúcar gera uma queda na energia e na concentração. E, para piorar, isso leva a um desejo por mais açúcar. O resultado: muitas pessoas passam a consumir recorrente e exageradamente açúcar ao longo do dia.[176]

O café é outro bom exemplo de uma substância de desempenho vista de forma equivocada. Como descrito no capítulo 3, ele pode causar a sensação de que é uma bebida que aumenta a concentração, mas o que faz é dispersá-la. Porém, não percebemos isso porque a cafeína suprime nosso cansaço e faz com que nos sintamos mais concentrados e energizados. Oferecer comidas e bebidas é ótimo para estimular uma cultura de escritório mais receptiva e colaborativa, mas rodear as pessoas de alimentos que desviam a concentração talvez não seja a melhor abordagem.

As organizações com uma mentalidade progressista atualmente contratam nutricionistas como parte de suas iniciativas para oferecer bem-estar aos funcionários. Além de promover cursos de alimentação saudável, esses especialistas frequentemente influenciam na escolha de quais alimentos devem ser oferecidos na lanchonete do escritório, quais guloseimas são saudáveis para um trabalho eficaz e como comidas e bebidas devem ser administradas em programas de treinamento corporativo. Isso pode envolver algo simples, como garantir que haja mais frutas, verduras e castanhas disponíveis aos funcionários e encorajar as pessoas a reduzir o consumo de açúcar, cafeína e álcool.

Encoraje o estabelecimento de limites

A concentração organizacional e o estabelecimento de prioridades são uma arte na realidade PAID dos dias de hoje. Há sempre mais coisas a fazer, um e-mail a ser respondido, uma reunião à qual comparecer, um relatório a ser preparado ou um cliente com o qual é necessário entrar em contato. Ter a habilidade e a permissão de apertar o botão de pausar, dizer não a uma tarefa e estar apto a separar as tarefas cruciais das atribuições tornaram-se atributos valiosos.

Criar uma cultura na qual estabelecer limites e dizer "não" não seja visto como uma fraqueza, mas como uma força, e na qual a liderança elogia publicamente funcionários por manter limites tem sido cada vez mais importante. Sem isso, a concentração, o estabelecimento de prioridades e o bem-estar serão prejudicados.

Fazer essa mudança não é tão difícil quanto parece. Nós já vimos equipes e organizações que passaram de absurdamente distraídas para coletivamente concentradas em questão de meses graças à criação de uma cultura com mais atenção plena. Uma parte importante dessa transformação envolve cuidar das distrações organizacionais, minimizando-se interrupções digitais e circunvizinhas.

ADMINISTRE AS DISTRAÇÕES ORGANIZACIONAIS

Para criar uma cultura organizacional dotada de mais atenção plena, é crucial minimizar distrações desnecessárias. Em nossa experiência, há algumas coisas relativamente simples que podem ser feitas para se reduzir o "ruído" organizacional e se criar uma cultura com mais atenção plena. As áreas mais fáceis para começar são a tecnologia e a disposição do escritório.

Minimize as distrações digitais

As primeiras vitórias rápidas podem ser obtidas com mudanças simples em tecnologia. Nós vivemos e trabalhamos em ambientes repletos de distrações digitais. Mesmo quando temos metas e prioridades claras, pode ser difícil evitar a sobrecarga massacrante de e-mails, mensagens de texto e atualizações que bipam, zunem, vibram ou fazem qualquer outra coisa para chamar nossa atenção. No capítulo 3, exploramos como é importante que líderes criem tempo pessoal para se concentrar e controlar suas próprias distrações digitais. Pelas mesmas razões examinadas naquele capítulo, é igualmente importante que líderes ajudem a estabelecer limites digitais em suas organizações.

A França recentemente introduziu uma lei de "direito de se desconectar", que obriga empregadores a criar sistemas que desativem e-mails durante feriados, fins de semana e férias. Embora isso possa soar extremo, é uma ação que reconhece como as fronteiras entre o trabalho e o descanso se tornaram tênues. Muitas pessoas passam tempo demais presas ao trabalho. Embora para algumas organizações isso possa soar positivo, não é. Pesquisas mostram que a expectativa de ficar disponível para responder e-mails após o expediente – independentemente do tempo gasto para respondê-los – aumenta a exaustão emocional e afeta negativamente o bem-estar e o desempenho no trabalho.[177] Em outras palavras: mesmo quando não estamos usando nossa tecnologia, o fato de que talvez precisemos usá-la a qualquer momento cria estresse. Um nível contínuo de estresse, mesmo que baixo, pode ao longo do tempo afetar negativamente nossa saúde.

As empresas, porém, não deveriam criar mais espaço mental nessa era digital apenas por motivos de saúde; essa medida também é boa para os negócios. Em 2011, a Atos Origin, uma companhia multinacional de serviços de TI com mais de 70 mil

Lidere rumo a uma organização com atenção plena

empregados, estabeleceu como meta organizacional diminuir o número de e-mails. O CEO Thierry Breton consultou funcionários e descobriu que muitos deles estavam passando tempo demais enviando e recebendo e-mails; a quantidade era tal que eles estavam se sentindo sobrepujados por essa ferramenta tecnológica. Breton observou: "Nós estamos produzindo dados em uma escala enorme que rapidamente polui nossos ambientes de trabalho e também invade nossas vidas pessoais."[178] A Atos Origin, claro, não é a única com esse problema. Um relatório de 2012 do McKinsey Global Institute descobriu que, em média, funcionários passam 28% de seu tempo usando o e-mail, e esse número vem aumentando a cada ano que passa.[179]

Para Breton, a resposta foi o uso mais sofisticado de ferramentas de colaboração que ajudavam funcionários a escolher quando participar de discussões e quando passar um tempo sem interrupções. Essa foi a mesma solução oferecida no relatório de 2012 do McKinsey Global Institute. Os autores do relatório estimaram que, ao usarem tecnologias de interação social e colaboração – como Google Docs, Basecamp, Teamwork Projects e Trello –, as companhias conseguiam fazer com que a produtividade de trabalhadores intelectuais aumentasse de 20 a 25%. Confirmando isso, uma avaliação independente da Atos Origin em 2013 mostrou que o uso total de e-mails havia caído em 60%, reduzindo-se a média de mensagens de e-mail por semana de 100 por funcionário para menos de 40. No mesmo ano, a margem operacional da companhia aumentou de

6,5% para 7,5%, os rendimentos por participação aumentaram mais de 50% e os custos administrativos caíram de 13% para 10%. Como apontou David Bukus, autor de *Under New Management* ("Sob nova direção"), embora nem todos esses avanços estejam diretamente correlacionados à redução de e-mails, os resultados são bastante convincentes.[180]

Usar ferramentas colaborativas e reduzir o uso do e-mail são apenas algumas das opções para criar concentração em nosso mundo de numerosas distrações digitais. Para cultivar uma cultura mais plenamente atenciosa, acreditamos que é importante considerar todas as principais fontes de "poluição mental". Uma estratégia não precisa ser tão radical quanto eliminar o uso do e-mail. Há muitos primeiros passos simples, como garantir que as pessoas "se desliguem" quando saem do escritório. Esse tipo de política permite que funcionários aproveitem suas noites, fins de semana e férias sem ficarem presos ao escritório. Além disso, organizações podem considerar outras políticas simples, como desativar todas as notificações de recebimento de e-mails, para que as pessoas não se distraiam com as mensagens que chegam. E muitas companhias com as quais trabalhamos têm políticas de desligar aparelhos – ou pelo menos deixá-los em modo silencioso – durante reuniões para que as pessoas usem melhor o seu tempo.

Pare por um momento para considerar a cultura de comunicação de sua organização. Há políticas ou limites estabelecidos para que funcionários possam "se desligar"? Estaria o e-mail ou outra forma de comunicação digital poluindo seu ambiente de trabalho? Considere por um momento que ações você pode realizar para ajudar sua organização a criar mais espaço mental nessa era digital.

Reavalie a disposição do escritório

Nosso ambiente molda nossas mentes e, consequentemente, nossas culturas. E sejamos claros: os escritórios abertos de hoje em dia não são bons para a concentração. Eles reduzem custos e podem ajudar a estimular a comunicação e a criatividade, mas o nível de distração que trazem pode ser prejudicial à habilidade das pessoas de se concentrarem e trabalharem de maneira eficaz.

Espaços de escritório aberto não irão embora. E não precisam. Se você ajudar a moldar uma cultura que respeita e permite a concentração em escritórios abertos, você pode se beneficiar bastante disso.

O principal desafio dos escritórios abertos é que não há nenhum lugar para trabalhar de forma profundamente concentrada. Isso pode ser remediado com a criação de pequenos cômodos ou áreas que permitam esse tipo de trabalho concentrado. A Google é muito boa nesse aspecto. Junto às suas vastas áreas de escritórios abertos, você encontrará inúmeras salas pequenas e com isolamento acústico nas quais é possível manter conversas concentradas ou apenas sentar-se e trabalhar em silêncio. Alguns cômodos têm máquinas de ruído branco incorporadas e outros possuem sistemas de som, de modo que as pessoas podem personalizar o ambiente para favorecer sua concentração. Algumas salas são feitas para que o funcionário se movimente, outras para ele possa se sentar atrás de uma mesa e outras para que se realizem *brainstorms* em paredes de quadro-branco.

Da mesma forma que o ruído nos distrai, a bagunça física também pode fazê-lo. Nossa mente é como uma esponja: ela absorve tudo que encontra. Bagunça no nosso ambiente se torna bagunça em nossa mente. Incorpore esse conhecimento ao modo como você decora seus escritórios e para estimular uma cultura de ambientes de trabalho limpos, organizados e com o mínimo de distrações.

Nas realidades de trabalho de hoje, pensar na eficácia mental de ambientes de trabalho não se aplica somente aos escritórios, mas também às nossas casas. Em uma pesquisa da Gallup em 2017, 43% dos americanos empregados disseram que passavam pelo menos algum tempo trabalhando remotamente.[181] Trabalhar em casa tem sido, e provavelmente continuará a ser, uma tendência crescente no mercado de trabalho, e pode trazer muitos benefícios. Além de permitir que as organizações economizem com espaço de escritório e ofereçam condições de trabalho mais flexíveis, essa prática pode ajudar as pessoas a ficarem mais concentradas, desde que se instalem adequadamente.

Não ter um bom ambiente de trabalho em casa pode ser perigoso. Quando você trabalha em casa, sua vida doméstica pode interferir na sua concentração, pois a esfera de sua vida privada o rodeia enquanto está trabalhando. Segundo nossa experiência, as organizações que investem em ajudar os funcionários a criar bons ambientes de trabalho sentem mais benefícios. A Cisco destaca-se como uma empresa que fornece consultoria a todos os empregados sobre como montar seu escritório em casa para obter máxima eficiência.

TRAGA A ATENÇÃO PLENA ÀS ATIVIDADES DE TRABALHO

Ao desenvolver uma cultura organizacional plenamente atenciosa, é útil examinar políticas e regras de trabalho coletivo. Como parte dos programas de treinamento que entregamos a nossos clientes, apoiamos o desenvolvimento de novas diretrizes em relação a e-mails, reuniões e muitas outras atividades de trabalho.

Essas diretrizes simples têm um efeito poderoso em termos de deixar todos centrados e concentrados para trabalhar na direção de objetivos compartilhados. Em nosso livro *One Second Ahead*, fornecemos estratégias para introduzir comportamentos de atenção plena a um amplo espectro do cotidiano profissional, incluindo e-mails, reuniões, agendamentos e até mesmo o transporte público.[182] Eis alguns exemplos de estratégias que foram implementadas com sucesso por centenas de organizações:

Estabelecimento de prioridades matinais 3 × 2

O vício em agir é real para a maioria de nós e pode levar as organizações a terem uma cultura baseada nesse vício. Embora ela possa resultar em agilidade no trabalho, na prática, pode ser pouquíssimo produtiva. Um exercício simples, realizado de manhã e repetido ao longo do dia, pode fortalecer o estabelecimento de prioridades e a concentração.

Quando chegar ao seu local de trabalho pela manhã, dedique seis minutos para preparar a mente para um dia concentrado. Use dois minutos para praticar a atenção plena e simplesmente sente-se e deixe sua mente adquirir concentração, calma e clareza. Depois, por dois minutos, considere quais são as maiores prioridades do dia e anote-as. Por fim, dedique dois minutos para planejar essas prioridades na sua agenda.

Esses três passos curtos lhe permitem agendar suas prioridades em vez de priorizar sua agenda e podem ser repetidos ao longo do dia conforme necessário. Se você, como líder, fizer isso e treinar seu pessoal para que faça o mesmo, estará combatendo o vício em agir coletivo e habilitando uma concentração de equipe mais forte.

Nada de e-mails no início da manhã

O vício em ação também se manifesta no modo como administramos nossos e-mails. Para muitos, conferir os e-mails é a primeira tarefa do dia. Mas, se tivermos tido uma boa noite de sono, a manhã é o momento em que a nossa mente está mais criativa e expansiva. Quando começamos o dia conferindo nossa caixa de entrada, a criatividade e a expansividade de nossa mente são substituídas por todos os detalhes e problemas das mensagens não lidas do dia anterior. Isso apenas cria entulho em nossa mente, limitando nosso potencial para pensamentos mais amplos.

Em vez de conferir e-mails logo de manhã, comece o dia dedicando uma ou duas horas a trabalhos mais relevantes, como planejamento estratégico, conversas importantes ou reflexão. E, como líder, dedique-se a implementar uma cultura segundo a qual responder e-mails de manhã não seja algo digno de condecoração, mas sim um risco para a criatividade.

Seja curioso

Sua curiosidade é importante para apoiar uma cultura com mais atenção plena. Muitos processos e ferramentas de trabalho se tornam hábitos; não conseguimos enxergar quando se tornam ultrapassados e precisam ser substituídos. Vemos como as coisas são no momento em vez de questionar como elas poderiam ser. Seja curioso em relação às causas de distração ocultas em sua organização. Questione por que as coisas são feitas do jeito que são. Elas poderiam ser feitas de maneira mais eficiente? Questione suas diretrizes para reuniões e uso de e-mail. Questione sua comunicação interorganizacional. Questione a forma como assembleias são conduzidas. Todas essas são áreas que poderiam ser melhoradas na maioria das empresas, além serem também pontos de partida para se criar uma organização mais plenamente atenciosa.

Criar uma cultura organizacional na qual as pessoas fiquem mais concentradas, menos distraídas e trabalhem mais atenciosamente aproximará sua empresa de níveis elevados de envolvimento, satisfação e desempenho. Além disso, trata-se do alicerce para se desenvolver uma cultura mais altruísta, da qual falaremos no capítulo 12.

DICAS E REFLEXÕES BREVES

- Reflita sobre os possíveis benefícios de uma cultura organizacional com mais atenção plena. Em que desafios ou oportunidades de negócio ela poderia ajudar?
- Relacione três coisas que seriam indicadores visíveis e valiosos de mais atenção plena em sua cultura organizacional.
- Comprometa-se a executar uma ação que aproxime sua cultura da atenção plena e melhore a concentração e a perceptividade organizacionais.
- Pense em políticas e procedimentos que poderiam ser introduzidos em sua organização para integrar a atenção plena ao modo como o trabalho é realizado.
- Reflita sobre o que a atenção plena significa para você e para sua liderança; crie sua "história de atenção plena" e use sua própria experiência para inspirar e influenciar outras pessoas.

12

Lidere rumo a uma organização altruísta

Ray Dalio, filantropo e fundador da Bridgewater, a maior empresa de fundos multimercado do mundo, oferece um grande exemplo de líder com uma cultura de altruísmo. Ele foi convidado por uma equipe a participar de uma reunião muito importante com um grande cliente. Após a reunião, ele recebeu um e-mail de um colega júnior da equipe, que criticou seu desempenho sem rodeios:

> Ray, você merece um "D-" por seu desempenho hoje[...] você divagou por 50 minutos [...] Ficou óbvio para todos nós que você não havia se preparado, pois não seria possível estar tão desorganizado se tivesse se preparado. Nós dissemos a você que esse cliente havia sido identificado como "imperdível"... hoje a coisa foi muito ruim... não podemos deixar isso acontecer de novo.[183]

A mente do líder extraordinário

Esse e-mail, vindo de um funcionário júnior para o fundador da companhia, pode parecer um suicídio de carreira. Mas não nesse caso. Ray compreende o valor de ignorar status hierárquicos e de discordar quando necessário. Uma de suas filosofias reza que ninguém tem o direito de ter uma opinião crítica e não dizê-la. Essa é a filosofia à qual o colega júnior recorreu, testando-a ao enviar o e-mail.

Como Ray respondeu? Ele encaminhou a mensagem aos outros funcionários que estavam na reunião, pedindo que classificassem seu desempenho. Eles concordaram com a nota "D-". E, para reforçar uma cultura que valoriza a discordância, ele compartilhou a troca de e-mails com toda a empresa. Ao fazê-lo, ele modelou sua filosofia de que hierarquias, status e ego não são favoráveis a uma cultura organizacional saudável.

Quando você entra em uma empresa com traços altruístas, algumas características saltam aos olhos. Esse tipo de organização provavelmente não celebra o funcionário do mês. Em vez disso, reconhece que toda conquista é resultado de colaboração interconectada. Consequentemente, celebra-se a equipe. Em uma cultura altruísta, todos importam. Provavelmente não há um retrato do fundador da firma na parede. Em uma organização altruísta, o fundador raramente deseja ficar sob os holofotes; em vez disso, prefere que o foco seja a organização e o propósito dela. Por causa disso, provavelmente haverá nas paredes imagens de conquistas coletivas, assim como fotos mostrando as pessoas se divertindo enquanto apoiam a organização e as comunidades a que servem. A mensagem é clara: as pessoas importam. Ter um propósito importa. Serviço importa.

Uma cultura organizacional altruísta não foca o indivíduo, mas sim a missão e o propósito coletivos. Uma cultura altruísta não carece de ambição e determinação. Na realidade, ela ostenta o tipo de confiança saudável e de interesse próprio que fomentam a busca por resultados e objetivos em equipe.

A matriz do altruísmo introduzida no capítulo 1 apresenta o potencial do altruísmo combinado com a autoconfiança para líderes, mas essa combinação pode ser igualmente potente para uma cultura. Em uma cultura altruísta e autoconfiante, todas as pessoas cuidam dos interesses umas das outras e trabalham para o bem maior comum.

Considere uma situação desafiadora na sua equipe pela qual você passou recentemente. Os membros da equipe estavam concentrados exclusivamente em seus próprios interesses ou estavam concentrados no desafio e no interesse da equipe e da organização? Se for o primeiro caso, como cultivar uma cultura mais altruísta poderia ser benéfico?

Neste capítulo, observaremos fatores ambientais que podem sustentar o estabelecimento de uma cultura altruísta. Também veremos a desigualdade e como ela afeta negativamente o altruísmo. Além disso, exploraremos especificamente como o altruísmo pode ser estrategicamente aplicado para permitir processos mais significativos e eficazes para administrar o desempenho.

DICAS PARA UMA CULTURA ALTRUÍSTA

Em uma cultura altruísta, há mais conversas construtivas e menos fofocas. Não porque haja menos dificuldades (todo escritório tem personalidades diferentes e opiniões variadas), mas porque há menos acusações. Conversas difíceis servem para resolver questões que sustentem o propósito compartilhado da organização e não para que se apontem culpados. De modo similar, uma cultura altruísta está mais disposta a reconhecer erros. Pedir desculpas pode ser difícil, mas se as pessoas não forem tão apegadas a seus egos, elas não terão medo de parecer fracas ou ameaçadas quando cometerem um erro. Há alguns traços específicos de uma cultura altruísta que são fáceis de cultivar: abundância de gratidão, redução de símbolos de status e incorporação visível do altruísmo sábio.

Mostre gratidão

Uma cultura altruísta é rica em gratidão. Como descrevemos no capítulo 8, a gratidão é a resposta natural à compreensão de que estamos todos interconectados e de que dependemos das habilidades e contribuições alheias para nosso próprio sucesso. Com essa compreensão, nos abrimos à humildade e, como resultado, a gratidão flui naturalmente. A presença de gratidão nas empresas comprovadamente melhora a produtividade, o bem-estar, a força mental e a satisfação com o emprego.[184] Além disso, ela é contagiante. Quando líderes mostram apreciação e gratidão pelas pessoas, é provável que isso tenha um efeito reverberante. Demonstrar gratidão a alguém torna provável que essa pessoa inspire-se a agradecer outras pessoas.[185]

Em culturas corporativas tradicionais, as pessoas com os melhores números de venda são recompensadas e obtêm os melhores bônus. Mas, diante da sabedoria do altruísmo e da interconexão, essa abordagem parece embutir uma visão limitada. Raramente é uma única pessoa que faz grandes vendas acontecerem. Uma cultura altruísta faz questão de identificar e mostrar gratidão a todos aqueles que realizam contribuições invisíveis ao sucesso compartilhado.

Um dos nossos clientes, uma companhia farmacêutica multinacional, criou um sistema no qual todos eram instruídos a reconhecer, uma vez por dia, o trabalho e as contribuições de terceiros que haviam afetado seu próprio trabalho naquele dia. Sem muita surpresa, as pessoas recompensadas com mais frequência não eram os melhores vendedores, mas sim os assistentes administrativos e outras equipes do escritório. Como resultado disso, essas contribuições, normalmente quase invisíveis, se tornaram claras aos olhos de todos, o que ajudou a estabelecer um maior senso cultural de interconexão e igualdade.

Reduza os símbolos de status

Uma companhia de cultura altruísta provavelmente não possui grandes salas particulares de canto. Esse tipo de escritório, desejável porque duas de suas quatro paredes na verdade são janelas com vista exterior, foi inventado durante a revolução industrial para simbolizar o status e o poder do CEO e dos líderes seniores. Jakob Meding, ex-CEO da HP na Dinamarca, causou espanto entre os membros da organização quando, pela primeira vez, deixou seu escritório particular e sentou-se em uma das estações de trabalho comunitárias com os demais funcionários. Ele fez essa mudança porque queria minimizar o risco de acabar sucumbindo à bolha de CEO descrita no capítulo 4. Ele nos explicou como a mudança afetou drasticamente a maneira como as pessoas o viam e interagiam com ele. De repente, ele era como todos os demais, e as pessoas falavam com ele e compartilhavam ideias e sugestões importantes. Eram informações valiosas que ele nunca teria obtido se ficasse enclausurado em sua sala luxuosa.

Em uma cultura altruísta, há um espírito de interconexão. Cada indivíduo só tem sucesso graças aos esforços realizados e compartilhados por todos. Pense na Távola Redonda do Rei Artur: um mecanismo simbólico e tangível para criar uma cultura na qual todas as vozes podiam ser ouvidas e todos eram importantes.

Pare por um momento para fazer uma varredura no ambiente de seu escritório. Procure indicadores visíveis de status e hierarquia em oposição ao trabalho em equipe e à colaboração. Considere maneiras simples de mudar o ambiente para promover mais igualdade e senso de interconexão.

Empregue a sabedoria altruísta

Uma cultura altruísta também abre espaço para a sabedoria. Quando Antoine Raymond – CEO da ARaymond, uma fabricante multinacional de fechos e conectores – e sua equipe de liderança descobriram que seu principal competidor estava próximo da falência, eles convocaram uma reunião de emergência, mas não para celebrar ou criar estratégias que lhes proporcionassem tirar vantagem da situação. Em vez disso, eles discutiram a melhor maneira de oferecer apoio à firma concorrente e evitar que ela encerrasse as atividades. Eles sabiam que sua companhia estava interconectada ao seu competidor de diversas formas. Como Antoine nos explicou: "Nossa indústria, como qualquer outra, é um ecossistema de clientes, fornecedores e parcerias. Nós sabíamos que, se nosso maior competidor deixasse esse ecossistema, o mercado ficaria desestabilizado. Além do óbvio sofrimento que isso causaria aos seus funcionários, isso também nos prejudicaria." Antoine pegou o telefone, ligou para o CEO do concorrente e ofereceu-lhe apoio financeiro.

Marshall Goldsmith, *coach* executivo mundialmente reconhecido e autor de vários best-sellers sobre liderança, compartilhou alguns conhecimentos conosco. Ele notou que um dos principais problemas de organizações orientadas pelo ego é o desejo constante de vencer. De acordo com Marshall, se somos constantemente conduzidos pelo desejo de vitória, perdemos a habilidade de pensar em termos de soluções das quais todos se beneficiem. Perdemos a sabedoria de enxergar o contexto maior, perdemos a perceptividade holística sobre os ecossistemas interconectados nos quais todos operamos. Isso é o que a equipe de liderança da ARaymond tinha em mente quando apoiou seu competidor em dificuldade. Mas poucas equipes de liderança se comportam dessa forma. Compreensivelmente, muitos abririam uma garrafa de champanhe e comemorariam a vitória. E, embora essa reação possa ser apropriada em algumas situações, há um risco quando ela é realizada como decorrência de uma obsessão por vencer e de uma sede de dominância.

Se você de fato valoriza todos os funcionários e acredita que todos importam, um ótimo mecanismo para cultivar uma organização mais altruísta é o modo como o desempenho é administrado.

REDEFINA A ADMINISTRAÇÃO DE DESEMPENHO

O retorno sobre o desempenho é uma das conversas mais importantes entre pessoas no ambiente profissional. Para melhorar o desempenho e a colaboração no trabalho, as pessoas precisam de retornos que ajudem a guiá-las e reforcem comportamentos específicos. Em muitas organizações, isso ocorre por meio de um processo de administração de desempenho formal que poucos funcionários consideram de fato útil. Uma pesquisa de administração de desempenho da Mercer Global, em 2013, descobriu que apenas 3% das companhias relataram que seu sistema de administração de desempenho teve um valor significativo. Por causa de números como esse, muitas

Lidere rumo a uma organização altruísta

empresas estão redefinindo o modo como administram, classificam e discutem o desempenho. Companhias como Accenture, Deloitte, Adobe, Juniper Systems, Dell, Microsoft e IBM substituíram avaliações anuais por formas mais envolventes e interconectadas de apoiar o desempenho de seus funcionários.

Há muito que podemos aprender sobre como efetivamente apoiar o desempenho do corpo de colaboradores. Uma das lições mais importantes é que líderes precisam ter conversas contínuas, presentes e pessoais com seus funcionários, a fim de criar um envolvimento real com eles e oferecer-lhes um senso de conexão humana verdadeira. Os líderes precisam entender no que os funcionários encontram significado, o que os envolve e como eles querem contribuir. Esses tópicos e questões tratam de motivações humanas fundamentais. Para obter esse nível de conexão pessoal, os líderes precisam aplicar o altruísmo, deixando de lado hierarquias de poder antiquadas e anacrônicas. De acordo com a pesquisa da Mercer, a principal razão para o fracasso das avaliações de desempenho tradicionais é a inabilidade do líder de efetivamente deixar o funcionário envolvido.[187]

Nos sistemas de trabalho intrincados, complexos e muitas vezes geograficamente dispersos dos dias de hoje, as conexões pessoais muitas vezes acabam se perdendo. Em muitos casos, líderes não têm tempo ou capacidade para manter conversas de alguma significância com as pessoas. E mesmo quando têm, suas mentes estão correndo tão rápido que não se concentram adequadamente durante a conversa. Então, embora

A mente do líder extraordinário

haja mérito em se livrar de avaliações de desempenho e substituí-las por interações informais para se verificar o estado das coisas, os líderes precisam se preparar para realizar essas interações de forma eficaz. Aprender a estar presente – a se concentrar exclusivamente na situação atual – durante a conversa é um excelente ponto de partida. Mas conversas efetivas sobre desempenho exigem mais do que presença. Exigem que se compreenda como a mente responde a retornos e como os retornos podem ser dados com mais eficácia.

Pesquisadores descobriram que a frase "Eu gostaria de lhe fornecer um retorno sobre isso" ativa a mesma resposta de dor em nossos cérebros que seria ativada se alguém erguesse um pedaço de pau para nos atacar.[188] Como isso é possível? O homem é um animal social, por isso, um de nossos maiores medos é ser expulso da tribo e ficar isolado. Para nossos ancestrais, isso significava a morte. Hoje, "retorno" tornou-se sinônimo de "crítica". E críticas são fortes indicadores de um possível isolamento. Desse modo, a palavra "retorno", segundo nossa evolução, indica uma ameaça, uma possibilidade de sermos excluídos da tribo.

Para piorar a situação, a maioria das pessoas não gosta de dar retornos porque não gosta de infligir dor. Como resultado, muitas vezes as organizações acabam em situações em que conversas muito importantes sobre como as pessoas podem melhorar seu desempenho têm um desfecho desastroso ou sequer acontecem.

Lidere rumo a uma organização altruísta

Se, em vez disso, aceitarmos a premissa de que todos temos um desejo intrínseco de ter significância e propósito em nossas vidas e que o trabalho, para muitos de nós, é uma parte grande da vida, faz sentido que todos busquemos orientação e apoio para que possamos demonstrar o nosso valor. A melhor forma de isso ocorrer é em uma cultura na qual todos são valorizados e retornos construtivos são vistos como meios para uma melhora coletiva. Uma abordagem verdadeiramente altruísta para a administração de desempenho exige uma cultura na qual dar e receber retornos é valorizado como um mecanismo para um maior grau de colaboração e desenvolvimento coletivo. Retornos deveriam ser recebidos de braços abertos por todos, incluindo funcionários em todas as posições.

Como apontado no capítulo 10, uma das melhores coisas que um líder pode fazer é demonstrar o comportamento desejado. Um líder disposto a receber críticas publicamente passa uma mensagem poderosa ao resto da organização de que o ego não deve ficar no caminho do sucesso coletivo. Ray Dalio demonstrou esse comportamento quando compartilhou sua nota "D-" com toda a organização. No entanto, demonstrar altruísmo é apenas o primeiro passo. As organizações que querem manter uma abordagem mais progressiva em relação à administração de desempenho, criando uma cultura mais altruísta e menos voltada para o "eu", precisam implementar sistemas e estruturas para sustentá-la.

Em nossa conversa com Debi Daviau, presidente do Professional Institute of the Public Service of Canada, que

A mente do líder extraordinário

representa mais de 55 mil funcionários públicos, ela falou sobra a importância de se criar uma cultura de retornos construtivos: "O sucesso da organização não pode se tratar de mim. Ele tem que ser sobre 'o todo', e é por isso que as pessoas, eu inclusive, precisam saber quando estão indo bem e quando há oportunidades para melhora." Para ela, é essencial que o reconhecimento e o retorno andem de mãos dadas. "Se as pessoas não se sentirem reconhecidas e valorizadas por suas contribuições, não reagirão bem ao ouvirem sobre coisas que não fizeram muito bem."

De acordo com nossa experiência, criar uma norma organizacional que trata de realização e do recebimento de retornos é uma peça-chave para melhorar o desempenho. Dedicar tempo ao fim de cada reunião – ou formalmente ao fim de cada semana – para refletir sobre o desempenho coletivo e individual, incluindo discussões sobre como se pode melhorar, torna essas conversas muito mais fáceis. Além disso, criar um valor em torno do conceito fundamental de "compartilhar retornos" para o desempenho e sucesso organizacional é crucial. Ademais, pode-se reforçar esse conceito mediante diretrizes que delimitem um "discurso correto", segundo o qual não se deve falar de outra pessoa a não ser que isso seja feito pelo próprio bem dela e a não ser que eu esteja disposto a falar com ela diretamente em prol do sucesso coletivo.

Considere por um momento as avaliações de desempenho que você tem com seu pessoal. Quais resultados você acha que essas conversas rendem? Você está criando conexões humanas autênticas? Está abordando o desejo básico de felicidade de seus funcionários ou dos membros de sua equipe? E quanto ao seu senso de significado e propósito? Além disso, ao desenvolver uma cultura altruísta, outra pergunta importante a se fazer é: quanta igualdade ou desigualdade há em sua cultura?

ALTRUÍSMO E IGUALDADE

O altruísmo anda de mãos dadas com a igualdade. Imagine que você tenha dois macacos à sua frente. Você os ensina a lhe entregarem um pedregulho, e em troca você dá a eles um pedaço de pepino. Após oferecer algumas vezes a recompensa de fatias de pepino, você dá a um deles uma uva – a fruta favorita dos macacos. O que acontece? O que recebe a uva fica extasiado. O outro, por sua vez, fica profundamente ofendido. Ele joga o pedaço de pepino em você e exige uma uva. Foi exatamente isso que ocorreu em um estudo conduzido por Frans de Waal e Sarah Brosnan, professores da Universidade Emory. Macacos têm um forte senso de justiça e resistem a condições de desigualdade.[189]

E humanos são exatamente iguais.

Em muitas organizações hoje, há diferenças significativas no modo como as pessoas são tratadas. Essa desigualdade tem consequências profundas. Keith Payne, professor de Psicologia na Universidade da Carolina do Norte e autor de *The Broken Ladder: How Inequality Affects the Way We Think* ("A escada quebrada:

como a desigualdade afeta o modo como pensamos"), pesquisou o efeito da desigualdade na sociedade e descobriu que os macacos não são os únicos primatas que apresentam uma reação instintiva a ela. A desigualdade destrói a interconectividade social, torna as pessoas infelizes, corrói a confiança e sufoca o envolvimento. A não ser que estejamos do lado favorecido do espectro da desigualdade.

Muitos de nós conseguem se identificar com o exemplo a seguir. Embarcamos em um avião pela porta da frente. Nossa primeira visão são os belos e espaçosos assentos da primeira classe. Com descansos de braço largos e bastante espaço para as pernas, eles parecem casulos de luxo. Talvez uma ou duas taças de champanhe tenham sido servidas, e alguns dos passageiros sentados examinam o menu, decidindo se comerão carne, peixe ou frango. Mas nós continuamos caminhando para o fundo até chegarmos ao nosso próprio assento na classe econômica: lotada, apertada e com um ar de mesmice. Nosso humor azeda. Curiosamente, estudos apontam que acessos de raiva e brigas a bordo de aviões ocorrem quatro vezes mais frequentemente em aeronaves que contam com uma área de primeira classe. Na verdade, a presença de um setor de primeira classe aumenta o risco de haver conflitos sérios a bordo na mesma proporção de um atraso de nove horas no voo.[190]

Do ponto de vista do desempenho, pesquisas indicam que, no beisebol profissional – um esporte em que os atletas

Lidere rumo a uma organização altruísta

são submetidos a amplas disparidades de renda –, a igualdade em incentivos e salários levou a melhores resultados tanto em termos de coesão social como de desempenho das equipes. Um estudo mostrou que, com mais igualdade, obteve-se um melhor desempenho não só dos jogadores com menores salários, mas também dos jogadores com os melhores salários.[191] O relatório final da Organização Mundial da Saúde (OMS) sobre os determinantes sociais da saúde descobriu que sociedades com altos níveis de desigualdade têm problemas de saúde mais graves, maior índice de criminalidade e mais problemas sociais.[192]

Nas empresas, os mesmos padrões se aplicam. Organizações com maior desigualdade apresentam mais ressentimento entre funcionários, o que afeta negativamente a companhia, uma vez que são gerados problemas como esforço reduzido, falta de cooperação e até mesmo sabotagem pura e simples. As empresas com extrema desigualdade de salários ficam sob maior risco, têm um desempenho pior e mais dissidência de acionistas.[193] Estudos também mostram que a desigualdade prejudica resultados relativos ao desempenho – como qualidade do produto –, leva à sensação de injustiça e aumenta a rotatividade de funcionários.[194] Esses são basicamente todos os males que podem afligir uma companhia com desempenho ruim, o que diz muito sobre a força destrutiva da desigualdade.

Nós conhecemos intuitivamente os benefícios da igualdade. Em um estudo realizado em 40 países, pediu-se às pessoas que repondessem quanto um CEO deveria ganhar em relação aos trabalhadores sem qualificação. Embora tenha havido diferenças significativas nas respostas de cada país, ao se levar em conta quanto os CEOs ganhavam de fato, a pesquisa concluiu que a disparidade de remuneração é universalmente alta demais.[195] De acordo com um relatório de 2015 realizado pelo Economic Policy Institute, os CEOs mais bem pagos dos Estados Unidos ganham trezentas vezes mais do que um trabalhador médio.[196] Essa é uma diferença dramática. Entre 1978 e 2014, a remuneração de CEOs aumentou em 1 000% com o ajuste inflacionário, ao passo que o salário de um trabalhador americano típico aumentou apenas 10%.[197] Pode haver alguns argumentos válidos para explicar por que um CEO merece tanto, mas nosso enfoque recai sobre como essa diferença afeta as percepções de justiça e cria uma cultura de reivindicações, hierarquia, presunção, ganância e egocentrismo.

Os níveis atuais de desigualdade não são compatíveis com um comportamento de liderança altruísta, uma cultura altruísta ou uma organização voltada às pessoas. Recomendamos que líderes que queiram de fato criar uma cultura mais altruísta reavaliem os níveis de remuneração em suas organizações. Há uma sensação de igualdade? Você acha que as pessoas são valorizadas adequadamente por suas contribuições? Se todas as remunerações fossem de conhecimento geral, você acha que isso aumentaria o nível de envolvimento? Ou prejudicaria o desempenho?

Embora saibamos que o dinheiro não traz felicidade genuína, também sabemos que a igualdade fomenta o oposto: insatisfação, dissidências e divisão. Por causa disso, uma organização voltada às pessoas e interessada no seu desempenho deve tentar evitar a desigualdade sempre que possível. Isso também é um grande passo para a criação de uma cultura mais compassiva, na qual todos se importam de verdade com o desempenho e com o bem-estar do próximo.

DICAS E REFLEXÕES BREVES

- Reflita sobre o grau de altruísmo em sua organização e sobre como isso incentiva ou prejudica a criação de um senso coletivo de envolvimento, significado e propósito.
- Considere como as pessoas são reconhecidas e recompensadas; pense em algo que você pode fazer para aumentar a valorização e a gratidão entre pessoas, equipes, departamentos e níveis, e comprometa-se a colocar o plano em prática.
- Considere o modo como você administra e mede o desempenho atualmente; há algo que pode ser feito para que o processo seja mais envolvente, significante e impactante?
- Identifique cinco pessoas que ganham bem menos do que você; convide-as para tomar um café para descobrir quem são e o que fazem. Em seguida, reflita sobre o valor dessas pessoas para a organização.

- Reflita sobre o nível de igualdade em sua organização e comprometa-se a implementar pelo menos uma medida que contribua para diminuir a desigualdade.

13

Lidere rumo a uma organização compassiva

Nancy Green, CEO da Athleta, uma marca da Gap Inc., passou por uma experiência de compaixão logo no início da carreira. Quando foi contratada pela companhia, ela tinha 25 anos e pouco depois ficou grávida de seu primeiro filho. "Eu não achava que conseguiria trabalhar, porque não via outras mães trabalhando na mesma área." Mas houve uma exceção. Outra mulher na equipe convenceu-a a voltar dizendo que, caso não o fizesse, ela nunca saberia se era possível. Funcionou. Nancy continuou crescendo dentro da empresa, foi conduzida a novos cargos de liderança até que chegou à diretoria... enquanto criava quatro filhos.

A experiência de receber compaixão fez com que Nancy se comprometesse a sempre buscar uma cultura compassiva em suas equipes. Em nossa entrevista, ela disse: "Ao demonstrarmos compaixão pelas pessoas com as quais trabalhamos, ao nos conectarmos com elas genuinamente, de humano para humano, e ao reconhecermos a totalidade de suas vidas e individualidades, teremos relações profissionais e resultados muito mais sólidos."

A abordagem de liderança de Nancy é de mostrar compaixão e constantemente equilibrar poder e suavidade: "Posso ser bastante exigente e tenho um padrão de qualidade extremamente alto em relação aos funcionários, mas entendo que eles são seres humanos. Tento criar equilíbrio e ser rigorosa e compreensiva ao mesmo tempo." Dessa forma, Nancy equilibra os dois aspectos da matriz da compaixão sábia: a intenção de beneficiar os outros, de um lado, e um discernimento sábio – considerando objetivos de negócios –, do outro.

Em uma cultura organizacional compassiva, as pessoas apoiam o sucesso e a felicidade do próximo. A cultura apoia intenções positivas em relação aos outros e, ao mesmo tempo, promove a sabedoria e o profissionalismo de todos para tomar decisões difíceis. Isso inclui, às vezes, fazer escolhas que não são agradáveis, mas que beneficiarão a cultura e a organização no longo prazo. Se sua empresa se importa com os seus funcionários e com o bem-estar deles, esses funcionários serão mais felizes e mais produtivos. E se eles forem mais produtivos, isso beneficiará o saldo final organizacional.

Como explicamos no capítulo 9, as organizações cujos líderes são mais compassivos apresentam conexões mais fortes entre as pessoas, mais colaboração, níveis altos de confiança, maior lealdade e menor rotatividade de funcionários. A compaixão faz com que os funcionários se sintam mais valorizados e tenham mais orgulho de seu trabalho. Por isso, ela é uma pedra fundamental das empresas voltadas às pessoas. Neste capítulo, examinaremos mais de perto os atributos de uma organização compassiva, a relação entre compaixão e confiança e o poder da coesão social.

ATRIBUTOS DE UMA ORGANIZAÇÃO COMPASSIVA

Quando você adentra as instalações de uma organização compassiva, logo dá pra sentir a diferença, seja na forma como o recepcionista o cumprimenta seja no modo como as pessoas interagem umas com as outras. Em uma empresa compassiva, os funcionários do mais baixo escalão são respeitados como iguais e encorajados a participar ativamente do sucesso organizacional. A firma de contabilidade americana Moss Adams tem muitos traços de compaixão em sua cultura, e eles são bastante visíveis. Logo ao entrar na área de recepção de sua sede, em Seattle, você é cumprimentado com um sorriso genuíno do recepcionista. Se já esteve lá antes, há boas chances de que ele se lembre do seu nome e também da sua bebida preferida. Ele não é treinado para isso. É algo que surge naturalmente, pois ele faz parte de uma cultura que valoriza o interesse genuíno pelos outros. Essa é uma das características-chave de uma organização compassiva.

As organizações compassivas concentram-se em cuidar da pessoa como um todo, e não apenas do seu lado profissional. Saúde, família e vidas privadas importam. Quando a Cisco começou a planejar seu programa global de atenção plena e resiliência, a equipe de liderança sabia que isso beneficiaria os negócios, mas esse não era o objetivo principal. O objetivo principal era cuidar das pessoas integralmente. Portanto, eles consideraram como o programa poderia ser oferecido para funcionários e seus familiares. Ao criar o programa, a Cisco compreendeu que a compaixão e o zelo não acabam na porta do prédio ou no estacionamento, mas se estendem à vida privada dos seus funcionários.

Em uma organização compassiva, as pessoas são vistas como seres humanos antes de serem vistas como titulares de um cargo profissional. Isso significa que funcionários de baixo escalão são igualmente reconhecidos como parte integral da equipe. Se os atendentes, funcionários de escritório e equipe de limpeza ficam escondidos, evitam contato visual ou não o cumprimentam, isso é um bom indicador do quanto eles se sentem valorizados e do nível de zelo e compaixão da cultura organizacional.

Bob Chapman, presidente e CEO da companhia industrial Barry-Wehmiller, no livro *Everybody Matters*, conta uma história sobre o poder de escutar seus colaboradores. Encorajado

Lidere rumo a uma organização compassiva

por Champan, um funcionário da fábrica compartilhou com ele sua experiência com a cultura da organização: "Eu entro pela mesma porta usada por engenheiros, contadores e outras pessoas que trabalham no escritório. Por que é que quando eles vão para o escritório e eu vou para a fábrica, nós somos tratados de forma totalmente diferente? Você permite que eles decidam quando pegar uma xícara de café ou ligar para casa, mas não estende essa confiança a mim." No dia seguinte, Chapman e sua equipe de liderança desinstalaram os relógios de ponto e campainhas de intervalo e emitiram o seguinte comunicado: "Não importa por qual porta as pessoas entram, todos são tratados igualmente, com a confiança e o respeito que merecem." [198] A Barry-Wehmiller é um grande exemplo de organização que considera a compaixão parte intrínseca de sua cultura. E não apenas em palavras vazias ou *slogans*, mas onde realmente importa: em suas políticas e procedimentos.

Nós observamos que a compaixão nas organizações tem ganhado adeptos ao redor do globo. Líderes estão começando a enxergar os benefícios que ela traz à cultura de suas companhias, a seus funcionários e a seus clientes. Mas esse ainda é um território novo para a maioria das empresas. E, infelizmente, muitas delas ainda estão paradas no antigo paradigma de tratar as pessoas como ferramentas para oferecer o máximo de riqueza aos acionistas. Muitos líderes ainda acreditam que uma cultura compassiva e voltada às pessoas e um enfoque saudável no saldo final para os acionistas sejam aspectos mutuamente excludentes. O resultado? Culturas corporativas que exercem pressão desumana sobre seus funcionários.

Sejamos claros: pressão não é problema... se administrada com cuidado. Um banco multinacional com o qual trabalhamos nos forneceu um exemplo preocupante de aplicação mal administrada de pressão. Durante uma sessão de treinamento, notamos um alto nível de tensão emanando dos participantes, principalmente de um homem na casa dos 40 anos. Ele estava com dificuldades para se manter sentado e parado. Constantemente agitado, ele parecia desconfortável em sua própria pele. Quando um de nós perguntou se estava tudo bem, ele explodiu. Com lágrimas escorrendo de seus olhos, ele gritou que não tinha tempo para ficar sentado em uma sessão de treinamento. Ele havia acabado de trabalhar 16 horas ininterruptas em um projeto que estava longe de acabar e estava participando desse treinamento apenas para cumprir as expectativas de seu supervisor.

Em uma organização compassiva, há espaço e encorajamento para a autocompaixão – certamente não era o caso do exemplo descrito. Organizações compassivas fazem seu melhor para ajudar seus funcionários a cuidarem de si mesmos. Isso começa com a forma correta de estabelecer limites, conforme discutimos no capítulo 11, especialmente quando a pressão começa a acumular.

O problema de a pressão se elevar demais é que isso pode se tornar um hábito, e trabalhar longas horas sem dormir o suficiente torna-se a norma. Quando estamos sob pressão, tendemos a simplesmente forçar nosso avanço. Ficamos presos ao modo de ação até desmoronarmos. Então, a habilidade da autocompaixão precisa ser treinada e integrada à cultura antes que as coisas fiquem difíceis. Um passo importante nesse processo é criar um ambiente físico em que se encoraje e se aceite a existência de compaixão e zelo de um indivíduo por si mesmo.

Quando montou sua nova sede na Suécia, a IKEA projetou-a para o autocuidado. O prédio inclui várias salas para sonecas, práticas de atenção plena e movimento físico. No entanto, diferentemente do que acontece com a maioria das companhias com iniciativas similares, essas salas não ficam escondidas no subsolo ou em um depósito remendado. A IKEA posicionou esses cômodos próximos à entrada, para que seja impossível não enxergá-los ao se entrar no prédio. A autocompaixão é disposta na porta de entrada.

O ambiente mental é igualmente importante para a autocompaixão, assim como a legitimidade de se estabelecerem limites e dizer "não". Ted Kezios, chefe global de benefícios da Cisco, nos contou como a empresa criou uma cultura segundo a qual é completamente aceitável a pessoa se retirar caso se sinta esgotada. Ele pôde comprovar isso em primeira mão quando, um dia, em meio à finalização de um projeto importante, recebeu uma ligação sobre um problema de família sério. Embora seu primeiro impulso tenha sido manter-se firme e forçar-se a prosseguir, os membros de sua equipe viram que ele não estava bem e insistiram que ele fosse para casa. "Foi tão tocante e meigo", ele disse. "Todos ficaram ao meu redor, com amor e preocupação genuínos. Embora eu não quisesse abandoná-los, eles me asseguraram que cuidariam da minha parte e insistiram que eu fosse para casa. Eu fiquei profundamente tocado pelo sentimento genuíno de preocupação e apoio, mesmo diante da pressão do trabalho que eles também sofriam."

Criar uma cultura compassiva se trata de ter pessoas que estão dispostas e aptas a trazer a compaixão para o trabalho. Construir a compaixão no processo de recrutamento ajuda a criar esse tipo de cultura. Quando o CEO do LinkedIn Jeff Weiner entrevista candidatos a uma vaga, ele gosta de perguntar: "O que você faria se estivesse prestes a entrar em uma reunião com um cliente muito importante e então recebesse uma ligação informando que um amigo querido acabou de ser levado com urgência para o hospital?". Não há resposta certa para essa pergunta, mas a reflexão ajuda a ter uma ideia de como o candidato prioriza a compaixão.

Uma firma multinacional de serviços profissionais com a qual trabalhamos usa o serviço comunitário como forma de criar uma cultura compassiva. Fomos convidados a fazer um *workshop* durante uma jornada de três dias de atividades externas nos escritórios da Associação das Nações do Sudeste Asiático (ASEAN) e a participar de seu trabalho comunitário. O evento ocorreu no Camboja, país que acabara de ser acometido de graves inundações que resultaram em falta de comida

Lidere rumo a uma organização compassiva

e água potável para muitas pessoas. Durante o primeiro dia inteiro, todos os sócios, consultores e membros da equipe empacotaram e distribuíram comida, ajudaram a reconstruir escolas e fizeram outros serviços humanitários. Todos, de secretárias a sócios administrativos, estavam trabalhando lado a lado para aliviar o sofrimento de outros seres humanos. No final do dia, de volta ao salão de reuniões alugado, um sócio administrativo da região subiu ao palco e exclamou: "Isso é o que somos. É por isso que estamos aqui. Para estar a serviço." A atmosfera no recinto era palpável. A compaixão podia ser vista nos olhos de todos.

Reflita por um momento sobre o nível de compaixão de sua cultura organizacional. Imagine por um momento que seus funcionários são, na verdade, sua família – seus pais, parceiro ou parceira, filhos, irmãos. Como você gostaria que eles se sentissem se trabalhassem na sua organização? Como você gostaria que eles se sentissem todo dia ao chegar ao escritório? E ao sair dele? A cultura, neste momento, está alinhada ao modo como você gostaria que sua família se sentisse em relação à sua organização? Em caso negativo, o que você poderia mudar para aumentar a compaixão em sua cultura organizacional?

COMPAIXÃO E CONFIANÇA

Em uma empresa compassiva, as pessoas sabem que podem contar com seus colegas. Os funcionários sentem a confiança depositada em si e confiam uns nos outros. Confiança e compaixão andam de mãos dadas. Quando você sabe que seu líder se preocupa de verdade consigo, desenvolve a confiança naturalmente. E quando esse líder sabe que você se importa de verdade com seu trabalho, com a equipe e com a organização, novamente surge a confiança. No capítulo 7, mostramos que a confiança oferece aos funcionários uma sensação de segurança, cria neles um senso de significado e contribui consideravelmente para sua felicidade. Trata-se de uma contribuição igualmente relevante para o senso de propósito, o envolvimento e o desempenho de um funcionário. A confiança acelera processos e torna a cultura organizacional mais eficiente e produtiva. Como o professor, consultor e autor Warren Bennis escreveu: "A confiança é o lubrificante que torna possível o funcionamento das organizações."[199]

A confiança é uma qualidade de relação entre pessoas, mas também é uma característica cultural. Algumas culturas têm um forte senso de confiança; outras, não. Culturas organizacionais com altos níveis de confiança têm uma vantagem grande sobre as que têm níveis baixos de confiança.

Um grande exemplo de como a confiança estimula a velocidade dos negócios é uma companhia fundada segundo o princípio da velocidade: a FedEx, que tem sido regularmente incluída nas listas de "Companhias mais admiradas do mundo" e "100 melhores companhias para se trabalhar nos Estados Unidos" da revista *Forbes*. Uma das razões para essa admiração constante é a confiança que a FedEx deposita em seus

Lidere rumo a uma organização compassiva

colaboradores e o comprometimento que a empresa tem para com eles. O CEO e fundador Fred Smith acredita que os funcionários devem ter autonomia para tomar decisões em favor da meta de 100% de satisfação do consumidor 100% do tempo. Essa autonomia é tal que os funcionários têm permissão para marcar voos excepcionais sem aprovação prévia, a fim de atenderem aos requisitos de entrega do cliente. Além disso, os caminhoneiros da FedEx usufruem de plena liberdade para definirem as rotas que seguirão, com base em sua própria avaliação da melhor forma de atender à necessidade dos clientes. Esse tipo de política suscita um forte senso de autonomia – e de responsabilidade – em cada funcionário. Isso também ajuda no desenvolvimento de uma confiança mútua, o que acelera processos e interações e melhora o desempenho.

A eficácia da confiança também pode ser observada quando se comparam processos e políticas de uma mesma companhia em países diferentes. Em nosso trabalho, realizamos contratos com organizações para oferecer serviços ao redor do mundo. Alguns anos atrás, começamos a trabalhar com o escritório dinamarquês de uma firma multinacional de consultoria. Nosso processo de contrato era simples: uma vez que estivéssemos de acordo em relação à escala do trabalho com o líder de negócios, mandávamos um e-mail confirmando os detalhes, preços e a data de início. A partir disso, podíamos seguir adiante.

Alguns anos depois, fomos trabalhar com a mesma firma, mas em seu escritório nos Estados Unidos. Após fecharmos o acordo com o líder de negócios, fomos instruídos a falar com o departamento de contratos. Tivemos que preencher vários formulários e então nos forneceram um contrato extenso para revisão. Quando solicitamos uma reunião para discutir a revisão do contrato, o departamento informou que só se reuniria conosco se nosso advogado estivesse presente. Passamos vários meses nesse vaivém e houve vários atrasos causados pelas muitas alterações contratuais solicitadas. Após o contrato ser finalmente assinado, ainda demorou alguns meses até que o trabalho pudesse de fato ser iniciado, e ainda mais alguns meses para que uma ordem de compra fosse criada (só assim poderíamos emitir uma fatura). No total, passaram-se oito meses entre o "vamos trabalhar juntos" e o início do trabalho de fato nos Estados Unidos, em oposição aos poucos dias de conversa entre duas pessoas na Dinamarca.

A diferença entre as duas experiências é radical e pode ser parcialmente explicada pelo nível cultural de confiança em cada um dos dois países. A Dinamarca, segundo uma pesquisa da Organização para a Cooperação e Desenvolvimento Econômico (OECD), está no topo da classificação em termos de confiança, bem acima dos Estados Unidos, cuja posição é bem inferior.[200] Os níveis de confiança nacional refletem no modo como as companhias operam no país.

Em culturas (nacionais ou organizacionais) em que há baixo nível de confiança, construímos burocracias e mecanismos e políticas de controle. Esses níveis de burocracia e controle restringem a eficiência. Mais importante: controles desse tipo têm um impacto neurológico sobre nós, podendo moldar nossas mentes, nosso comportamento e, por fim, a cultura na qual trabalhamos.

A pesquisa de Paul J. Zak, diretor do Centro de Neuroeconomia da Universidade de Claremont, descobriu que a cultura na qual trabalhamos afeta diretamente nosso comportamento e, consequentemente, nossas contribuições para essa mesma cultura.[201] Durante nossa conversa, ele contou sua descoberta de que líderes que exibem comportamento compassivo melhoram os níveis de ocitocina das pessoas lideradas por eles. A ocitocina proporciona níveis mais elevados de confiança, fomenta a gentileza e aumenta a generosidade. A pesquisa de Paul também descobriu que a confiança pode levar as pessoas – e as culturas que elas ajudam a construir – a um círculo virtuoso. Quando você demonstra ter confiança em alguém, a ocitocina é liberada no cérebro da pessoa, afetando o comportamento dela, o que, por sua vez, afeta a liberação de ocitocina no seu cérebro. Pode-se dizer, desse modo, que a confiança é contagiante. E quanto mais ela for induzida na cultura, maior será a eficiência no modo como a organização opera. Da mesma maneira, a desconfiança é contagiante. Desconfie de seu pessoal e os níveis de ocitocina efetivamente cairão, deixando-o mais desconfiado... o que, por sua vez, causará o mesmo efeito em você.

Mesmo com todos esses benefícios, a confiança é frágil. Ela pode ser despedaçada a qualquer momento. A doutora Ritu

Anand, vice-CHRO da Tata Consultancy Services, uma das maiores companhias de serviço de TI, observou que, quando há uma disparidade entre o que o líder diz e o que ele faz, a confiança se esvai. "Mantenha compromissos, aceite responsabilidades, comporte-se eticamente; é assim que você preserva a confiança", ela nos revelou. "Faça a coisa certa em vez da coisa vantajosa, sempre." Ela prosseguiu com a explicação: "Você mantém uma cultura de confiança contando a verdade, mesmo quando isso for difícil. As pessoas, no fim das contas, lembram-se de você pelo que você faz. Seja confiável, em vez de apenas falar sobre o assunto, e será capaz de criar uma cultura excepcional." A regra de ouro para criar uma cultura de confiança é a de que líderes devem colocar suas palavras em ação, exibir os comportamentos que exaltam. A consistência e a autenticidade entre o que é dito e o que é feito criam confiança no longo prazo.

A confiança importa. Ela afeta você, seu pessoal, sua cultura e sua organização. Como líder, você representa a influência mais forte na criação da cultura de sua organização.

Pare por um momento para considerar como pode mostrar mais confiança em seu pessoal. Como você pode facilitar e perpetuar o círculo vicioso de confiança? Essas são questões importantes a se considerar, especialmente porque a confiança é crucial para se manter a coesão social.

A COMPAIXÃO E O PODER DA COESÃO SOCIAL

A coesão social é a cola invisível que nos conecta como seres humanos dentro de culturas. É a ligação que faz com que permaneçamos lado a lado, colaboremos e contribuamos coletivamente em prol de um propósito comum. A compaixão e a confiança criam coesão social, que, por sua vez, pode definir a diferença entre uma companhia boa e uma companhia excelente.

Para compreender melhor essa relação, considere a Southwest Airlines, a linha aérea mais lucrativa no mundo e uma das companhias de crescimento mais acelerado desde sua fundação, em 1976. A companhia destacou-se na indústria da aviação quando obteve tempos recordes de permanência no solo. O tempo de permanência no solo pode não parecer empolgante, mas, na indústria da aviação, significa dinheiro. Como seu cofundador e ex-CEO Herb Kelleher disse: "Aviões rendem dinheiro no ar, não presos ao chão."[202] Quando os aviões estão estacionados, eles representam um custo direto para a companhia. Então, quando a Southwest Airlines decifrou o código para o melhor tempo de permanência no solo, isso foi uma grande notícia para a indústria. E é claro que, em pouco tempo, todas as outras linhas aéreas copiaram os procedimentos de solo da empresa.

Mas havia um problema: nada mudou para as outras linhas aéreas após copiarem as estratégias da Southwest Airlines.

Mesmo usando os procedimentos da concorrente, as outras linhas não conseguiram reduzir seu tempo de permanência no solo. Por quê? Porque não tinham a coesão social da Southwest Airlines. A companhia havia estabelecido uma forte cultura de compaixão em suas equipes, o que levou a uma maior coesão social, uma ligação maior para colaborações. Para que um avião realize uma curva, são necessárias até 12 equipes diferentes colaborando com eficiência e boa vontade. Pilotos, agentes de aeroporto, transportadores de bagagem, equipes de manutenção e equipes de pista precisam trabalhar juntos para fazer com que um avião decole mais rapidamente. Na maioria das linhas aéreas, as equipes responsáveis por essas funções não estão particularmente dispostas a colaborar por causa das diferenças de poder hierárquico e das disputas entre elas. A cultura difundida na Southwest Airlines, porém, é de preocupação e respeito genuínos. Os pilotos não são vistos como superiores, e os membros das equipes de manutenção não são vistos como substituíveis. Todos são parte de um mesmo organismo, com o mesmo objetivo de tirar os passageiros do chão o mais rápido possível, e eles realizam isso enquanto sentem alegria e ternura uns pelos outros.

Para a surpresa das outras linhas aéreas, procedimentos operacionais não são a principal causa dos tempos curtos de permanência no solo; as causas são compaixão e coesão social.

Toda organização precisa de coesão social. Toda organização tem equipes diferentes, com papéis e funções distintos, e é preciso coordenar seus esforços de maneira fluida para se obter sucesso. Mas, sem uma cultura de compaixão e confiança, essa coordenação pode ser um desafio. Quantas vezes você presenciou casos de atrito e de resistência ativa, mas oculta, entre funções, por exemplo, entre marketing e finanças ou entre operações e vendas?

A coesão social de hoje está erodindo por causa da desigualdade, da pressão financeira, da tecnologia e da globalização. A desigualdade faz o funcionário com menor salário ressentir-se do que tem um salário maior. As pressões financeiras inflexíveis de acionistas fazem líderes se concentrarem exclusivamente em resultados de curto prazo. As tecnologias nos separam, tornando cada vez mais difícil tratar os outros como seres humanos. E a globalização remove a sensação de fazer parte de uma tribo. Mas cultivar a coesão social em sua organização é tanto uma forma de obter vantagem competitiva quanto um tremendo presente que você dá a seus funcionários. Ela melhora o desempenho, cultiva a confiança, possibilita o senso de propósito, propaga a felicidade e cria o alicerce sobre o qual uma cultura compassiva é construída.

Considere os benefícios de uma cultura organizacional mais compassiva. Como isso melhoraria o desempenho e criaria um senso mais forte de coesão e interconexão? Considere como tornar uma organização mais compassiva pode fazer parte de sua estratégia. E, se você está disposto a fazê-lo, por que não começar hoje mesmo?

DICAS E REFLEXÕES BREVES

- Considere formas de introduzir a compaixão sábia em sua organização. Quais recursos você pode compartilhar? Que programas você pode oferecer? Que espaço você pode fornecer para que as pessoas a pratiquem?

- Comprometa-se a adotar pelo menos uma providência que o faça concentrar-se mais na "pessoa como um todo" no ambiente de trabalho – ou seja, ver as pessoas com igualdade e inspirar mais zelo e gentileza.
- Selecione dez pessoas de variados níveis e áreas de sua organização e convide-as a descrever a cultura da companhia. Pergunte a elas se se sentem bem-cuidadas e o quanto sentem que você confia nelas.
- Peça a cada uma das dez pessoas selecionadas que identifique uma política e um procedimento que acreditem exercer um impacto negativo sobre o desempenho e o envolvimento; comprometa-se a agir em relação a pelo menos uma das sugestões.
- Considere formas de aumentar a coesão social no trabalho, incluindo o modo como as pessoas são abordadas, como as equipes são reconhecidas, como as pessoas são tratadas e quanto zelo e gentileza são trazidos ao trabalho cotidiano.

EPÍLOGO

Liderança para um futuro difícil

Quando questionado sobre a importância de seu legado, o CEO da Heineken Jean-François van Boxmeer comentou: "Essa é uma pergunta estranha de se fazer e de se pensar a respeito. Eu sou apenas um breve capítulo de um livro extenso. Houve muitos CEOs bons antes de mim e muitos virão depois. Meu papel é apenas preparar a organização para as gerações seguintes." Nós, líderes, por mais poderosos e importantes que nossos papéis possam parecer, somos apenas breves capítulos de uma história muito maior. Mas enquanto desempenhamos esse papel, exercemos um impacto e um poderio significativos.

Com o poder de nossa liderança, vem a responsabilidade. Responsabilidade para com as pessoas e para com as sociedades a que servimos. Essas são as vidas que temos o poder de influenciar, para melhor ou para pior. E, em última instância, nunca podemos culpar nosso chefe ou os acionistas. Nós carregamos o fardo das escolhas que fazemos.

A liderança precisa servir a um bem maior. Nós somos filhos deste planeta. Todos queremos ser felizes. Ninguém quer sofrer. Nossas responsabilidades mais honrosas como líderes são ajudar a aumentar a felicidade e a gentileza e trabalhar para diminuir o sofrimento desnecessário, sempre buscando tornar nossas sociedades um pouco melhores com nossas ações.

Nesse sentido, nós, como líderes, precisamos pensar e liderar para o longo prazo. Precisamos ter a coragem de encarar desafios que nos aguardam e estar prontos para tomar decisões impopulares quando necessário. Decisões desse tipo são muito necessárias hoje.

No livro *No Ordinary Disruption* ("Ruptura nada comum"), os autores – diretores do McKinsey Global Institute – apresentam descobertas de anos de pesquisa e análises sobre as mudanças que ocorreram em nosso planeta.[203] As relações de poder econômico ao redor do mundo serão dramaticamente alteradas. Entre outras coisas, a África se tornará um participante decisivo e os Estados Unidos serão deixados para trás. A tecnologia mudará de formas que no momento ainda não somos capazes de compreender, criando mudanças e rupturas nos negócios, na geopolítica, na lei internacional, nas guerras, na economia e em muitos outros âmbitos. A população global crescerá e envelhecerá, resultando em um fardo sem precedentes para o planeta e para a população economicamente ativa. O modo como os países e as companhias são administrados mudará em suas bases mais fundamentais. E, por fim, devido ao crescimento populacional e às mudanças climáticas, veremos uma escassez grave de água, alimentos e outros recursos fundamentais para a vida. Mesmo que apenas metade das previsões do instituto McKinsey se realize, estaremos diante de um futuro difícil.

As mesmas mensagens preocupantes vêm de pesquisadores e organizações como a ONU, a OECD e o Painel Intergovernamental sobre Mudanças Climáticas. Os maiores desafios, e os mais dramáticos, são sem dúvida o aquecimento global e as mudanças climáticas decorrentes dele, que impactarão para sempre nossa vida neste planeta precioso. Os níveis dos mares subirão. As condições atmosféricas se tornarão imprevisíveis. Algumas regiões sofrerão secas. Outras serão inundadas. O equilíbrio da natureza está sendo perturbado muito além de nossa esfera de compreensão e influência. Por que não estamos reagindo a isso?

Porque nossos cérebros não se dão conta.

Imagine o seguinte: você está no meio da rodovia e um caminhão vem em sua direção em alta velocidade. O que você faz? Especula se o caminhão é real e calcula o quanto você vai se machucar se for atropelado? Ou faz tudo que pode para sair do caminho?

Nosso cérebro é projetado para nos ajudar a sobreviver, e ajusta-se a mudanças imediatas, como uma tempestade

A mente do líder extraordinário

iminente ou o ronco de um caminhão vindo a toda velocidade em nossa direção. Mas ele não sente a redução da camada de ozônio, o aumento dos níveis de dióxido de carbono no ar e nos oceanos e as lentas mudanças no clima, na temperatura e no nível dos mares. Não temos um sistema neurológico de alerta para mudanças lentas. Quando se trata de mudanças lentas, a reação normal de luta ou fuga da amídala permanece inerte.

Se o cérebro pudesse reagir às mudanças lentas como reage a um caminhão em alta velocidade, todos seríamos dogmáticos em relação à redução de nossas pegadas individuais no meio ambiente e iríamos às ruas para obrigar as companhias e os governos a fazerem o mesmo. Mas o cérebro não funciona assim. E ficamos todos alheios ao fato de que talvez estejamos matando o planeta que será o habitat de nossos filhos. Estamos, de fato, diante de um futuro difícil e somos incapazes de enxergar que ele está se aproximando.

Como líderes hoje, temos a responsabilidade de encarar os duros desafios do futuro. Mesmo que os cérebros das pessoas que lideramos não estejam alarmados pelas lentas ameaças que enfrentamos, não podemos ignorá-las. Temos que nos erguer e encarar o futuro com mentes desanuviadas, pois quando os desafios nos atingirem, mais cedo ou mais tarde, se não permanecermos juntos e com a mente limpa, altruísmo e compaixão, acabaremos fazendo o que humanos sempre fizeram: vamos nos juntar a uma tribo e combater as demais.

Liderança para um futuro difícil

Não temos como mudar o tsunami de desafios vindo em nossa direção, mas temos como nos preparar. Devemos nos manter unidos, em vez de lutar uns contra os outros. Podemos começar cultivando mais atenção plena, altruísmo e compaixão em nossas organizações e sociedades, de forma que a confiança e a coesão social estejam estabelecidas no momento em que as coisas se tornarem mais desafiadoras. Essa é a responsabilidade de todos, especialmente daqueles em posições de poder. E isso começa em nossas próprias mentes.

A origem de qualquer conflito ou guerra, em qualquer momento da história, sempre se deu em uma mente ou um conjunto de mentes. Conflitos não surgem do nada, e guerras não são feitas de armas, mas sim de mentes que carregam raiva, apego ou ignorância. Em um mundo que passa por mudanças rápidas, com desafios duros por vir, precisamos de líderes com mentes estáveis, que possam responder com atenção plena, altruísmo, autoconfiança e compaixão sábia. Observar líderes ao redor do mundo e em várias indústrias e culturas abraçando essas qualidades e criando mais coesão social em suas organizações nos dá muita esperança. Obrigado por seu interesse.

APÊNDICE A – O APLICATIVO THE MIND OF THE LEADER*

Para ajudá-lo a realizar as práticas de treinamento da mente introduzidas neste livro, criamos o aplicativo *The Mind of the Leader*, no qual as práticas seguem a ordem em que foram apresentadas aqui. O aplicativo também fornece sugestões de planos de treinamentos para apoiá-lo em sua jornada de cultivo de mais atenção plena, altruísmo e compaixão. Para mais informações sobre como obter o aplicativo, acesse: http://www.themindoftheleaderbook.com.

APÊNDICE B – PRÁTICAS PARA TREINAR A COMPAIXÃO

Gostaríamos de compartilhar algumas práticas complementares às apresentadas neste livro. Elas também foram incluídas no aplicativo *The Mind of the Leader*.

Cada uma das práticas a seguir concentra-se em uma das quatro qualidades da compaixão examinadas no capítulo 9: desejar felicidade aos outros, desejar aliviar o sofrimento, deleitar-se com o sucesso alheio e ver os outros com igualdade.

Recomendamos que o leitor inicie cada prática com um breve momento de prática de atenção plena para tranquilizar e preparar a mente. Depois disso, escolha o exercício que considerar mais útil entre os quatro.

---

* Disponível apenas em inglês. (N. do T.)

Liderança para um futuro difícil

Comece a prática simplesmente se concentrando em uma ou duas pessoas com as quais você se importa. Quando isso se tornar corriqueiro, você pode gradualmente expandir seu treinamento até que consiga realizar a prática pensando em pessoas que considere difíceis ou das quais não goste. Em seguida, estenda-a à sua comunidade e ao seu país até conseguir desenvolver uma compaixão universal. Conforme faz isso, o modo como você enxerga o mundo, interage com os outros e lidera mudará.

DESEJAR FELICIDADE AOS OUTROS

1. Inicie uma contagem regressiva de 3 minutos em um *timer*.
2. Respire profundamente três vezes e permita que sua mente se aquiete.
3. Considere por um momento que todos os seres desejam ser felizes e evitar o sofrimento, e que você tem o poder de afetar qualquer indivíduo que cruzar o seu caminho.
4. Traga à sua mente uma pessoa que ama: seu filho, parceiro, parente ou amigo. Imagine que está dando um abraço forte nessa pessoa e permita-se preencher-se do amor que nutre por ela. Permaneça nessa experiência de amor sem pensar sobre ela ou analisá-la.
5. Agora traga à mente uma pessoa com a qual você tem um relacionamento neutro. Lembre-se de que essa pessoa quer ser feliz, assim como você. Conecte-se ao amor da experiência anterior e estenda-o a essa pessoa. Coexista com a experiência sem pensar nela.

6. Por fim, traga à mente alguém que você considera difícil. Lembre-se de que essa pessoa também quer ser feliz. Se conseguir, estenda seu amor ou o desejo de que essa pessoa seja feliz.
7. Finalize o exercício dizendo as seguintes palavras: "Que todos que venham à minha presença se tornem um pouco mais felizes graças à minha gentileza."

DESEJAR ALIVIAR O SOFRIMENTO

1. Inicie uma contagem regressiva de 3 minutos em um *timer*.
2. Respire profundamente três vezes e permita que sua mente se aquiete.
3. Considere por um momento que todos os seres desejam ser felizes e evitar o sofrimento, e que você tem o poder de afetar qualquer um que cruzar seu caminho. E isso inclui o poder de aliviar o sofrimento das pessoas.
4. Lembre-se de uma pessoa com a qual você se importa que esteja passando por sérias dificuldades neste momento. Lembre-se da expressão de sofrimento no rosto dela. Conecte-se ao sofrimento que a pessoa está vivenciando.
5. Deixe a experiência dolorosa da pessoa se transformar em um desejo profundo de que ela se livre da dor. Caso seja útil, imagine que você a está abraçando e lhe oferecendo conforto.

6. Agora lembre-se de uma pessoa com a qual você tem um relacionamento neutro e que esteja passando por dificuldades. Lembre-se de que ela, como qualquer um, quer ser feliz e não sofrer. Conecte-se à dor da pessoa e deixe que isso se transforme em um desejo de que ela fique livre dessa dor.
7. Por fim, lembre-se de uma pessoa que você considera difícil e que esteja sofrendo. Lembre-se de que ela também quer ser feliz. Conecte-se à dor da pessoa e, se conseguir, deixe emergir o desejo de que ela se livre dessa dor.
8. Finalize o exercício dizendo as seguintes palavras: "Que todos que venham a mim tenham um pouco menos de sofrimento graças à minha presença."

DELEITAR-SE COM O SUCESSO ALHEIO

1. Inicie uma contagem regressiva de 3 minutos em um *timer*.
2. Respire profundamente três vezes e permita que sua mente se aquiete.
3. Considere por um momento que todos os seres desejam ser felizes e bem-sucedidos em todos os aspectos da vida.
4. Agora, lembre-se de uma pessoa próxima a você que recentemente teve um grande sucesso. Lembre-se da alegria e da expressão no rosto da pessoa causdos por esse sucesso.
5. Permita que uma sensação espontânea de alegria em relação ao sucesso da pessoa emerja de si. Por alguns momentos, apenas conviva com a alegria de celebrar o êxito de outra pessoa.

6. Repita o exercício, agora visualizando uma pessoa com a qual você tem um relacionamento neutro.
7. Faça o mesmo em relação a uma pessoa que você considera difícil.
8. Finalize o exercício dizendo as seguintes palavras: "Que todos que eu conheço tenham sucesso, e que eu faça o meu melhor para contribuir com isso."

VER OS OUTROS COM IGUALDADE

1. Inicie uma contagem regressiva de 3 minutos em um *timer*.
2. Respire profundamente três vezes e permita que sua mente se aquiete.
3. Imagine que as pessoas que você mais ama estejam sentadas ao seu redor. Por um momento, simplesmente reconheça o desejo delas de ser feliz e evitar o sofrimento.
4. Agora, imagine que pessoas que você enxerga de maneira neutra estejam sentadas junto a você e seus entes queridos. Por um momento, reconheça que elas também querem ser felizes e evitar o sofrimento.
5. Por fim, imagine pessoas que você considera difíceis sentadas junto às demais. Reconheça o desejo de felicidade delas também.
6. Considere como todos os seres são iguais no que diz respeito ao desejo de ser feliz e de evitar problemas, e que

independentemente do papel desempenhado, do gênero, do status e de gostos ou desgostos todos se beneficiam de seu respeito e gentileza.
7. Finalize o exercício dizendo as seguintes palavras: "Que eu veja todos que cruzarem meu caminho como iguais em termos de lhes desejar felicidade, e que eu seja uma fonte de felicidade e sucesso para essas pessoas."

Notas

1. Exceto quando especificado, as citações deste livro vêm de nossas entrevistas conduzidas entre setembro de 2016 e junho de 2017.
2. BAZIGOS, M.; CARUSO, E. Why frontline workers are disengaged. *McKinsey Quarterly*, Mar. 2016. Disponível em: <http://www.mckinsey.com/business-functions/organization/our-insights/why-frontline-workers-are-disengaged>. Acesso em: 3 fev. 2019.
3. RIGONI, B.; NELSON, B. Do employees really know what's expected of them? *Business Journal*, 27 Sept. 2016. Disponível em: <http://www.gallup.com/businessjournal/195803/employees-really-know-expected.aspx?g_source=EMPLOYEE_ENGAGEMENT&g_medium=topic&g_campaign=tiles>. Acesso em: 3 fev. 2019.
4. CARROLL, B.; SINGARAJU, R.; PARK, E. Corporate Learning Factbook 2015: benchmarks, trends, and analysis of the U.S. Training Market. *Bersin by Deloitte*, 8 Aug. 2015. Disponível em: <https://www.bersin.com/Login.aspx?p=http://bersinone.bersin.com/resources/research/?docid=19202&h=1>. Acesso em: 3 fev. 2019.
5. MAGEE, J. C. et al. Leadership and the psychology of power. In: MESSICK, D. M.; KRAMER, R. M. (Ed.). *The psychology of leadership:* new perspectives and research. Mahwah, NJ: Lawrence Erlbaum Associates, 2005.
6. DRUCKER, P. Managing oneself. In: WARTZMAN, R. (Ed.). *The drucker lectures*: essential lessons on management, society and economy. New York: McGraw-Hill, 2010.
7. Para resultados relativos à fisiologia, ver: DAVIDSON, R. J. et al. Alterations in brain and immune function produced by mindfulness meditation. *Psychosomatic Medicine*, v. 65, p. 564–570, 2003; para psicologia, ver: DAVIS, D. M.; HAYES, J. A. What are the benefits of mindfulness? A practice review of psychotherapy-related research. *Psychotherapy*, v. 48 p. 198-208, 2011; para desempenho no trabalho, ver: HÜLSHEGER, U. R. et al. Benefits of Mindfulness at work: the role of mindfulness in emotion regulation, emotional exhaustion, and job satisfaction. *Journal of Applied Psychology*, v. 98, p. 310-325, 2013.

8. Para resultados relativos ao sistema imunológico e à pressão sanguínea, ver: ROSENZWEIG, S. et al. Mindfulness-based stress reduction is associated with improved glycemic control in type 2 diabetes mellitus: a pilot study. *Alternative Therapies in Health and Medicine*, v. 13, p. 36-37, 2007; para resultados relativos à frequência cardíaca, ver: ZEIDAN, F. et al. Effects of brief and sham mindfulness meditation on mood and cardiovascular variables. *Journal of Alternative and Complementary Medicine*, v. 16, p. 867-873, 2010.
9. Para resultados relativos a padrões de sono, ver: CARLSON, L. E.; GARLAND, S. N. Impact of mindfulness-based stress reduction (mbsr) on sleep, mood, stress and fatigue symptoms in cancer outpatients. *International Journal of Behavioral Medicine*, v. 12, p. 278-285, 2005; para estresse, ver: CHIESA, A.; SERRETTI, A. Mindfulness-based stress reduction for stress management in healthy people: a review and meta-analysis. *Journal of Alternative and Complementary Medicine*, v. 15, p. 593-600, 2009.
10. HÖLZEL, B. K. et al. Mindfulness practice leads to increases in regional brain gray matter density. *Psychiatry Research: Neuroimaging*, v. 191, p. 36-43, 2011.
11. Para memória, ver: MRAZEK, M. D. et al. Mindfulness training improves working memory capacity and gre performance while reducing mind wandering. *Psychological Science*, v. 24, p. 776-781, 2013; para concentração, ver: MACLEAN, K. A. et al. Intensive meditation training improves perceptual discrimination and sustained attention. *Psychological Science*, v. 21, p. 829-839, 2010; para flexibilidade cognitiva melhorada, ver: GREENBERG, J.; REINER, K.; MEIRAN, N. "Mind the trap": mindfulness practice reduces cognitive rigidity. *PloS ONE*, v. 7, e36206, 2012; para tempos de reação melhorados, ver ZEIDAN, F. et al. Mindfulness meditation improves cognition: evidence of brief mental training. *Consciousness and Cognition*, v. 19, p. 597-605, 2010.
12. GROSSMAN, P. et al. MS quality of life, depression, and fatigue improve after mindfulness training: a randomized trial. *Neurology*, v. 75, p. 1141-1149, 2010.
13. Baseado na pesquisa do professor Jochen Reb, da Universidade de Administração de Singapura, em relação aos programas de treinamento de atenção plena com bases corporativas da Potential Project na Carlsberg e na If Insurance. No momento da formulação desta nota, esses resultados tinham sido apresentados em conferências, mas ainda não haviam sido publicados.
14. RUEDY, N. E.; SCHWEITZER, M. E. In the moment: the effect of mindfulness on ethical decision making. *Journal of Business Ethics*, v. 95, p. 73-87, 2010.
15. CHIESA, A.; SERRETTI, A.; JAKOBSEN, J. C. Mindfulness: top-down or bottom-up emotion regulation strategy? *Clinical Psychology Review*, v. 33, p. 82-96, 2013; ZEIDAN, F. The neurobiology of mindfulness meditation. In: BROWN, K. W.; CRESWELL, J. D.; RYAN, R. M. (Ed.). *Handbook of mindfulness: theory, research & practice*. New York: Guilford Press, p. 171-190, 2015.
16. TANG, Y. Y. et al. Improving executive function and its neurobiological mechanisms through a mindfulness based intervention: advances within the field of developmental neuroscience. *Child Development Perspectives*, v. 6, p. 361-366, 2012.

Notas

17. KILLINGSWORTH, M. A.; GILBERT, D. T. A wandering mind is an unhappy mind. *Science*, v. 330, p. 932, 2010.
18. COLLINS, J. *Good to great: why some companies make the leap – and others don't*. New York: HarperBusiness, 2001. [Edição brasileira: *Empresas feitas para vencer*: por que algumas empresas alcançam a excelência e outras não. Rio de Janeiro: Alta Books, 2018.]
19. KELTNER, D. Don't let power corrupt you. *Harvard Business Review*, Oct. 2016. Disponível em: <https://hbr.org/2016/10/dont-let-power-corrupt-you>. Acesso em: 3 fev. 2019.
20. DAVIS, M. H. *Empathy*: a social psychological approach. Madison, Wisconsin: Westview Press, 1994.
21. WEINER, J. Managing compassionately. *LinkedIn Pulse*, 15 Oct. 2012. Disponível em: <https://www.linkedin.com/pulse/20121015034012-22330283-managing-compassionately/>. Acesso em: 3 fev. 2019.
22. KLIMECKI, O. M. et al. Differential pattern of functional brain plasticity after compassion and empathy training. *Social Cognitive and Affective Neuroscience*, v. 9, p. 873-879, 2013.
23. MELWANI, S.; MUELLER, J. S.; OVERBECK, J. R. Looking down: the influence of contempt and compassion on emergent leadership categorizations. *Journal of Applied Psychology*, v. 97, p. 1171-1185, 2012.
24. Para interconexões mais fortes, ver: FROST, P. et al. Narratives of compassion in organizations. In: FINEMAN, S. (Ed.). *Emotion in organizations*. London: Sage, 2000; e POWLEY, E. H. Reclaiming resilience and safety: resilience activation in the critical period of crisis. *Human Relations*, v. 62 p. 1289-1326, 2009; para melhores níveis de colaboração e confiança, ver: DUTTON, J.; LILIUS, J.; KANOV, J. The transformative potential of compassion at work. In: PIDERIT, S. K.; FRY, R. E.; COOPERRIDER, D. L. (Ed.). *Handbook of transformative cooperation*: new designs and dynamics. Stanford, CA: Stanford Business Books, 2007; e GRANT, A. M.; DUTTON, J. E.; ROSSO, B. D. Giving commitment: employee support programs and the prosocial sensemaking process. *Academy of Management Journal*, v. 51, p. 898-918, 2008. Para níveis de comprometimento mais fortes, ver ibid; para menor rotatividade de funcionários, ver ibid. e LILIUS, J. M. et al. The contours and consequences of compassion at work. *Journal of Organizational Behavior*, v. 29, p. 193-218, 2008.
25. WORLINE, M.; DUTTON, J. E. *Awakening compassion at work*: the quiet power that elevates people and organizations. Oakland, California: Berrett-Koehler, 2017.
26. KOFMAN, F. *Conscious business*: how to build value through values. Sounds True, 2006. [Edição brasileira: *Consciência nos negócios*: como construir valor através de valores. São Paulo: Elsevier, 2007.]
27. WEINER, J. Managing compassionately. *LinkedIn Pulse*, 15 Oct. 2012. Disponível em: <https://www.linkedin.com/pulse/20121015034012-22330283-managing-compassionately/>. Acesso em: 3 fev. 2019.
28. WILSON, T. D. et al. Just think: the challenges of the disengaged mind. *Science*, v. 345, p. 75-77, 2014.

29. GEORGE B. (with SIMS, P.). *True north*: discover your authentic leadership. San Francisco: Jossey-Bass, 2007.
30. DAH R. C. J.; LUTZ, L. A.; DAVIDSON, R. J. Reconstructing and deconstructing the self: cognitive mechanisms in meditation practice. *Trends in Cognitive Sciences*, v. 19, n. 9, p. 515-523, 2015.
31. SCHACHTER, H. Studies show CEOs with MBAs more likely to fail. *The Globe and Mail*, 31 Mar. 2017. Disponível em: <http://www.theglobeandmail.com/report-on-business/careers/management/studies-show-ceos-with-mbas-more-likely-to-fail/article34504662>. Acesso em: 3 fev. 2019.
32. MILLER, D.; XU, X. MBA CEOs, short-term management and performance. *Journal of Business Ethics*, p. 1-16, 2017.
33. KILLINGSWORTH, M. A.; GILBERT, D. T. A wandering mind is an unhappy mind. *Science*, v. 330, p. 932, 2010.
34. TAKEMURA, K. Influence of elaboration on the framing of decision. *Journal of Psychology*, v. 28, p. 33-39, 1994.
35. OLIVOLA, C. Y.; TODOROV, A. Fooled by first impressions? Reexamining the diagnostic value of appearance-based inferences. *Journal of Experimental Social Psychology*, v. 46, p. 315-324, 2010; ADAM, F. J.; MANER, J. K. Warmth, spatial proximity, and social attachment: the embodied perception of a social metaphor. *Journal of Experimental Social Psychology*, v. 48, p. 1369-1372, 2012; WILLIS, J.; TODOROV, A. First impressions: making up your mind after a 100-ms exposure to a face. *Psychological Science*, v. 17, p. 592-598, 2006.
36. MASON, M. F. et al. Wandering minds: the default network and stimulus-independent thought. *Science*, v. 315, p. 393-395, 2007.
37. DRACHMAN, D. Do We Have Brain to Spare? *Neurology*, v. 64, p. 2004-2005, 2005.
38. BEGLEY, S. *Train your mind, change your brain*: how a new science reveals our extraordinary potential to transform ourselves. New York: Ballantine Books, 2007.
39. LUTZ, A. et al. Attention regulation and monitoring in meditation. *Trends in Cognitive Sciences*, v. 12, p. 163-169, 2008.
40. GANGULY, K.; POO, M. M. Activity-dependent neural plasticity from bench to bedside. *Neuron*, v. 80, p. 729-741, 2013.
41. HOUGAARD, R.; CARTER, J.; COUTTS, G. *One second ahead*: enhance your performance at work with mindfulness. Houndmills, Basingstoke, Hampshire, Reino Unido, Nova Iorque: Palgrave Macmillan, 2016.
42. WOOD, W.; QUINN, J. M.; KASHY, D. A. Habits in everyday life: thought, emotion, and action. *Journal of Personality and Social Psychology*, v. 83, p. 1281-1297, 2002.
43. ETHICS RESOURCE CENTER. *National business ethics survey of the U.S. workforce*. Arlington, Virgínia: Ethics Resource Center, 2014. Disponível em: <https://www.ibe.org.uk/userassets/surveys/nbes2013.pdf>. Acesso em: 3 fev. 2019.
44. WARNEKEN, F.; TOMASELLO, M. Altruistic helping in human infants and young chimpanzees. *Science*, v. 311, p. 1301-1303, 2006.
45. AKNIN, L. B. et al. Prosocial spending and well-being: cross-cultural evidence for a psychological universal. *Journal of Personality and Social Psychology*, v.

104, p. 635, 2013.
46. RICARD, M. *Altruism*: the power of compassion to change yourself and the world. London: Atlantic Books, 2015.
47. RUEDY, N. E.; SCHWEITZER, M. E. In the moment: the effect of mindfulness on ethical decision making. *Journal of Business Ethics*, v. 95, p. 73-87, 2010.
48. ORGANIZAÇÃO DAS NAÇÕES UNIDAS (ONU). *World Happiness Report 2017*. New York: ONU, 2017. Disponível em: <http://worldhappiness.report/ed/2017/>. Acesso em: 3 fev. 2019.
49. RICHARD, L. *Happiness*: lessons from a new science. London: Allen Lane, 2005.
50. SOLNICK, S. J.; HEMENWAY, D. Is more always better? A survey on positional concerns. *Journal of Economic Behavior & Organization*, v. 37, p. 373-383, 1998.
51. SCHULTZ, W. Potential vulnerabilities of neuronal reward, risk, and decision mechanisms to addictive drugs. *Neuron*, v. 69, p. 603-617, 2011.
52. KILLINGSWORTH, M. A.; GILBERT, D. T. A wandering mind is an unhappy mind. *Science*, v. 330, p. 932, 2010.
53. Para mais informações sobre os resultados de nossas pesquisas, visite: <www.themindoftheleaderbook.com>.
54. HALLOWELL, E. Overloaded circuits: why smart people underperform. *Harvard Business Review*, Jan. 2005. Disponível em: <https://hbr.org/2005/01/overloaded-circuits-why-smart-people-underperform>. Acesso em: 3 fev. 2019.
55. DAVENPORT, T. *Attention economy*: understanding the new currency of business. Boston, Massachusetts: Harvard Business School Press, 2001. [Edição brasileira: *A economia da atenção*. Rio de Janeiro: Elsevier, 2001.]
56. DRUCKER, P. *The effective executive*: the definitive guide to getting the right things done. New York: HarperBusiness, 2006.
57. WEISSMAN, D. H.; WARNER, L. M.; WOLDORFF, M. G. The neural mechanisms for minimizing cross-modal distraction. *Journal of Neuroscience*, v. 24, p. 10941-10949, 2004.
58. HASENKAMP, W. et al. Mind wandering and attention during focused meditation: a fine-grained temporal analysis of fluctuating cognitive states. *Neuroimage*, v. 59, n. 1, p. 750-760, 2012.
59. Ibid.
60. MILLER, G. A. The magical number seven, plus or minus two: some limits on our capacity for processing information. *Psychological Review*, v. 63, p. 81-97, 1956.
61. LOH, K. K.; KANAI, R. Higher media multi-tasking activity is associated with smaller gray-matter density in the anterior cingulate cortex. *PLoS ONE*, v. 9, p. e106698, 2014.
62. HÖLZEL, B. K. et al. Mindfulness practice leads to increases in regional brain gray matter density. *Psychiatry Research: Neuroimaging*, v. 191, n. 1, p. 36-43, 2011.
63. DANZIGER, S.; LEVAV, J.; AVNAIM-PESSO, L. Extraneous factors in judicial decisions. *Proceedings of the National Academy of Sciences of the United States of America*, v. 108, p. 6889-6892, 2011.

64. EKMAN, P. *Emotions revealed*: recognizing faces and feelings to improve communication and emotional life. New York: St. Martin's Press, 2007.
65. FREDRICKSON, B. L. Positive emotions broaden and build. In: DEVINE, P.; PLANT, A. (Ed.). *Advances in experimental social psychology*. Burlington, Vermont: Academic Press, 2013. v. 47.
66. ROGERS, P. J. et al. Faster but not smarter: effects of caffeine and caffeine withdrawal on alertness and performance. Psychopharmacology, v. 226, p. 229-240, 2013; PARKER, A. G. et al. The effects of alpha-glycerylphosphorylcholine, caffeine or placebo on markers of mood, cognitive function, power, speed, and agility. *Journal of the International Society of Sports Nutrition*, v. 12, p. P41, 2015.
67. OPHIR, E.; NASS, C.; WAGNER, A. D. Cognitive control in media multitaskers. *Proceedings of the National Academy of Sciences*, v. 106, p. 15583-15587, 2009.
68. BAWDEN, D.; ROBINSON, L. The dark side of information: overload, anxiety and other paradoxes and pathologies. *Journal of Information Science*, v. 25, n. 2, p. 180-191, 2009.
69. AMABILE, T. M.; HADLEY, C. N.; KRAMER, S. J. Time pressure and creativity in organizations – a longitudinal field study. *Harvard Business School Working Paper* 02-73, Cambridge, 2002.
70. BRUCH, H.; GHOSAL, S. Beware the busy manager. *Harvard Business Review*, Feb. 2002. Disponível em: <https://hbr.org/2002/02/beware-the-busy-manager>. Acesso em: 3 fev. 2019.
71. KOGON, K.; MERRILL, L.; RINNE, L. *The 5 Choices*: the path to extraordinary productivity. New York: Simon & Shuster, 2015.
72. SECRETARIA DE ESTATÍSTICAS TRABALHISTAS DOS ESTADOS UNIDOS. Departamento de Trabalho dos Estados Unidos. *American Time Use Survey*. 2012. Disponível em: <www.bls.gov/tus/home.htm#data>. Acesso em: 3 fev. 2019.
73. GOOD, D. J. et al. Contemplating mindfulness at work: an integrative review. *Journal of Management*, v. 42, p. 114-142, 2016.
74. NEWPORT, C. *Deep work*: rules for focused success in a distracted world. New York: Grand Central Publishing, 2016. [Edição brasileira: *Trabalho focado*: como ter sucesso em um mundo distraído. Rio de Janeiro: Alta Books, 2018.]
75. HOOD, B. *The self illusion*: how the social brain creates identity. Oxford: Oxford University Press, 2012.
76. DAHL, C. J.; LUTZ, A.; DAVIDSON, R. J. Reconstructing and deconstructing the self: cognitive mechanisms in meditation practice. *Trends in Cognitive Sciences*, v. 19, n. 9, p. 515-523, 2015.
77. SCHERWITZ, L.; GRAHAM, L. E.; ORNISH, D. Self-Involvement and the risk factors for coronary heart disease. *Advances*, v. 2, p. 6-18, 1985.
78. RUDE, S.; GORTNER, E. M.; PENNEBAKER, J. Language use of depressed and depression-vulnerable college students. *Cognition & Emotion*, v. 18, p. 1121-1133, 2004.
79. STIRMAN, S. W.; PENNEBAKER, J. W. Word use in the poetry of suicidal and nonsuicidal poets. *Psychosomatic Medicine*, v. 63, p. 517-522, 2001.

Notas

80. CAMPBELL, R. S.; PENNEBAKER, J. W. The secret life of pronouns: flexibility in writing style and physical health. *Psychological Science*, v. 14, p. 60-65, 2003.
81. KACEWICZ, E. et al. Pronoun use reflects standings in social hierarchies. *Journal of Language and Social Psychology*, v. 33, p. 125-143, 2014.
82. STEFFENS, N. K.; HASLAM, S. A. Power through "us": leaders' use of we-referencing language predicts election victory. *PloS ONE*, v. 8, e77952, 2013.
83. GOLDSMITH, M. *What got you here won't get you there*: how successful people become even more successful. New York: Hyperion, 2007.
84. SKINNER, B. F. *Science and human behavior*. New York: Macmillan, 1953.
85. KELTNER, D. Don't let power corrupt you. *Harvard Business Review*, Oct. 2016. Disponível em: <https://hbr.org/2016/10/dont-let-power-corrupt-you>. Acesso em: 3 fev. 2019.
86. Ibid.
87. GREGERSEN, H. Bursting the CEO Bubble. *Harvard Business Review*, Mar./Apr. 2017. Disponível em: <https://hbr.org/2017/03/bursting-the-ceo-bubble>. Acesso em: 3 fev. 2019.
88. FRIMER, J. A. et al. The integration of agency and communion in moral personality: evidence of enlightened self-interest. *Journal of Personality and Social Psychology*, v. 101, p. 149-163, 2011.
89. Disponível em: <www.sleepfoundation.org>. Acesso em: 3 fev. 2019.
90. CAPPUCCIO, F. P. et al. Sleep duration and all-cause mortality: a systematic review and meta-analysis of prospective studies. *Sleep*, v. 33, n. 5, 5850593, 2010; BANKS, S.; DINGES, D. F. Behavioral and physiological consequences of sleep restriction. *Journal of Clinical Sleep Medicine*, v. 3, p. 519-528, 2007.
91. ALHOLA, P.; POLO-KANTOLA, P. Sleep deprivation: impact on cognitive performance. *Neuropsychiatric Disease and Treatment*, v. 3, n. 5, p. 553, 2007.
92. DAWSON, D.; REID, K. Fatigue, alcohol and performance impairment. *Nature*, v. 388, p. 235, 1997.
93. SPIRA, A. P. et al. Impact of sleep on the risk of cognitive decline and dementia. *Current Opinion in Psychiatry*, v. 27, n. 6, p. 478, 2014.
94. GILLIN, J. C. How long can humans stay awake? *Scientific American*, 25 Mar. 2002. Disponível em: <https://www.scientificamerican.com/article/how-long-can-humans-stay/>. Acesso em: 4 fev. 2019.
95. WOOD, B. et al. Light level and duration of exposure determine the impact of self-luminous tablets on melatonin suppression. *Applied Ergonomics*, v. 44, n. 2, p. 237-240, 2013.
96. ALTUN, A.; UGUR-ALTUN, B. Melatonin: therapeutic and clinical utilization. *International Journal of Clinical Practice*, v. 61, p. 835-845, 2007.
97. FIGUEIRO, M. G. et al. The impact of light from computer monitors on melatonin levels in college students. *Neuroendocrinology Letters*, v. 32, n. 2, p. 158-163, 2011.
98. BRAINARD, G. C. et al. Action spectrum for melatonin regulation in humans: evidence for a novel circadian photoreceptor. *Journal of Neuroscience*, v. 21, p. 6405-6412, 2011.
99. IRISH, L. A. et al. The role of sleep hygiene in promoting public health: a review of empirical evidence. *Sleep Medicine Reviews*, v. 22, p. 23-36, 2015.

100. HAURI, P. Sleep/wake lifestyle modifications: sleep hygiene. In: BARKOUKIS, T. R. et al. (Ed.). *Therapy in sleep medicine*. Philadelfia, Pennsylvania: Elsevier Saunders, 2011. p. 151-160.
101. DELOITTE. *2016 Global mobile consumer survey*: US edition. The market-creating power of mobile. Disponível em: <https://www2.deloitte.com/us/en/pages/technology-media-and-telecommunications/articles/global-mobile-consumer-survey-us-edition.html>. Acesso em: 3 fev. 2019.
102. TURKLE, S. *Alone together*: why we expect more from technology and less from each other. New York: Basic Books, 2011.
103. PERLOW, L. A. *Sleeping with your smartphone*: how to break the 24/7 habit and change the way you work. Boston, Massachusetts: Harvard Business Review Press, 2012.
104. GOLEMAN, D. To strengthen your attention span, stop overtaxing it. *Harvard Business Review*, Nov. 2013.
105. SEO, D.; PATRICK, C. J.; KENNEALY, P. J. Role of serotonin and dopamine system interactions in the neurobiology of impulsive aggression and its comorbidity with other clinical disorders. *Aggression and Violent Behavior*, v. 13, p. 383-395, 2008.
106. HOFMANN, W.; VOHS, K. D.; BAUMEISTER, R. F. What people desire, feel conflicted about, and try to resist in everyday life. *Psychological Science*, v. 23, n. 6, p. 582-588, 2012.
107. SBARRA, D. A.; SMITH, H. L.; MEHL, M. R. When leaving your ex, love yourself: observational ratings of self-compassion predict the course of emotional recovery following marital separation. *Psychological Science*, v. 23, n. 3, Jan. 2012. Disponível em: <http://journals.sagepub.com/doi/abs/10.1177/0956797611429466>. Acesso em: 3 fev. 2019.
108. CURRY, O. S. et al. Happy to help? A systematic review and meta-analysis of the effects of performing acts of kindness on the well-being of the actor. *Open Science Framework*, Oct. 2017. Disponível em: <osf.io/ytj5s> Acesso em: 3 fev. 2019.
109. NELSON, S. K. et al. Do unto others or treat yourself? The effects of prosocial and self-focused behavior on psychological flourishing. *Emotion*, v. 16, n. 6, p. 850-861, 2016.
110. KIM, E. S.; STRECHER, V. J.; RYFF, C. D. Purpose in life and use of preventive health care services. *Proceedings of the National Academy of Sciences*, v. 111, p. 16331-16336, 2014.
111. BERTRAND, M.; MULLAINATHAN, S. Are Emily and Greg more employable than Lakisha and Jamal? *American Economic Review*, v. 94, p. 991-1013, 2004.
112. SUMMERFIELD, C. et al. Neural repetition suppression reflects fulfilled perceptual expectations. *Nature Neuroscience*, v. 11, p. 1004-1006, 2008.
113. OTTATI, V. et al. When self-perceptions of expertise increase closed-minded cognition: the earned dogmatism effect. *Journal of Experimental Social Psychology*, v. 61, p. 131-138, 2015.
114. GREENBERG, J.; REINER, K.; MEIRAN, N. "Mind the trap": mindfulness practice reduces cognitive rigidity. *PLoS ONE*, v. 7, p. 1-8, 2012.

Notas

115. BEZUIJEN, X. M. et al. Pygmalion and employee learning: the role of leader behaviors. *Journal of Management*, v. 35, p. 1248-1267, 2009.
116. OLSHAUSEN, B. A.; ANDERSON, C. H.; van ESSEN, D. C. A neurobiological model of visual attention and invariant pattern recognition based on dynamic routing of information. *Journal of Neuroscience*, v. 13, p. 4700-4719, 1993.
117. NEWELL, B. R.; SHANKS, D. R. Unconscious influences on decision making: a critical review. *Behavioral and Brain Sciences*, v. 37, n. 1, p. 1-19, 2014.
118. HIRSHLEIFER, D.; SHUMWAY, T. Good Day sunshine: stock returns and the weather. *Journal of Finance*, v. 58, p. 1009-1032, 2003.
119. EKMAN, P. *The Atlas of Emotions*. Disponível em: <http://atlasofemotions.org/>. Acesso em: 3 fev. 2019.
120. EKMAN, P. *Emotions revealed*: recognizing faces and feelings to improve communication and emotional life. New York: St. Martin's Press, 2007; EKMAN, P. *Telling lies*: clues to deceit in the marketplace, politics, and marriage. New York: W. W. Norton & Company, 2009.
121. BARTEL, C. A.; SAAVEDRA, R. The collective construction of work group moods. *Administrative Science Quarterly*, v. 45, p. 197-231, 2000.
122. JABBI, M.; SWART, M.; KEYSERS, C. Empathy for Positive and Negative Emotions in the Gustatory Cortex. *Neuroimage*, v. 34, n. 4, p. 1744-1753, 2007.
123. GOLEMAN, D.; BOYATZIS, R.; MCKEE, A. *Primal leadership*: unleashing the power of emotional intelligence. Boston, Massachusetts: Harvard Business Review Press, 2013.
124. GOLEMAN, D.; BOYATZIS, R.; MCKEE, A. Primal leadership: the hidden driver of great performance. *Harvard Business Review*, Dec. 2001.
125. SPINRAD, T. L. et al. Relation of emotion-related regulation to children's social competence: a longitudinal study. *Emotion*, v. 6, p. 498-510, 2006; MAYER, J. D.; CARUSO, D. R.; SALOVEY, P. Selecting a measure of emotional intelligence: the case for ability scales. In: BAR-ON, R.; PARKER, J. D. A. (Ed.). *The handbook of emotional intelligence*. New York: Jossey-Bass, 2000; RICHARDSON, D. R. et al. Empathy as a cognitive inhibitor of interpersonal aggression. *Aggressive Behavior*, v. 20, p. 275-289, 1994.
126. DAVIS, M. H. Measuring individual differences in empathy: evidence for a multidimensional approach. *Journal of Personality and Social Psychology*, v. 44, p. 113-126, 1983; GRÜHN, D. et al. Empathy across the adult lifespan: longitudinal and experience-sampling findings. *Emotion*, v. 8, p. 753-765, 2008; KONRATH, S.; HO, M. H.; ZARINS, S. The strategic helper: narcissism and prosocial motives and behaviors. *Current Psychology*, v. 35, p. 182-194, 2016.
127. EISENBERG, N. et al. Consistency and development of prosocial dispositions: a longitudinal study. *Child Development*, v. 70, p. 1360-1372, 1999; GRÜHN, D. et al. Empathy across the adult lifespan: longitudinal and experience-sampling findings. *Emotion*, v. 8, p. 753-765, 2008.
128. CASTILLO, R. et al. Effects of an emotional intelligence intervention on aggression and empathy among adolescents. *Journal of Adolescence*, v. 36, p. 883-892, 2013. KONRATH, S. et al. Can text messages increase empathy and prosocial behavior? The development and initial validation of text to connect. *PLoS ONE*, v. 10, e0137585, 2015.

129. BLOOM, P. *Against empathy*: the case for rational compassion. Cambridge, Massachusetts: Random House, 2017.
130. BLOOM, P. Empathy and its discontents. *Trends in Cognitive Sciences*, v. 21, n. 1, p. 24-31, 2007.
131. FELTON, J. S. Burnout as a clinical entity – its importance in health care workers. *Occupational Medicine*, v. 48, p. 237-250, 1998.
132. BLOOM, P. *Against empathy*: the case for rational compassion. Cambridge, Massachusetts: Random House, 2017.
133. DAVIS, M. H. *Empathy*: a social psychological approach. Madison, Wisconsin: Westview Press, 1994.
134. KILLINGSWORTH, M. A.; GILBERT, D. T. A wandering mind is an unhappy mind. *Science*, v. 330, p. 932, 2010; BROWN, K. W.; RYAN, R. M. The benefits of being present: mindfulness and its role in psychological well-being. *Journal of Personality and Social Psychology*, v. 84, p. 822-848, 2003.
135. ZOOK, C.; ALLEN, J. *The founder's mentality*: how to overcome the predictable crises of growth. Boston, Massachusetts: Harvard Business Review Press, 2016.
136. REB, J.; NARAYANAN, J.; CHATURVEDI, S. Leading mindfully: two studies on the influence of supervisor trait mindfulness on employee well-being and performance. *Mindfulness*, v. 5, p. 36-45, 2014.
137. CONANT, D.; NORGAARD, M. *Touchpoints*: creating powerful leadership connections in the smallest of moments. San Francisco, California: Jossey-Bass, 2011. [Edição brasileira: *Touchpoints*: criando conexões poderosas. Rio de Janeiro: Bookman, 2012.]
138. CARNEY, D. R.; CUDDY, A. J. C.; YAP, A. J. Review and summary of research on the embodied effects of expansive (vs. contractive) nonverbal displays. *Psychological Science*, v. 26, n. 5, p. 657-663, 2015.
139. CARNEY, D. R.; CUDDY, A. J. C.; YAP, A. J. Power posing: brief nonverbal displays affect neuroendocrine levels and risk tolerance. *Psychological Science*, v. 21, n. 10, p. 1363-1368, 2010.
140. ZAK, P. J. *Trust factor*: the science of creating high-performance companies. New York: AMACOM, 2017.
141. COVEY, S. M. R.; CONANT, D. R. The connection between employee trust and financial performance. *Harvard Business Review*, July 2016. Disponível em: <https://hbr.org/2016/07/the-connection-between-employee-trust-and-financial-performance>. Acesso em: 3 fev. 2019.
142. PwC. *20th CEO Survey*, 2017. Disponível em: <http://www.pwc.com/gx/en/ceo-survey/2017/pwc-ceo-20th-survey-report-2017.pdf>. Acesso em: 3 fev. 2019.
143. EDELMAN. *2017 Edelman Trust Barometer*: global report. Disponível em: <http://www.edelman.com/trust2017/>. Acesso em: 3 fev. 2019.
144. ERNST & YOUNG. *Trust in the Workplace*: global study. Disponível em: <http://www.ey.com/gl/en/about-us/our-people-and-culture/ey-global-study-trust-in-the-workplace>. Acesso em: 3 fev. 2019.
145. MORRONE, A.; TONTORANELLI, N.; RANUZZI, G. How good is trust? Measuring trust and its role for the progress of societies. *OECD Statistics*

Working Paper. Paris: OECD, 2009.
146. DUHIGG, C. What Google learned from its quest to build the perfect team. *New York Times Magazine*, 25 Feb. 2016. Disponível em: <https://www.nytimes.com/2016/02/28/magazine/what-google-learned-from-its-quest-to-build-the-perfect-team.html?smid=pl-share&_r=2>. Acesso em: 3 fev. 2019.
147. LAO TZU. *Tao Te Ching*. Hoboken, New Jersey: Capstone, 2012. Traduzido a partir da edição em inglês traduzida por Tom Butler-Bowden.
148. GREENLEAF, R. K. *Servant leadership*: a journey into the nature of legitimate power and greatness. New York: Paulist Press, 1977.
149. GOULD, E. D.; HIJZEN, A. In equality we trust. *Finance & Development*, v. 54, p. 37-39, 2017.
150. PRIME, J.; SALIB, E. R. *Inclusive leadership*: the view from six countries. Catalyst, 2014. Disponível em: <http://www.catalyst.org/system/files/inclusive_leadership_the_view_from_six_countries_0.pdf>. Acesso em: 3 fev. 2019.
151. NOOYI, I. "Leave the crown in the garage": what I've learned from a decade of being PepsiCo's CEO. 2017. Disponível em: <https://www.linkedin.com/pulse/leave-crown-garage-what-ive-learned-from-decade-being-indra-nooyi>. Acesso em: 3 fev. 2019.
152. MAGEE, J. C. et al. Leadership and the Psychology of Power. In: MESSICK, D. M.; KRAMER, R. M. *The psychology of leadership*: new perspectives and research. Mahwah, New Jersey: Lawrence Erlbaum Associates, 2005. p. 287-306.
153. HOGEVEEN, J.; INZLICHT, M.; OBHI, S. S. Power Changes How the Brain Responds to Others. *Journal of Experimental Psychology: General*, v. 143, n. 2, p. 755-762, 2014.
154. Ibid.
155. OWEN, D.; DAVIDSON, J. Hubris Syndrome: an acquired personality disorder? A study of US presidents and UK prime ministers over the last 100 years. *Brain*, v. 132, p. 1396-1406, 2009. doi: 10.1093/brain/awp008.
156. MELWANI, S.; MUELLER, J. S.; OVERBECK, J. R. Looking down: the influence of contempt and compassion on emergent leadership categorizations. *Journal of Applied Psychology*, v. 97, p. 1171-1185, 2012.
157. Para conexões mais fortes, ver: FROST, P. et al. Narratives of compassion in organizations. In: FINEMAN, S. (Ed.). *Emotion in organizations*. London: Sage, 2000; e POWLEY, E. H. Reclaiming resilience and safety: resilience activation in the critical period of crisis. *Human Relations*, v. 62, p. 1289-1326, 2009. Para melhores níveis de colaboração, ver: DUTTON, J.; LILIUS, J.; KANOV, J. The transformative potential of compassion at work. In: PIDERIT, S. K.; FRY, R. E.; COOPERRIDER, D. L. *Handbook of transformative cooperation*: new designs and dynamics. Stanford, California: Stanford Business Books, 2007. Para confiança, comprometimento mais forte e menor rotatividade de funcionários, ver: ibid; GRANT, A. M.; DUTTON, J. E.; ROSSO, B. D. Giving commitment: employee support programs and the prosocial sensemaking process. *Academy of Management Journal*, v. 51, p. 898-918, 2008; e LILIUS, J. M. et al. The contours and consequences of compassion at work. *Journal of Organizational Behavior*, v. 29, p. 193-218, 2008.

158. SANDI, C.; HALLER, J. Stress and the social brain: behavioural effects and neurobiological mechanisms. *Nature Reviews Neuroscience*, v. 16, p. 290-304, 2015.
159. MONGRAIN, M.; CHIN, J. M.; SHAPIRA, L. B. Practicing compassion increases happiness and self-esteem. *Journal of Happiness Studies*, v. 12, p. 963-981, 2011.
160. VAHTERA, J. et al. Hostility and Ill Health: role of psychosocial resources in two contexts of working life. *Journal of Psychosomatic Research*, v. 48, p. 89-98, 2000; FRIEDMAN, H. S. *Hostility, coping, & health*. Washington, Columbia: American Psychological Association, 1992; PETERSON, C.; PARK, N.; SELIGMAN, M. E. P. Orientations to happiness and life satisfaction: the full life versus the empty life. *Journal of Happiness Studies*, v. 6, p. 25-41, 2005; REIN, G.; ATKINSON, M.; MCCRATY, R. The physiological and psychological effects of compassion and anger. *Journal of Advancement in Medicine*, v. 8, p. 87-105, 1995.
161. EKMAN, P. *Emotions revealed*: recognizing faces and feelings to improve communication and emotional life. New York: St. Martin's Press, 2007.
162. FREDRICKSON, B. L. et al. Open hearts build lives: positive emotions, induced through loving-kindness meditation, build consequential personal resources. *Journal of Personality and Social Psychology*, v. 95, p. 1045-1062, 2008; HOFMANN, S. G.; GROSSMAN, P.; HINTON, D. E. Loving-kindness and compassion meditation: potential for psychological interventions. *Clinical Psychology Review*, v. 31, p. 1126-1132, 2011.
163. KLIMECKI, O. M. et al. Functional neural plasticity and associated changes in positive affect after compassion training. *Cerebral Cortex*, v. 23, p. 1552–1561, 2012.
164. BOAZ, N.; FOX, E. A. Change leader, change thyself. *McKinsey Quarterly*, Mar. 2014. Disponível em: <http://www.mckinsey.com/>. Acesso em: 3 fev. 2019.
165. FISKE, S. T.; TAYLOR, S. E. *Social cognition*: from brains to culture. Thousand Oaks, California: Sage, 2013.
166. PARK, D. C.; HUANG, C. M. Culture wires the brain: a cognitive neuroscience perspective. *Perspectives on Psychological Science*, v. 5, p. 391-400, 2010.
167. KUMARAN, D.; MELO, H. L.; DUZEL, E. The emergence and representation of knowledge about social and nonsocial hierarchies. *Neuron*, v. 76, n. 3, p. 653-666, 2012.
168. GOLEMAN, D.; BOYATZIS, R.; MCKEE, A. Primal leadership: the hidden driver of great performance. *Harvard Business Review*, Dec. 2001.
169. SCHEIN, E. H. *Organizational culture and leadership*. Hoboken, New Jersey: John Wiley & Sons, 2010. v. 2.
170. ARCHER, J. 20 words you can drop from your core values right now. *Inc.*, 22 Jan. 2014. Disponível em: <https://www.inc.com/james-archer/20-words-you-can-drop-from-your-core-values-right-now.html>.
171. JENSEN, M. C.; MECKLING, W. H. Theory of the firm: managerial behavior, agency costs and ownership structure. *Journal of Financial Economics*, v. 3, n. 4, p. 305-360, 1976.
172. BOWER, J. L.; PAINE, L. S. The error at the heart of corporate leadership. *Harvard Business Review*, May/June 2017.

Notas

173. BOWER, J. L.; LEONARD, H. B.; PAINE, L. S. *Capitalism at risk*: rethinking the role of business. Boston, Massachusetts: Harvard Business Press, 2011.
174. CHAPMAN, B.; SISODIA, R. *Everybody matters*: the extraordinary power of caring for your people like family. New York: Portfolio/Penguin, 2015.
175. WILLIAMS, R. How to bring mindfulness into meetings – 10 tips. *Psychology Today*, 12 Oct. 2015. Disponível em: <https://www.psychologytoday.com/blog/wired-success/201510/how-bring-mindfulness-meetings-10-tips>. Acesso em: 3 fev. 2019.
176. THAYER, R. E. Energy, tiredness, and tension effects of a sugar snack versus moderate exercise. *Journal of Personality and Social Psychology*, v. 52, p. 119-125, 1987.
177. BELKIN, L.; BECKER, W.; CONROY, S. After-hours email, work-family balance and identification. *Academy of Management Proceedings*, Jan. 2016. Disponível em: <http://proceedings.aom.org/content/2016/1/10353.short>. Acesso em: 3 fev. 2019.
178. BURKAS, D. Why atos origin is striving to be a zero-email company. *Forbes*, 12 July 2016.
179. MCKINSEY GLOBAL INSTITUTE. *Minding your digital business*: McKinsey global survey results, May 2012. Disponível em: <http://www.mckinsey.com/business-functions/digital-mckinsey/our-insights/minding-your-digital-business-mckinsey-global-survey-results>. Acesso em: 3 fev. 2019
180. BURKUS, D. Some companies are banning email and getting more done. *Harvard Business Review*, June 2016. Disponível em: <https://hbr.org/2016/06/some-companies-are-banning-email-and-getting-more-done>. Acesso em: 3 fev. 2019.
181. MANN, A.; ADKINS, A. America's coming workplace: home alone. *Gallup News Business Journal*, 15 Mar. 2017.
182. HOUGAARD, R.; CARTER, J.; COUTTS, G. *One second ahead*: enhance your performance at work with mindfulness. Houndmills, Basingstoke, Hampshire, United Kingdom/New York: Palgrave Macmillan, 2016.
183. GRANT, A. Billionaire Ray Dalio had an amazing reaction to an employee calling him out on a mistake. *Business Insider*, 2 Feb. 2016. Disponível em: <http://www.businessinsider.com/ray-dalio-management-strategy-bridgewater-2016-1>. Acesso em: 3 fev. 2019.
184. EMMONS, R. A.; MCCULLOUGH, M. E. Counting blessings versus burdens: an experimental investigation of gratitude and subjective well-being in daily life. *Journal of Personality and Social Psychology*, v. 84, p. 377-389, 2003; WATERS, L. Predicting job satisfaction: contributions of individual gratitude and institutionalized gratitude. *Psychology*, v. 3, p. 1174-1176, 2012.
185. FOWLER, J. H.; CHRISTAKIS, N. A. Cooperative behavior cascades in human social networks. *Proceedings of the National Academy of Sciences*, v. 107, p. 5334-5338, 2010.
186. MERCER. *2013 Global Performance Management Survey Report*. Disponível em: <https://www.mercer.ca/content/dam/mercer/attachments/global/Talent/Assess-BrochurePerfMgmt.pdf>. Acesso em: 3 fev. 2019.
187. Ibid.

188. EISENBERGER, N. I.; LIEBERMAN, M. D.; WILLIAMS, K. D. Does rejection hurt? An Fmri study of social exclusion. *Science*, v. 302, p. 290-292, 2003.
189. BROSNAN, S. F.; de WAAL, F. B. Monkeys reject unequal pay. *Nature*, v. 425, p. 297-299, 2003.
190. PAYNE, K. *The broken ladder*: how inequality affects the way we think, live, and die. New York: Viking, 2017.
191. RIVERS, D. H.; DESCHRIVER, T. D. Star players, payroll distribution, and major league baseball attendance. *Sport Marketing Quarterly*, v. 11, n. 3, p. 164-173, 2002.
192. MARMOT, M.; BELL, R. Fair society, healthy lives. *Public Health*, v. 126, p. S4-S10, 2012.
193. CRAWFORD, S.; NELSON, K. K.; ROUNTREE, B. The CEO-employee pay ratio. *SSRN*, 21 Nov. 2014. Disponível em: <https://papers.ssrn.com/sol3/Papers.cfm?abstract_id=2529112>. Acesso em: 3 fev. 2019.
194. AKERLOF, G. A.; YELLEN, J. L. Fairness and unemployment. *American Economic Review*, v. 78, p. 44-49, 1988; AKERLOF, G. A.; YELLEN, J. L. The fair wage-effort hypothesis and unemployment. *Quarterly Journal of Economics*, v. 105, p. 255-283, 1990; LAZEAR, E. P. Pay equality and industrial politics. *Journal of Political Economy*, v. 97, p. 561-580, 1989.
195. KIATPONGSAN, S.; NORTON, M. How much (more) should CEOs make? A universal desire for more equal pay. *Perspectives on Psychological Science*, v. 9, n. 6, p. 587-593, 2014.
196. SOMMEILLER, E.; PRICE, M.; WAZETER, E. *Income inequality in the U.S. by State, metropolitan area, and county*. Washington, Columbia: Economic Policy Institute, 2016. Disponível em: <http://www.epi.org/publication/income-inequality-in-the-us/>. Acesso em: 3 fev. 2019.
197. Ibid.
198. CHAPMAN, B.; SISODIA, R. *Everybody matters*: the extraordinary power of caring for your people like family. New York: Portfolio/Penguin, 2015.
199. Disponível em: <https://www.brainyquote.com/quotes/quotes/w/warrenbenn384360.html>. Acesso em: 3 fev. 2019.
200. ORGANISATION FOR ECONOMIC CO-OPERATION AND DEVELOPMENT. *Trust in society at a glance 2011*: OECD social indicators. Paris: OECD, 2011. Disponível em: <http://www.oecd-ilibrary.org/sites/soc_glance-2011-en/08/01/index.html?itemId=/content/chapter/soc_glance-2011-26-en>. Acesso em: 3 fev. 2019.
201. ZAK, P. J. *Trust factor*: the science of creating high-performance companies. New York: AMACOM, 2017.
202. DELL, K. Airline Maverick. *Time*, 21 Sept. 2007. Disponível em: <http://content.time.com/time/specials/2007/article/0,28804,1663316_1684619,00.html>. Acesso em: 3 fev. 2019.
203. DOBBS, R.; MANYIKA, J.; WOETZEL, J. *No ordinary disruption*: the four global forces breaking all the trends. New York: Public Affairs, 2015.

Agradecimentos

A maior parte do conteúdo deste livro foi generosamente oferecida por outras pessoas. Como autores, nós só reunimos tudo. Ficamos sobre os ombros de gigantes do treinamento da mente, ciência e negócios.

Este livro é dedicado aos mestres que ensinaram e deram o exemplo de práticas de atenção plena, altruísmo e compaixão por décadas, incluindo o Dalai Lama, Lama Zopa Rinpoche, Lama Yeshe, Lakha Lama, Yangsi Rinpoche, Alan Wallace, Matthieu Ricard, o venerável Antonio Satta, Stephan Pende, Nyingje Chichester, o venerável Charles, Glen Svensson e Sangye Khadro.

Este livro possui rigor e validação científicos graças ao trabalho e apoio de grandes cientistas, incluindo Richard Davidson, Judson Brewer, Paul J. Zak, Dan Siegel, Hans Melo e Paul Ekman.

Líderes extraordinariamente gentis e sábios cederam generosamente seu tempo, suas experiências e sua sabedoria. Há tantos deles que não seria possível listar todos, mas alguns precisam ser mencionados, como Dominic Barton, Michael Rennie, Arne Sorenson, Chris Schmidt, Nate Boaz, Rahul Varma e Loren Shuster.

Como escritores não profissionais, nós fomos abençoados pelo apoio editorial incrível de Jeff Leeson, da Benson Collister. O comprometimento de Jeff com a clareza e a simplicidade ajudou a transformar assuntos complexos em sabedorias cristalinas. Nosso agente, Jim Levine, da Levine Greenberg Rostan Literary Agency, tem uma convicção fervorosa de trazer as práticas deste livro à liderança. A dedicação de Jim foi uma grande força condutora nesse processo. Pudemos sempre contar com nosso editor, Tim Sullivan, da Harvard Business Press (HBR Press); sua firmeza e clareza forneceram grande orientação e direcionamento.

Completar um manuscrito é uma coisa; trazê-lo ao mundo é outra. Agradecemos a Laurie Harting, nossa editora e redatora *freelancer*, por sua paixão pelo nosso trabalho, revisão estratégica de conteúdo e gerenciamento da pós-produção do projeto. Também somos gratos por trabalharmos novamente com Mark Fortier e Pamela Peterson, da Fortier Public Relations. Mark e Pamela são excelentes no que fazem e parceiros maravilhosos na divulgação em diversas mídias. Também gostaríamos de reconhecer o incrível time da HBR Press. Em particular, gostaríamos de agradecer a Julie Devoll, Keith Pfeffer, Sally Ashworth, Kenzie Travers e Monica Jainschigg.

Agradecimentos

Finalmente, este livro é dedicado às nossas famílias, que nos apoiaram e nos inspiraram durante todo o processo: Mark, Ben, Nick e Cam; e Caroline, Florien, Emil e Joris.

EQUIPE DE AUTORES

Este livro foi escrito como um verdadeiro esforço coletivo. Ele é produto do trabalho conjunto de muitos de nossos grandes colegas da Potential Project. Idealmente, todos nós estaríamos na capa do livro, mas ficaria um pouco apertado.

Um papel-chave ficou nas mãos de nosso diretor de ciência, Hans Melo, responsável por apresentar toda a ciência deste livro de forma precisa. Além disso, Jason Beck, nosso cientista de pesquisa e avaliação, processou os números de nossas entrevistas e avaliações e forneceu as bases para a pesquisa sobre liderança. Gillian Coutts forneceu conselhos estratégicos. E não teríamos sido capazes de realizar nada sem Matilda Havsteen.

Além disso, em ordem alfabética, estes colegas conduziram entrevistas, pesquisaram determinados tópicos e embasaram partes específicas do livro de várias formas: Amy Tirion, Andrew Ma, Anja Siepmann, Anthony Anderson, Brendon Ellis, Celia Pipo, Daina Alm, Dana Pulley, Daniel Cushing, Daniel Stane, David Chung, David Pearls, Deborah Bonzell, Denis Corthier, Denise Clegg, Diogo Rolo, Egbert Mulder, Emma Adolfsson, Enrique Escauriaza, Erick Rinner, Francois Besson, Gitte Dybkjær, Grattan Donnelly, Heather Rachel Johnston, Holly Parry, Iris Uderstadt, Jane Grafton, Jenni Elise Toulson,

A mente do líder extraordinário

Jens Nasstrom, Jo Klap, John Wurcker, Joy Noonan, Karen Oldham, Kathrin O'Sullivan, Kerry Azar, Kirsten Klemann, Kristina Spegel, Kurt Weiss, Libby Weathers, Louise Chester, Maj Andrén, Marie Boregrim, Marissa Afton, Martial Vidaud, Martin Buechele, Martin Strom, MaryBeth Sigler, Michele Chan, Moira Garvey, Murray Paterson, Nadira Artyk, Nathalie Heynderickx, Neera Scott, Nick Buckley, Pamela Major, Paul Wielgus, Petra Keuchenius, Rob Stembridge, Robert Meredith, Robyne Blood, Ros Boughtflower, Sandra van Nispen, Sandrine Gouallier, Sarah Robertson, Silke Steininger, Sjors Janssen, Stephen Stynes, Sue O'Dea, Teetta Kalajo, Tony Dickel e Vince Brewerton.